KB272393

구원역사의 드라마

길빛

구원역사의 드라마

1판 1쇄 발행 2026년 3월 19일

지은이 최재성
편집 김혜린j
교정 김혜린s, 박사라
디자인 김나영
그림 조수아
펴낸이 김인경
펴낸곳 길빛미디어

출판등록 제2026-000027호
발행자번호 997881
주소 서울 강서구 수명로1길 110
홈페이지 www.wehappyc.org
이메일 gilbitmedia@gmail.com

ISBN 979-11-997881-0-7

구원역사의
드라마

최재성 지음

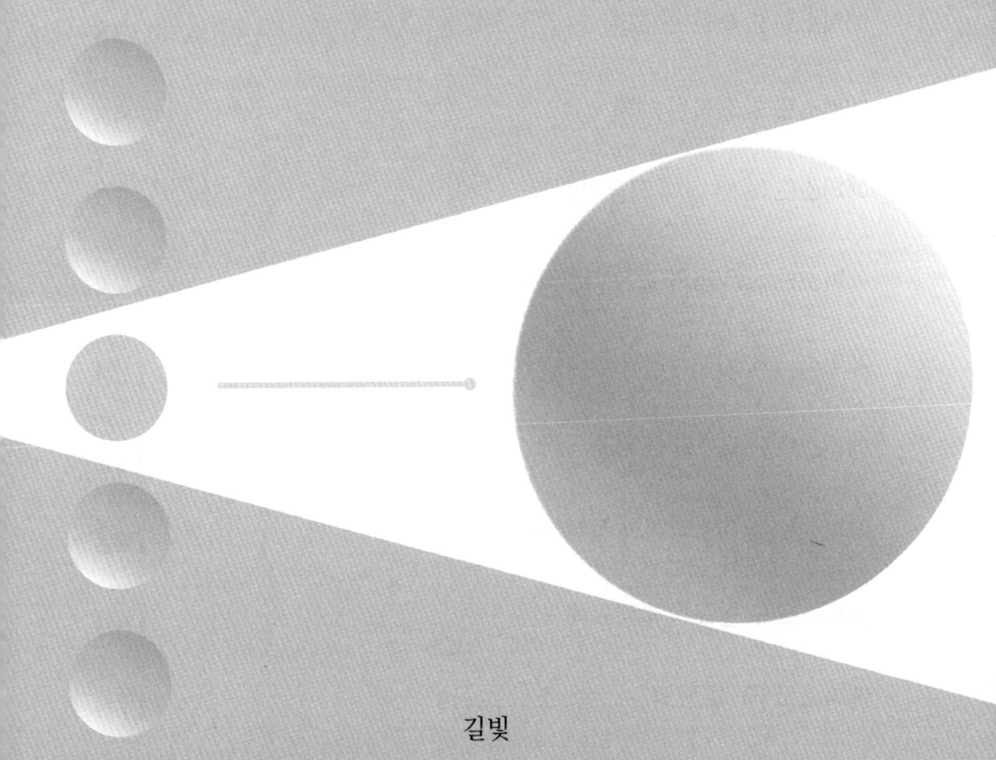

길빛

목차

Season 2

감사의 글

2015년 여름, 하나님께서 필자를 사로잡으셔서『구원역사의 드라마』출판을 위해 하루에 한 에피소드씩 쓰게 하셨습니다. 2년 전 유학에서 돌아온 후, 여러 번 세미나를 인도해 왔기 때문에 강의를 글로 바꾸는 작업은 크게 어렵지 않았습니다. 불과 2주 만에 거의 완성을 앞둔 시점, 안타깝게도 필자는 장염에 걸려 일주일간 입원하고 말았습니다. 게다가 퇴원 후에는 곧 교회 개척으로 부름을 받아 미완성 원고는 끝내 탈고하지 못한 채 먼지만 쌓여갔습니다. 오랜 시간 마음에 큰 부담으로만 남아 있다가, 섬기는 교회가 저술을 위한 안식기간을 허락해 주어 이렇게 빛을 보게 되었습니다.

필자는『구원역사의 드라마』가 탄생한 배경을 꼭 나누고 싶습니다. 2013년 여름, 귀국하자마자 어느 신학교에서 [제자훈련] 과목을 배정받았습니다. 이미 비슷한 과목을 가르친 경험이 있기 때문에, 별 고민 없이 강의계획서를 작성하고 있었습니다. 그런데 갑자기 하나님께서 필자에게 이런 마음을 주셨습니다. "성경만을 교과서로 삼아라!" 새로운 시도라 불안하고 난감했습니다. 좋은 교과서들이 얼마나 많은데, 성경만이라니요! 그러나 순종하는 마음으로 매주 강의를 위해 도서관으로 향했습니다. 기도하며 성경을 읽어 나가는 중 놀라운 일이 일어났습니다. 하나님께서 성경전체의 큰 흐름을 밝히 보여주신 것입니다.

그런데 한 번의 강의를 위해 하나님은 꼭 그 분량만큼만 알려주셨습니다. 그렇게 준비한 강의안을 가지고 필자는 학생들 앞에 섰습니다. 또 다시 믿을 수 없는 일이 일어났습니다. 어떤 학생은 매 시간마다 울면서 강의를 경청했습니다. 야간반인데 주간반의 똑같은 강의를 재차 들어가면서 말입니다. 당시 4학년 졸업반 어떤 학생은 지금까지 신학교에서 배운 과목 중 최고라는 피드백을 주었습니다. 무엇보다도 가장 은혜 받은 사람은 바로 필자였습니다. 하나님께서 말씀해 주시는 것들을 받아 적기 바빴는데, 그동안 성경을 읽고 묵상한 것들, 국내외 탁월한 분들로부터 배운 것들, 전에 보지 못한 새로운 것들이 신기하게 합쳐지면서 필자의 마음 가득 심어졌습니다.

평소 은사님이 하시던 말씀, "어떤 식으로든 성경 전체를 깨달으면 그때부터 하나님이 쓰십니다!"가 바로 이런 의미라는 것을 조금씩 이해하기 시작했습니다. 학기를 마칠 무렵, 가장 반응이 좋았던 두 학생에게 방학동안 7주간 세미나를 진행하려고 하는데 간사로 도와줄 수 있냐고 물었습니다. 당연히 적극 찬성이었습니다. 그로부터 매년 방학 때 다양한 교회와 신학교에서 세미나를 진행했습니다. 학기 중에는 여러 기독 대학교의 교양 수업 때 이 내용을 들고 섰습니다. 역시 반응은 뜨거웠습니다. 나중에 교회를 개척한 후 동역 자들을 모실 때, 이 세미나에 참여했던 분들과 함께 사역할 수 있었던 것은 또 다른 축복이었습니다. 우리는 같은 청사진을 가지고 교회를 세워갈 수 있었기 때문입니다.

십년 넘게 다양한 곳에서 『구원역사의 드라마』를 강의하거나 설교해 온 필자는 몇 가지 분명한 사실을 알 수 있었습니다. 첫째, 성경을 처음 접하는 분들에게 전체를 쉽게 이해하는데 좋은 지도와 나침반이 된다는 사실입니다. 이미 필자는 여러 기독교 대학의 교양필수 과목에서 성경을 가르치며 이 사실을 확인했습니다. 둘째, 성경을 꿰뚫는 큰 흐름을 이 책을 통해 입체적으로 볼 수 있다는 사실입니다. 이것 역시 여러 교회와 수련회에서 그 효과를 톡톡히 보았습니다. 셋째, 이 책의 핵심(앞 표지와 뒷 날개의 그림)을 따라가다 보면 성경의 중심축이 왜 제자훈련(보여주라!)과 복음전도(들려주라!)인지를 분명히 깨달을 수 있습니다. 넷째, 교회 개척자라면 이 책의 내용을 청사진으로 삼아도 좋습니다. 이 또한 필자는 두 번의 교회개척을 통해 입증했습니다.

여기 실린 글들은 먼저 [활천]에 2년간 연재했습니다 (2015년 12월호~2017년 12월호). 한국에서 가장 오래된 기독교 월간지에 글을 실을 수 있었던 것은 큰 영광과 특권이었습니다. 긴 시간 미뤄온 숙제를 마칠 수 있도록 안식기간을 허락해 주시고 기도해주신 우리행복한교회 모든 분들께 감사의 마음을 전합니다. 출판비를 후원해주신 김범수 장로님, 구한나 목사님, 정명숙 권사님과 안식기간 동안 말씀사역의 공백을 훌륭하게 분담해 준 전도사님들과 셀리더들의 헌신을 잊을 수 없습니다.

한 권의 책을 탄생시키는데 해산의 수고가 필요함을 뼛속 깊이 경험한 셀리더 김나영(디자인), 김혜린s(교정), 김혜린j(편집), 박사라(교정), 조수아(그림) 자매들은 최고의 드림팀이었습니다. 무엇보다도 필자가 성경적인 복음전도와 제자훈련을 본으로 가르쳐주신 멘토 홍성철 교수님과 네비게이토 선교회 신성래 선교사님의 제자가 된 것은 하나님이 베푸신 큰 은혜였습니다. 이 책의 많은 부분이 두 분께 빚진 것임을 고백합니다. 임팩트 있게 한줄 평을 써주신 다섯 분, Bakke Graduate University 주상락 교수님, 엔게디교회 김형준 담임 목사님, 예광교회 정선희 목사님, 바라크 선교단 권지현 대표님, 숭실대학교 심경진 졸업생께도 머리 숙여 감사드립니다.

마지막으로 하나님이 필자에게 주신 특별한 선물, 아내 인경, 아들 평화와 딸 은선에게 깊은 사랑과 감사의 마음을 전합니다. 김인경 사모는 길빛미디어를 설립하여 이 책이 세상에 나오도록 산파 역할을 톡톡히 감당했습니다. 또한 자식을 위해 늘 기도하며 사랑의 울타리가 되어주시는 양가의 부모님께도 존경과 사랑을 전합니다. 『구원역사의 드라마』는 필자에게 너무나 많은 선물을 제공해 주었습니다. 성경을 통합적으로 묶어주고 전체적으로 볼 수 있도록 큰 그림을! 교회를 개척하는데 조감도를! 같은 방향을 바라보며 한 마음으로 연합한 동역자들을! 설교와 강의 그리고 세미나의 자료들을! 그렇기 때문에 이 책의 모든 영광은 죄인 된 필자를 십자가의 은혜로 구원해 주신 구주 예수 그리스도와 때마다 말씀을 조명해주신 성령님 그리고 이 두 분을 보내주신 하나님 아버지께만 돌려야 마땅합니다!

제작 발표회

영화와 드라마의 차이가 뭘까요? 영화는 대부분 한 편으로 완결되지만, 드라마는 여러 회차로 이어지며 이야기가 전개된다는 점이 큰 차이입니다. 오래전 온 국민을 TV 앞으로 끌어모았던 드라마가 생각납니다. TV 앞에 옹기종기 모여 앉아 숨죽이며 보던 기억, 한 편을 보고 나면 그다음이 궁금해서 안달났던 점, 삼삼오오 모이면 드라마 이야기로 웃음꽃을 피웠던 때가 있었습니다. 이처럼 드라마가 주는 매력이 분명히 있습니다.

성경도 마찬가지입니다. 보통 드라마가 발단-전개-위기-절정-결말이라는 구조를 가진 것처럼, 성경도 이렇게 보면 하나의 거대한 이야기로 연결됩니다. 그러니까 성경 66권은 흩어진 책이 아니라 하나의 이야기인 것이죠. 다시 말해 각권은 하나의 드라마 속 장면(scene)이 되는 것입니다. 특별히 드라마 구조에서는 누가 이야기의 주인공인가가 중요합니다. 그렇다면 성경 드라마의 주인공은 아브라함도 아니고, 모세도 아니며, 다윗도 아닙니다. 바로 하나님 자신입니다. 하나님은 극작가이면서 감독이며 동시에 주인공이십니다. 그래서 성경은 인간의 이야기가 아니라 하나님의 구원 드라마가 됩니다.

성경을 드라마로 이해할 때 몇 가지 장점이 있습니다. 먼저, 성경 66권을 하나의 이야기로 묶어 성경 전체 기억을 쉽게 만들어 줍니다. 다음으로, 하나님을 주인공으로 보고 십자가를 구원역사의 절정으로 보여줍니다. 마지막으로, 우리는 드라마를 '보는' 사람이 아니라 하나님의 드라마에 '참여'하는 사람이 됩니다. 따라서 저는 여러분들이 성경 전체를 잘 이해하도록 돕기 위해 총 15개의 에피소드로 『구원역사의 드라마』를 그려내려 합니다. '드라마'이기 때문에 '서문'이 아닌 '제작 발표회'로 표현하겠습니다. 구원역사의 드라마는 세 가지 목적을 가지고 전개됩니다.

복음적인 안목으로

먼저, 우리는 성경을 복음적인 안목으로 볼 수 있어야 합니다. 일반적으로 모든 저자는 책을 집필하려고 할 때 분명한 의도를 지닙니다. 그 의도대로 자료를 모으고, 구성을 하며, 내용을 전개해 나갑니다. 따라서 독자가 그 책을 정확하게 읽고자 한다면 어떻게 해서든 저자의 의도를 발견해 낼 수 있어야 합니다. 성경 역시 크게 두 가지 의도로 기록되었습니다. 하나는 하나님 앞에서 죄인 된 인간이 어떻게 구원받느냐에 대한 것이고, 다른 하나는 그 구원받은 사람이 어떻게 온전한 삶을 영위할 수 있느냐를 다룹니다. 다음의 성경 말씀은 이 사실을 잘 설명해 줍니다.

> 또 어려서부터 성경을 알았나니 성경은 능히 너로 하여금 그리스도 예수 안에 있는 믿음으로 말미암아 **구원**에 이르는 지혜가 있게 하느니라. 모든 성경은 하나님의 감동으로 된 것으로 교훈과 책망과 바르게 함과 의로 교육하기에 유익하니 이는 하나님의 사람으로 **온전**하게 하며 모든 선한 일을 행할 능력을 갖추게 하려 함이라 (딤후 3:15~17)

성경의 '큰 그림'

다음으로, 우리는 성경 전체를 관통하는 '큰 그림'(big picture)을 볼 수 있어야 합니다. 많은 사람들에게 성경은 파편처럼 흩어져 있는 수많은 이야기 묶음처럼 보입니다. 에덴동산에서의 아담과 하와, 이집트 왕자 모세, 다윗과 골리앗, 다니엘과 세 친구, 요나 이야기, 뽕나무에 올라간 삭개오, 예수님의 십자가와 부활, 바울과 바나바의 다툼 등등. 설교나 성경 공부 그리고 다양한 참고서들을 통해 우리는 성경의 여러 이야기들에 대해 잘 알고 있습니다. 그렇지만 이 이야기들이 성경 전체의 흐름 속에 어떻게 연결되어 있는지 모릅니다.

퍼즐 맞추기를 해 보셨을 겁니다. 저는 가족들과 가끔 한 적이 있습니다. 처음에는 50조각으로 시작해서 나중에는 500조각까지 해 봤는데 조각 수가 많아질수록 시간과 정성이 아주 많이 들어갔죠. 이 놀이의 핵심은 조각 수가 몇 개냐에 상관없이 '전체 그림'을 알아야 하고, 자주 그 그림을 보면서 조금씩 완성해 나가야 한다는 점입니다. 성경도 마찬가지입니다. 성경은 단편적인 내용을 지닌 수많은 이야기 조각들처럼 보이지만, 무질서하게 널려 있는 파편 덩어리가 아니라 전체가 일관성 있게 연결된 하나의 큰 그림입니다.

저는 이런 비유를 자주 듭니다. "여러분! 우리가 어렸을 때 이런 실험을 한 적이 있었을 거예요. 큰 종이에다 철가루를 뿌리고서, 말굽자석을 그 종이 밑에 대는 순간 어떤 현상이 일어났죠? 네! 여기 저기 흩어진 철가루들이 자석을 향해 무서운 속도로 '다다닥!' 붙어버렸죠? 성경도 똑같습니다. 성경에는 전체를 관통하는 큰 이야기 흐름이 있어요. 그 흐름은 마치 자석과 같아서 파편처럼 흩어진 다양한 이야기 조각들을 한데로 끌어모아 버리죠."

그렇다면 방대한 성경의 전체 그림을 어떻게 알 수 있을까요? 핵심은 뷰포인트(viewpoint)를 중심으로 보면 됩니다. 무슨 얘기냐고요? 제가 경험한 이야기를 하나 해볼게요. 저는 2013년 미국 유학을 마친 뒤, 귀국길에 세계 최초 국립공원인 옐로우스톤부터 시작해서 그랜드 캐니언까지 서부의 여러 국립공원들을 두루 섭렵하는 가족 여행을 했습니다.

지금도 그날을 생생하게 기억하는데, 아침 일찍 우리 가족은 수 시간을 차로 달려 저녁 7시가 다 되어서야 도착했죠. 사진기를 들고 뷰포인트로 달려가 그곳에 선 첫 느낌이란! 대자연이 펼쳐 보이는 그 웅장한 장관 앞에서, 얼어붙은 사람마냥 단숨에 압도되어 버렸습니다. 서머타임이 적용되다 보니 밤 9시가 훌쩍 넘은 시간임에도 밝아 일몰 장관을 제대로 즐길 수 있었습니다.

제가 그곳에 도착하자마자 제일 먼저 한 일이 무엇일까요? 바로 지도를 얻는 것이었습니다. 사실 대부분의 국립공원은 최소 일주일 정도는 머물러야 제대로 둘러볼 수 있지만, 짧은 여행 시간과 적은 예산 때문에 꼼수를 부려야 했습니다. 그 비결이 바로 뷰포인트 중심 투어였습니다. 그 지도에는 뷰포인트들이 상세하게 표시되어 있어, 이곳만 중심으로 둘러보아도 알찬 여행이 될 수 있었습니다. 뷰포인트는 우리말로 전망대라고 할 수 있는데, 전체 장관을 한눈에 즐길 수 있는 최적의 장소로, 그 자리에서만 볼 수 있는 특별한 경관을 제공합니다.

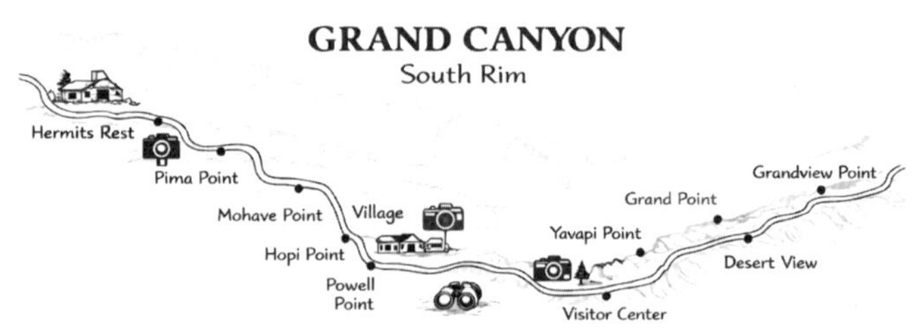

　　이제 이해를 돕기 위해 성경을 국립공원에 비유해 보겠습니다. 물론 제 아무리 최고의 절경을 자랑하는 국립공원일지라도 감히 성경에 비할 수는 없죠. 성경은 인류 역사에서 최고의 베스트셀러이자 스테디셀러이며 문학적 가치만으로도 타의 추종을 불허하죠. 성경에도 각종 절경을 즐길 수 있는 많은 뷰포인트가 있습니다. 특히 반드시 그 장소에서 보아야만 성경 전체의 흐름을 한눈에 볼 수 있는 중요한 본문들이 있습니다.

　　저는 지난 수십 년 동안의 성경 탐독과 신학 연구 그리고 복음전도와 제자훈련으로 일관된 사역 경험을 통해 그러한 뷰포인트들을 제법 많이 알고 있습니다. 따라서 이 책에서는 제가 친절한 가이드가 되어 여러분을 안내해 드릴 것입니다. 뷰포인트는 때론 세밀하게 장관을 즐길 수 있는 망원경이 되기도 하고, 그다음 장소로 이동하도록 만드는 나침반이 되기도 할 것입니다. 여러분이 잘 따라오시기만 한다면 분명 성경을 관통하는 '큰 그림'을 제대로 감상하며 즐기실 수 있을 거라 확신합니다.

'시청자'에서 '주인공'이 되어라!

마지막 세 번째 목적은 여러분이 드라마의 '시청자'로만 머무르지 않고, 실제 '주인공'이 되어 연기를 해야 한다는 것입니다. 사실, 이 점이 가장 중요합니다. 성경은 단지 눈과 귀로 즐기라고만 주어진 것이 아니라, 우리 인격과 삶으로 살아 내라고 주어졌습니다. 다시 말해 '정보'(information)와 더불어 '변화'(transformation)까지 나아가라는 것이지요. 성경이 놀라운 이유는 시청자들에게 그 어떤 명작도 따라올 수 없는 지상 최대의 드라마를 선물할 뿐만 아니라 그 드라마의 주인공이 될 수 있는 놀라운 특권을 제공한다는 점입니다.

이렇게 설명하면 적절할 것 같습니다. 어느 날 대문호 셰익스피어의 미발표 희곡이 발견되었다고 해봅시다.[1] 그런데 문제가 하나 있습니다. 총 6막으로 구성되어 있는데 5막의 2장이 소실된 상태였죠. 이 상황에서 두 가지 미션이 주어집니다. 하나는 사라진 5막 2장의 내용을 복원해 내라는 것이고, 다른 하나는 복원된 내용을 중심으로 전체를 연기해 내라는 겁니다. 이를 위해 사람들은 5막 2장을 제외한 나머지 원문과 지금까지 발표된 수많은 셰익스피어의 작품들을 면밀히 검토합니다.

셰익스피어의 작품 스타일, 문체, 전개 방식 등 기존에 연구된 자료를 보으고 전분가늘의 도움을 받아 그 희곡을 분석해 나갔고, 결국 5막 2장을 원본에 가깝게 복원해 냈습니다. 이제 그 내용을 무대에 올려 연기만 하면 됩니다. 성경도 이와 같습니다. 1막부터 5막 1장까지의 내용은 이미 성경에 주어졌습니다. 마지막 결말에 해당하는 부분인 요한계시록도 마찬가지이고요.

신약성경의 사도행전(Acts)은 총 28장으로 구성되어 있습니다. 그 다음 장 'Acts 29'는 우리에게 주어진 몫입니다. 오늘 여기에서 살아가는 그리스도인들은 이미 주어진 성경을 토대로 사도행전 29장을 살아내야 합니다. 그렇다면 복음전도와 제자훈련은 하나님 나라 드라마에 새로운 배우를

캐스팅하는 흥미진진한 일입니다.

　지금까지 저는 『구원역사의 드라마』를 기획한 연출자로서 드라마를 어떤 목적과 방향으로 이끌어 갈지 소개했습니다. 구원과 거룩한 삶이라는 복음적인 안목으로 볼 때 우리는 성경이 의도한 바를 가장 근접하게 이해할 수 있습니다.

　짧은 시간 동안 성경 전체에 흐르고 있는 큰 물줄기를 꽉! 붙잡기 위해서 저는 '뷰포인트' 위주로 드라마를 제작해 갈 것입니다.

　여러분도 '하나님의 역사'(His story)라는 성경의 거대한 서사(grand narratives) 속에서 자신을 발견하고 참여하면서 '나의 이야기'(my story)를 새롭게 써 내려가길 바랍니다. 모두 시청할 준비가 되셨나요? 그럼 본격적으로 들어가 보겠습니다.

Season 1

에피소드 1
그 날

뷰포인트
창세기 3:8

절망에서 소망으로

천상의 천사들이 부산을 떨며 한 날을 주목하고 있었습니다. 너무나 비극적인 사건 앞에 그들의 얼굴은 온통 잿빛으로 변했고, 여기저기서 절망과 탄식의 소리가 터져 나왔습니다. "헉! 이를 어째! 도대체 지금 무슨 일이 일어난 거야?" 하지만 슬픔과 절망의 상황은 그리 오래가지 않았습니다. 얼마 지나지 않아 바로 그 날! 갑자기 쥐죽은듯이 조용해지더니 천사들의 얼굴빛은 금세 환해졌습니다. "햐! 역시!! 이보다 더 놀라운 반전이 있을까?" 모두들 서로 쳐다보며 놀라움을 금치 못했습니다.

앞의 이야기는 "그 날"에 대해 제가 상상해 본 겁니다. 오늘 본문에 등장하는 "그 날"은 천상에서나 지상에서나 절망에서 소망으로 뒤바뀐 날입니다. 첫 인간이 타락한 날이라는 면에서 인류에게는 절망의 날입니다! 그러나 동시에 타락한 인간들을 구원하고 회복하기 위해 하나님께서 찾아가신 날이라는 면에서는 온 인류에게 소망의 날입니다! 이처럼 대전환점이 되는 날이기에 성경은 여러 날 중의 '한 날'(a day)이 아니라, "그 날"(the day)로 표시합니다.

"그 날"은 성경 전체의 흐름과 방향을 결정짓는 말씀이기 때문에 너무나 중요합니다. 여기에 하나님 아버지의 마음과 심정이 고스란히 잘 담겨 있죠. 그럼 어떻게 그 하나님의 마음을 잘 담아낼 수 있을까요? 저는 '창문'의 이미지를 활용해 보려고 합니다. 창문을 열어 바깥 전경을 바라보듯이, 세 개의 창문을 통해 하나님의 마음을 들여다볼 수 있습니다.

미국 테네시주 내쉬빌에 갔을 때 세계 최대의 호텔 정원을 자랑하는 게이로드 호텔(Gaylord Hotel)을 방문한 적이 있습니다. 그 호텔에 숙박하는 사람들은 실내에 조성된 인공 강, 호수, 폭포로 이루어진 멋진 정원을 마음껏 즐길 수 있습니다. 만일 여러분이 그 호텔에 머문다면 창문만 열어놔도 저절로 힐링이 될 겁니다. 자! 그러면 첫 번째 창문을 열어 볼까요?

창조의 면류관인 인간

제가 질문 하나 해보겠습니다. "하나님께서 며칠 동안 온 천지만물을 창조하셨나요?" 네, 6일 동안입니다. 그럼 "인간을 몇째 날 창조하셨죠?" 바로 여섯째 날이죠! 창조 사건의 마지막 퍼즐 한 조각은 인간이었습니다. 창조의 하이라이트, 창조의 중심, 창조의 초점은 인간임을 잘 말해줍니다. 그래서 인간을 '창조의 면류관'이라고 합니다. 질문 하나 더 해 보겠습니다. "인간이 창조의 중심과 초점이라면, 하나님께서 가장 먼저, 첫째 날 인간을 창조하셨어야 하지 않았을까요?" 우리가 보통 가장 중요한 것을 제일 먼저 하는 것처럼 말입니다.

그럼 하나님께서 인간을 첫째 날 창조하셨다면 어떻게 되었을까요? 아담과 하와는 굉장히 뻘쭘하고 황당했을 겁니다. 아무것도 없고 캄캄했을 테니까요. 하나님께서 인간을 둘째 날, 셋째 날 만드셨더라도 별반 차이가 없었을 겁니다. 마치 무인도에 홀로 떨어진 기분이었겠죠. 그런데 하나님께서 인간을 마지막, 여섯째 날 만드신 특별한 이유가 있습니다. 바로 인간이 거할 수 있는 최적의 환경을 먼저 조성해 놓으신 다음, 마지막으로 인간을 만드신 것이죠. 얼마나 배려가 깊은 하나님이신가요? 모든 환경을 조성하신 후 마지막으로 창조된 인간은 창조의 가장 빛나는 존재, '창조의 면류관'입니다.

보시기에 좋았더라!

하나님은 피조물들을 창조하실 때 꼭 소감을 발표하셨습니다. "보시기에 좋았더라!"라고 말이죠. 그런데 여섯째 날 인간을 창조하신 후에는 "보시기에 심히 좋았더라!"라고까지 하며 그 감격을 더 강하게 표현하셨습니다. 하나님이 뭐 자기 솜씨에 스스로 감탄하셔서 그러셨을까요? 우리도 가끔 자기 손으로 뭔가를 만들어 놓고 스스로 기특해하면서 "역쉬! 난 대단해! 어떻게 이런 걸 다 생각해서 만들었담?" 하고 대견해 할 때가 있잖아요? 하지만 하나님께서 그러셨을 것 같지는 않습니다.

그럼 이렇게 한번 생각해 보죠. 제가 유학을 마치고 교수님께 인사차 모교에 방문할 때였습니다. 어느 골목을 지나면서 저도 모르게 갑자기 운전하던 차를 멈춰 세웠습니다. 그리고 무의식적으로 고개를 왼쪽으로 돌렸습니다. 순간 마음이 따뜻해졌어요. 왜냐하면 그곳은 제가 결혼해서 아내와 함께 처음 살았던 집이었거든요. 뭐 대단한 집은 아닙니다. 소박하지만 그 집은 제게 잊을 수 없는 특별한 곳이었습니다. 그곳에서 신혼생활을 만끽했고, 첫째 아이도 태어났으니까요.

전세 계약을 하고 며칠이 주어져 벽지도 새로 바르고, 장판도 새로 깔고, 쓸고 닦고! 아주 깨끗하게 청소했습니다. 분명 힘이 많이 들었지만 당시 제 기분은 어땠을까요? 두말하면 잔소리죠! 입이 귀에 걸릴 정도로 기뻤습니다. 저는 둘 만의 보금자리를 마련하고 아내는 살림살이를 장만해서 하나하나 채워 넣으면서 얼마나 좋았겠어요. 그 안에서 함께 오붓하게 살아갈 생각을 하면서 말이죠.

창세기 1장을 이런 분위기로 다시 한번 보면 느낌이 다를 겁니다. 하루하루 창조가 거듭되면서 그 안에서 거할 인간을 생각하실 때 하나님의 마음이 좋으셨던 겁니다. 그리고 당신의 분신이자 자신을 꼭 닮은 인간이 거할 최적의 환경이 조성되어 가면서 너무 행복하셨던 것이죠. 당신의 형상과 모양대로 지음 받은 인간과 함께 사랑의 교제를 나눌 것을 생각하실 때

기쁨을 이기지 못하시며 잠잠히 사랑하시는 하나님의 마음을 한번 생각해 보세요. 저와 여러분은 적어도 이런 존재입니다! 이제 하나님의 마음을 엿 보는 두 번째 창문으로 가보겠습니다.

특별하고 존귀한 인생

이렇듯 창세기 1장은 바로 내가 어떤 존재인가를 잘 보여줍니다. 우리는 흔히 '나 자신이 보는 나!' '주변 사람들이나 세상이 규정하는 나'에 압도된 나머지 왜곡된 자아상으로 힘들어할 때가 있습니다. 그러나 우리는 '하나님이 보시는 나'를 볼 수 있어야 합니다. 사람이 얼마나 특별하고 존귀한 존재인가요? 우리는 하나님을 꼭 닮은 사랑의 대상이요, 분신입니다. 내가 가지고 있는 것에 의해서가 아니라 존재 그 자체만으로 가치가 규정되는 성경적인 자아상을 회복해야 합니다.

우리가 사는 세상은 동물의 세계처럼 약육강식과 적자생존이 난무하는 치열한 경쟁 사회입니다. 그 속에서 어떻게 해서든 살아남으려고 발버둥치는 사람들이 많습니다. 특히 청년들의 삶이 너무 고단하죠. 이러한 삶은 필연적으로 열등감과 비교의식에 사로잡힐 수밖에 없습니다. 왜냐하면 경쟁에서 이기는 사람은 소수이고, 그 경쟁은 끝이 없으니까요. 설사 경쟁에 승리해서 잠깐의 우월감을 맛본다고 해도, 정글과 같은 사회 속에서 한시도 여유를 부릴 수가 없어 불안감에 떨게 됩니다.

인간을 향하신 하나님의 목적: 교제!

인간이 존귀한 존재로 창조되었다는 사실은 다음의 성경 구절에 분명히 드러납니다. 창세기 1장 26~27절에 보면, 하나님께서 인간을 자기 형상 곧 하나님의 형상대로 창조하셨습니다. 이것은 하나님께서 우리처럼 눈, 코, 입이 있다는 말이 아닙니다. 하나님은 자신의 인격적인 속성을 따라 인간을 지으셨다는 것이지요. 왜 그렇게 만드셨나요? 바로 교제하기 위해서입니다. 같은 인격체일 때 함께 교제를 나눌 수 있기 때문입니다. 하나님께서 인간을 창조하신 목적이 바로 교제입니다.

사실 창세기가 처음 쓰일 당시는 온갖 신화들이 난무하는 세상이었습니다. 그 신화들에 의하면, 신은 인간을 종처럼 부려먹으려고 만듭니다. 인간을 자신들의 시중을 들고 즐겁게 해주는 존재로 여겼던 거죠. 그러나 하나님은 인간을 그렇게 만드시지 않았습니다. 고린도전서 1장 9절은 이렇게 말합니다. "너희를 불러 그의 아들 예수 그리스도 우리 주와 더불어 교제하게 하시는 하나님은 미쁘시도다" 어디서 불렀다는 말인가요? 죄로부터! 이처럼 창조해 주신 목적도 교제, 구원해 주신 목적도 교제라면 하나님께서 인간을 향하신 목적은 바로 '교제'입니다.

이러한 창조의 목적을 보다 더 잘 알 수 있는 창세기 2장 1~3절을 읽어 보겠습니다. "천지와 만물이 다 이루어지니라 하나님이 그가 하시던 일을 일곱째 날에 마치시니 그가 하시던 모든 일을 그치고 일곱째 날에 안식하시니라 하나님이 그 일곱째 날을 복되게 하사 거룩하게 하셨으니 이는 하나님이 그 창조하시며 만드시던 모든 일을 마치시고 그 날에 안식하셨음이니라" 여기에서 우리는 중요한 사실을 알 수 있는데, 이 말씀 안에는 인간 창조의 원리가 잘 나타나 있습니다.

그 전에 질문을 하나 해보죠. 닭이 먼저일까요? 알이 먼저일까요? 혹시 뭐가 먼저인지 몰라 머릿속이 하얘진 분이 계시나요? 저도 어렸을 때 이 질문을 받으면 참 아리송했습니다. 이것 같기도 하고, 저것 같기도 하고.

우리는 하나님의 창조를 믿기 때문에 닭이 먼저라고 분명하게 말할 수 있습니다. 그럼 또 질문을 해보죠. 여러분들은 보통 일하고 쉬세요? 아니면 쉬고 일하세요? 헷갈리니까 머리에 쥐가 나려고 하죠? 많은 사람들은 일한 후 쉰다고 답합니다. 그러나 성경적으로 말하면 쉬고 일하는 것입니다.

왜 그런가를 생각해 보죠. 그 전에 질문을 하나 더 해보겠습니다. 첫 인간이 창조된 후 가장 먼저 본 하나님의 행동은 뭐였을까요? 네! "안식하시니라", 쉬시는 것입니다. 안식은 쉼을 말합니다. 하나님은 6일 동안의 창조 행위 후 일곱째 날에 쉬셨습니다. 왜 쉬셨을까요? 피곤하셔서요? 지치셔서요? 하나님은 피곤하시거나 졸거나 주무시지 않는 분이라고 했습니다(시 121:3~4). 그렇다면 왜 하나님은 창조의 일을 마치신 후에 쉬셨을까요?

하나님은 일곱째 날을 특별히 구별하시고 복주시며 인간과 교제를 나누셨습니다. 함께 만나 대화하며 사랑의 교제를 나누셨던 거지요. 이 때문에 인간 창조의 원리는 일하고 쉬는 것이 아니라, 쉬고 일하는 것입니다. 하나님과의 교제, 하나님과의 관계성이 이만큼 중요합니다. 위로 하나님과의 관계가 올바를 때 우리에게 주어진 일과 사명을 제대로 감당할 수 있습니다. 사실 인간은, 창세기 1장 28절에 보면, 창조된 후 하나님으로부터 사명을 부여받았습니다! 게다가 그 사명을 감당할 때 먹거리도 책임져 주시겠다고 했습니다(창 1:29).

인간은 하나님 나라를 세우기 위해 일을 해야 했습니다. 창조된 세계는 인간의 노동을 필요로 하고 있었습니다. 그러나 중요한 것은 먼저 하나님과 관계를 맺고, 그 안에서 교제하는 가운데 공급받은 힘과 지혜로 일하는 것입니다. 우리가 한 주간 일터에서 피곤하게 지냈지만 주일날 하나님께 예배드리고 성도들과 교제 나누는 이유가 뭔가요? 몸은 좀 힘들지 몰라도 영적인 쉼의 중요성을 알기 때문입니다. 위로 하나님과 아래로 성도들과 함께 영적인 교제를 나누면서 우리는 새로운 한 주간을 힘차게 맞이할 수 있습니다. 이제 세 번째 창문으로 가보겠습니다.

속 안에 들어오실 정도로 친밀하게!

앞에서 하나님께서 인간을 창조하신 목적은 바로 교제라는 사실을 알았습니다. 그렇다면 그 교제의 깊이는 어느 정도였을까요? 세 번째 창문인 창세기 2장 7절은 이 사실을 좀 더 자세히 밝혀줍니다. "여호와 하나님이 땅의 흙으로 사람을 지으시고 생기를 그 코에 불어 넣으시니 사람이 생령이 되니라" 창세기 1장이 창조 세계와의 관계 속에서 인간을 다루고 있다면, 2장에서는 인간과 하나님, 인간과 인간의 관계가 클로즈업 된다고 보면 좋을 것 같습니다.

이 말씀에 의하면, 하나님께서 인간을 창조하신 방법은 다른 피조물들과 달랐습니다. 하나는 자기 형상과 모양대로 창조하신 것이고 또 다른 하나는 생기를 불어넣으셨다는 점입니다. 저는 이 말씀을 볼 때마다 생각나는 한 이야기가 있습니다. 어느 주일학교 선생님이 아이들에게 질문했습니다. "여러분 사람의 몸 중심에 배꼽이 있는데 왜 그럴까요?" 한 아이가 손을 번쩍 들더니 "하나님이 익었나 안 익었나 찔러 보신 거죠 뭐!"라고 답했다는 거예요. 아이들이 상상력이란 참^^

그렇다면 하나님께서 불어 넣으신 "생기"가 뭘까요? 에스겔 37장에 보면, 마른 뼈들이 나옵니다. 그들을 향해 하나님께서 생기를 불어넣으셨을 때 뼈에 힘줄이 생기고, 살이 오르고, 결국 하나님의 군대가 되었죠. 에스겔 37장 14절에서 그 생기를 "하나님의 영" 즉 성령이라고 말했습니다. 요한복음 20장 19~22절에도 보면, 부활하신 주님께서 문을 꼭꼭 걸어 잠그고 두려움에 떨고 있던 제자들에게 나타나 그들과의 관계 회복을 위해 "너희에게 평안이 있을지어다"라고 말씀하셨습니다.

그러고 나서 하신 말씀이 너무나 놀랍습니다. "그들을 향하사 숨을 내쉬며 이르시되 성령을 받으라." 창세기 2장 7절과 너무나 비슷한 상황이지요? 물론 이 말씀은 오순절 마가의 다락방에 모인 120명의 무리에게 성취되었죠. 한 말씀만 더 생각해 보겠습니다. 요한복음 4장 24절에서 예수님은 "하나님은 영이시니 예배하는 자가 영과 진리로 예배할지니라"라고 말씀하셨습니다. 종합해보면 "생기"는 성령이라고 할 수 있습니다. 이제 창조주 하나님과 인간은 성령이라는 공통분모로 인해 깊은 교제를 나눌 수 있게 되었습니다.

이러한 교제의 특권은 사실 너무나 놀라운 것입니다. 여러분들 중에 혹시 애완동물을 기르시는 분이 있나요? 강아지, 고양이, 금붕어 등 다양한 종류가 있을 겁니다. 애완동물을 반려동물(companion animals)이라고 하지 않습니까? 여기서 'companion'은 동무, 짝, 벗이란 의미로서 부부간에 서로 반려자라는 표현을 씁니다.

교회 어떤 분에게 같은 질문을 했더니 '뽀미'라는 강아지를 키운다는 거예요. 그래서 제가 물었습니다. "자매님! 어느 날 그 강아지에게 '뽀미야! 인생이 왜 이렇게 힘드니? 가슴에 큰 구멍이 하나 난 것 같아! 너무 공허해… 외로워 죽겠어!'라고 말했다고 해보죠. 그랬더니 뽀미가 눈물을 뚝뚝 흘리면서 '그랬구나. 나도 넘 마음이 아파… 인생이란 게 다 그런 거야. 힘내!'라고 대답한 적 있나요?" 그러자 자매님은 없다고 하시더군요. 그래서 제가 말했어요. "아무리 뽀미가 사랑스러운 애완견이라도 뽀미와 함께 대화하고 마음을 나누는 교제를 할 수는 없지요."

우리가 창조주 하나님께 마음을 터놓고 대화하며 사귐을 가질 수 있다는 것은 정말 놀라운 일입니다. 기독교는 관계의 종교입니다. 하나님을 알고 그분과 인격적인 교제를 나누는 삶이야말로 기독교인이 누릴 수 있는 최고의 특권이죠. 한참 이렇게 설명을 했더니 갑자기 그 자매님이 "근데요. 목사님! 저는 평소에 뽀미를 보면서 이 얘기, 저 얘기를 많이 하는데요?"라고 말했지요. 그래서 제가 "아… 네… 그런데 자매님 뽀미에게 일방적으로 말씀하시지 않으세요?"라고 묻자 "그건 그렇죠!"라고 답했습니다.

인격적인 교제란 쌍방 간에 대화를 통해서 마음의 교감을 갖는 겁니다. 아무리 뽀미가 이쁘고 사랑스러워도 나와 진정한 의미의 교제를 나눌 수는 없습니다. 왜냐하면 하나님의 영이 없기 때문입니다. 여기서 하나님의 마음이 잘 드러납니다. 하나님은 인간과 밀접하고 친밀한 관계를 맺기 원하시며, 깊이 있는 교제를 나누고 싶어 하십니다. 어느 정도냐면 인간들 사이에 들어오실 정도입니다! 어떻게 가능할까요? 바로, 성령을 통해서입니다. 성령의 시대를 살고 있는 우리에게 이것이 얼마나 큰 축복인지 이루 말할 수 없습니다.

타락과 배신

지금까지 우리는 세 가지 창문을 통해 하나님의 마음을 엿볼 수 있었습니다. 이제부터는 본격적으로 "그 날"의 의미에 대해 살펴볼 차례입니다. 하나님께서는 아담과 하와를 위해 에덴동산을 창설하셨고, 그 곳에 있는 각종 나무의 실과는 마음껏 먹을 수 있는 자유와 함께 선악을 알게 하는 나무의 열매는 먹지 말라고 하셨습니다. 그 명령이 얼마나 심각했는지 "네가 먹는 날에는 반드시 죽으리라"고 까지 말씀하셨습니다(창 2:17). 그런데 사탄은 뱀을 매개로 삼아 하와에게 접근해 유혹했습니다.

뱀이 하와에게 두 가지로 유혹했습니다. 하나는 금단의 열매를 먹어도 "결코 죽지 않는다"는 것과 "하나님과 같이 된다"는 것이었습니다. 사실 이러한 유혹은 사탄 자신이 타락한 천사로 전락한 근본적인 이유이기도 했습니다(사 14:12~14; 겔 26~28장). 여러분 죽는 게 좋나요 아니면 안 죽는 게 좋나요? 당연히 안 죽는 게 좋죠! 하와도 마찬가지였습니다. 게다가 하나님처럼 된다는 것이 얼마나 굉장한 유혹입니까? 하와가 이러한 두 가지 전이해를 가지고 그 열매를 보자 먹음직하고 보암직하며 지혜롭게 할 만큼 탐스러워 보였습니다.

결국 하와는 그 열매를 따 먹고 자기와 함께한 남편에게도 주었습니다. 어느 남편이 아내가 주시는(?) 것을 감히 거부할 수 있나요? 결국 아담 역시 그 열매를 먹고 말았습니다. 하나님의 엄위하신 명령을 그들이 누릴 수 있는 자유의지로 깨트린 것입니다. 이 사건은 결코 단순한 문제가 아닙니다. 왜냐하면 그 순간 아담과 하와 안에 있던 성령께서 떠나셨기 때문입니다. 결과적으로 그들과 이후 모든 인류는 하나님의 영이 없는 상태, 즉 영적으로 죽은 상태로 태어났게 되었습니다(엡 2:1). 이는 인류 전체에게 대재앙이고 비극이었습니다.

무엇보다도 앞서 살펴보았던 세 개의 창문을 볼 때, 첫 인간이 하나님께 등을 돌린 것은 한마디로 '배신'이었습니다. 그들이 하나님께 어떤 존재였습니까? 그들은 하나님을 꼭 닮은 존재들이고, 분신이며, 사랑의 대상이었습니다. 그런 그들을 위해 하나님은 인간이 거할 수 있는 최적의 환경을 다 조성하신 후 마지막에 인간을 창조하셨습니다. 그뿐입니까? 하나님은 삼위 하나님께서 누리는 사랑을 인간과 함께 향유하길 원하셨습니다. 이 때문에 성령을 통해 깊이 있고, 친밀하며, 밀접한 교제를 나누고자 하셨습니다. 인간을 위해 모든 것을 제공하신 분이셨습니다.

그런데 그 하나님을 등지고 저버리다니! 그것도 타락한 천사와 함께! 이것이 바로 "그 날" 일어났던 사건의 전말입니다. 그 날 하나님의 마음은 어떠셨을까요? 여러분! 지금까지 살면서 크든 작든 누군가로부터 배신당하신 적이 있을 겁니다. 배 밑에서 묵직한 뭔가가 올라오고, 피가 거꾸로 솟으면서 뒷목이 당기며, 분노 조절 장치가 마비되면서 머리에서는 뚜껑이 열리는 경험을 해보셨을 겁니다. 아마 상대방이 꼴도 보기 싫을 겁니

다. 며칠을 끙끙대며 앓아누웠을지도 모릅니다. 사람이 싫어지고 세상이
다 싫어졌을 겁니다.

행위보다 위치를!

하나님의 마음도 비슷했을 겁니다. 얼마나 괘씸했겠어요? 우리의 상상 그
이상이었을 겁니다. 그런데 하나님께서 어떻게 행동하셨나요? 첫 인간이
타락하고 배신한 "그 날" 하나님이 먼저 찾아오신 겁니다. 잘못한 쪽이 누
군데 하나님이 먼저 찾아오십니까? 그것도 며칠 동안 끙끙거리다가 분노
가 좀 사그라지고 난 다음에 오셨나요? 게다가 하나님이 "야! 아담! 도대
체 무슨 일이 일어난 거야? 먹지 말라고 한 것을 왜 먹었어!"라고 삿대질
하며 추궁하려고 오셨나요? 아니면 그들을 당장 내쫓으시려고 오셨나요?
아닙니다!

9절에 보면 "네가 어디 있느냐?"라고 말씀하시면서 '행위'보다도 '위치'
를 먼저 물으셨습니다. 여호와 하나님께서 아담에게 던지신 질문은 놀라운
사랑을 내포합니다. 그 질문 속에는 "아담! 네가 어떤 상태에 있는 거니?
왜 수치감에 두려워 떨며 나를 피해서 숨고 있어? 내가 너를 그렇게 창조
하지 않았잖아! 네 모습을 자세히 봐! 나와의 관계가 잘못되어 있어!"라는
의미가 담겨 있습니다. 아담의 죄를 드러낼 뿐만 아니라 죄 때문에 창조 본
래의 모습을 상실한 채 수치심과 두려움에 떨고 있는 아담에게 자신의 실
존을 대면시키고 계신 겁니다.

그가 그런 자신의 초라하고 헐벗은 모습을 깊이 깨닫고 회개하며 돌아
오면 받아주시기 위해서였습니다. 여호와 하나님은 그들을 살리고 회복시
키려는 그 한 가지 일념으로 하나님으로서의 체통과 권위도 뒤로한 채 "그
날" 당장 찾아오신 겁니다. 그뿐이 아닙니다. 그 아들 예수님께서도 하늘
보좌를 버리고 이 땅에 오실 수 있는 근거가 바로 여기에 있습니다. 우리가
흔히 배울 때 듣고 배우는 게 빠를까요? 아니면 보고 배우는 게 빠를까요?

당연히 보고 배울 때 빨리 배웁니다.

"그 날"부터 일하시니

틀림없이 참 아들이신 예수님께서도 "그 날" 아버지 하나님의 모습을 보셨기 때문에 다음과 같이 말씀하셨을 겁니다. "내 아버지께서 이제까지 일하시니 나도 일한다!"(요 5:17) 이 말씀은 예수님께서 38년 된 병자를 안식일 날 고치신 일 때문에 유대인들의 표적이 되어 박해당할 때 주어졌습니다. 여기에 보면 성부 하나님께서 "이제까지" 일하신다고 했는데, 언제부터 일하셨다는 겁니까? 막연하게 창세 때라고 하면 안 됩니다. 분명히 하나님께서는 6일간의 창조 행위를 마치고 쉬셨습니다.

바로 "그 날"부터입니다. 아담과 하와가 창조의 안식을 잃어버린 "그 날", 그들에게 참된 안식을 주시기 위해 찾아가신 "그 날"부터입니다. 하나님께서 인간의 구원과 회복을 위해 당신의 쉼을 포기하고 일하신 것처럼, 안식일의 주인이신 예수님도 쉼을 거부하고 참된 안식을 누리지 못하고 있는 그 병자를 고치기 위해 찾아오신 겁니다. 더 나아가 그 병자뿐만 아니라 모든 사람을 향해 "수고하고 무거운 짐 진 자들아 다 내게로 오라 내가 너희를 쉬게 하리라"라며 초청하고 계십니다(마 11:28).

여기에서 우리는 복음전도의 참 모델을 발견하게 됩니다. 복음전도란 죄로 인해 하나님과 분리되어 숨어서 두려워 떨고 있는 사람들에게 찾아가는 것입니다. 그들 스스로 나올 수 없기 때문이죠. 그들에게 가서 죄인의 구원과 회복을 위해 찾아오시는 사랑의 하나님을 소개해야 합니다. 더 나아가 하나님께서 창조하신 본래의 모습을 성경을 통해서 알려주고, 그에 미치지 못한 삶을 살고 있는 그들의 실상을 보여주면서 그곳에서 나오도록 도전하는 일입니다. 하나님 앞에 있는 모습 그대로 나아올 때만이 참된 소망이 있기 때문입니다.

사실 죄를 짓기 전 창조된 아담은 굉장히 스마트한 존재였습니다. 어느 정도였냐면 창세기 2장 19절에 보니까 하나님께서 흙으로 각종 들짐승과 공중의 새를 지으시고 아담 앞에 지나게 했더니, 아담이 그들의 특징을 순간 딱! 잡아내서 이름을 붙일 정도였습니다. 그런데 죄를 짓고 나서는 하나님의 낯을 피하여 동산 나무 사이에 숨었습니다. 아담이 나무 뒤에 숨는다고 하나님이 모르실까요? 하나님과 숨바꼭질해서 이길 수 있는 사람이 있을까요? 타락한 인간의 지성에 뭔가 심각한 문제가 생긴 것이 틀림없습니다.

성경은 처음부터 마지막까지 죄인들에게 먼저 찾아가시는 하나님의 사랑 이야기입니다. 창세기 3장 8절에서 타락한 죄인, 아담과 하와에게 먼저 찾아가셨고, 요한계시록 3장 20절에도 "볼지어다 내가 문 밖에 서서 두드리노니"라고 하시며 우리 주님께서 먼저 찾아오십니다. 구약성경만 해도 하나님께 등을 돌리고 언약을 깨트려 배신한 이스라엘 백성들에게 "돌아오라"라는 말이 무려 1,146번이나 등장합니다. 인간들이 끊임없이 하나님을 떠나가지만, 그들이 하나님께 돌아올 때마다 받아주시고 용서해 주시겠다는 것입니다.

돌탕사건

이처럼 찾아가시는 하나님의 마음이 가장 극적으로 표현된 곳이 저 유명한 돌탕사건입니다. 누가복음 15장에 보면 돌아온 탕자 이야기가 등장합니다. 저는 이 본문을 볼 때마다 떠오르는 이야기가 있습니다. 어느 날 주일학교 선생님이 유치부 아이들에게 질문했습니다. "얘들아! 둘째 아들이 돌아왔을 때 누가 가장 싫어했을까?" 여기저기서 "저요! 저요!" 하면서 손을 들었습니다. 선생님이 한 아이를 지목했더니 그 아이의 대답이 걸작이었습니다. "살진 송아지요^^"

많은 사람들이 이 질문에 대하여 '큰아들'이라고 대답합니다. 엄밀한 의미에서 둘째 아들만 탕자가 아니라 큰아들도 탕자였습니다. 다시 말해서 둘째 아들은 집 떠난 탕자이고, 첫째 아들은 집 안에 있는 탕자라고 할 수 있죠. 왜 그렇습니까? 둘째가 돌아왔을 때 아버지가 너무나 기뻐 살진 송아지도 잡고 큰 잔치를 벌였습니다. 하지만 그 소식을 들은 큰아들은 화를 내며 창녀들과 함께 모든 것을 탕진한 동생과 아버지의 행동을 못마땅해했습니다. 비록 아버지 집에 있었지만 아버지의 마음을 제대로 헤아리지 못한 것이죠. 따라서 이 이야기의 주인공은 탕자들이 아닌 아버지입니다!

다시 둘째 아들 이야기로 돌아가 보겠습니다. 둘째는 아버지께 재산을 미리 당겨 달라며 졸랐습니다. 아버지가 시퍼렇게 살아계시는데 돌아올 분깃을 요구한 것은 아버지보고 빨리 죽으라는 이야기와 다를 바 없습니다. 어쨌든 둘째는 "먼 나라"로 갔습니다. 먼 나라가 어디일까요? 미국일까요? 러시아일까요? 아프리카 오지의 어느 나라일까요? 아닙니다. 먼 나라는 아버지의 통제가 없는 곳입니다. 그런 면에서 그 먼 나라는 우리에게 익숙한 곳입니다. 왜냐하면 저와 여러분 역시 과거에 그 먼 나라 시민이었기 때문입니다.

둘째는 먼 나라에서 허랑방탕하여 재산을 다 탕진한 데다 경제 한파까지 몰아닥치는 바람에 돼지치기 아르바이트로 연명해 가는 삶을 살았습니다. 레위기 11~15장에 보면 이스라엘 백성들이 부정한 것과 정한 것을 구분하며 살아야 하는데, 가장 먼저 11장에서 먹을 수 있는 것과 먹지 말아야 할 것이 나옵니다. 먹는 문제는 매일 매일의 문제이므로 이스라엘 백성들에게는 심각한 것입니다. 여기에서 돼지는 먹지 말아야 할 짐승이므로 둘째가 어느 정도로 심각한 상태에 이르렀는지를 잘 설명해 줍니다.

아버지가 먼저 보고 달려가

그러던 어느 날 둘째는 아버지의 사랑을 떠올리며 집으로 돌아가야겠다고 결심합니다. 벼룩도 낯짝이 있지 다시 아들로 받아달라는 것은 가당치도 않은 일이고 품꾼의 하나로 써 달라고 부탁드릴 참이었습니다. 둘째는 집으로 돌아가기 시작합니다. 피골이 상접한 모습에 냄새나는 누더기 옷을 걸치고 터벅터벅 걸어갔습니다. 십중팔구 대낮이 아닌 해가 뉘엿뉘엿 넘어가는 저녁때를 택했을 것입니다. 그런데 놀라운 일이 일어났습니다. 저 멀리 누군가 먼저 보고 달려오는 것입니다. 바로 아버지입니다!

틀림없이 아버지는 둘째가 집을 떠난 이후로 비가 오나 눈이 오나 그 자리에서 기다리셨을 겁니다. 아들이 마을 어귀에 도달했을 때 한눈에 알아보았습니다. 아들의 눈보다 아버지의 눈이, 아들의 발걸음보다 아버지의 발걸음이, 회개의 발걸음보다 용서의 발걸음이 더 빨랐습니다. 달려가서 "사랑하는 아들아"하며 와락 껴안고 얼굴을 부비며 사랑의 입맞춤을 나누었습니다. 봄바람에 눈 녹듯 아들의 얼어붙은 마음은 아버지의 사랑의 품 안에서 다 녹아내렸을 것입니다. 여기서 중요한 질문을 던져 보겠습니다. 왜 아버지가 먼저 보고 달려왔을까요?

사람에게 완악하고 패역한 아들이 있어 그의 아버지의 말이나 그 어머니의 말을 순종하지 아니하거든 그의 부모가 그를 끌고 성문에 이르러 그 성읍 장로들에게 나아가서 그 성읍 장로들에게 말하기를 우리의 이 자식은 완악하고 패역하여 우리 말을 듣지 아니하고 방탕하며 술에 잠긴 자라 하면 그 성읍의 모든 사람들이 그를 돌로 쳐 죽일지니 이같이 네가 너희 중에서 악을 제하라 그리하면 온 이스라엘이 듣고 두려워하리라 (신 21:18~21)

이 말씀에 따라 약간 상상력을 발휘해서 본문을 다시 읽으면 이런 상황일 겁니다. 저녁이 되어가면서 논과 밭에서 일하던 마을 사람들은 농기구를 하나둘씩 챙기기 시작합니다. 그런데 갑자기 한 사람이 마을 어귀를 보다가 이상한 사람을 발견합니다. "어! 저거 김씨네 둘째 아들 아냐? 에잇!" 그 순간 사람들은 한 손엔 돌을 들고, 다른 한 손엔 농기구들을 들고 득달같이 달려갔습니다. 왜일까요? 그놈 때문에 마을이 콩가루 마을로 전락했기 때문입니다. 자녀들이 그 둘째 놈처럼 먼 나라로 가겠다며 부모들에게 대들곤 했을 겁니다.

만일 이때 아버지가 먼저 보고 달려가지 않으면 어떤 일이 벌어질까요? 아들은 그 자리에서 돌에 맞아 죽을 겁니다. 부모들이 뚜껑이 열려서 "호적이라도 파가라!"라고 버럭 화를 낼 수는 있지만 어디 자식 이기는 부모가 있나요? 김씨는 틀림없이 동네 사람들이 달려가는 모습을 보면서 더 힘껏 달렸을 겁니다. 두 팔을 벌려 아들을 감싸안는 순간 동네 사람들이 던진 돌과 쟁기 그리고 호미도 던져졌습니다. 돌은 아들 대신 아버지의 머리를 향했을 것이고, 쟁기는 아버지의 등을, 호미는 아버지의 다리를 내리쳤을 겁니다.

물론 이런 이야기는 성경에 기록되어 있지 않습니다. 다만 신명기 21장을 배경으로 삼아 재구성해 본 것입니다. 적어도 둘째가 돌아왔을 때의 상황이 그럴 수 있다는 겁니다. 이 이야기를 지금 누가 하고 있습니까? 성부 하나님의 참 아들이신 성자 예수님께서 하시는 말씀입니다. 예수님만큼 아버지 하나님을 잘 아는 분이 있을까요? 그분은 창세기 3장 8절에서 "그날" 있었던 일을 생생하게 목격했을 겁니다. 어떤 면에서 누가복음 15장 20절은 창세기 3장 8절을 신약적으로 재현한 구절이라고 볼 수 있습니다.

저는 이 본문에서 무한한 아버지의 사랑을 느낍니다. 이 장면만큼 십자가 사랑을 잘 묘사한 곳이 있을까요? 두 팔을 벌려 "사랑하는 아들아!"라며 울부짖으면서 먼저 보고 달려오시는 아버지의 모습은, 하나밖에 없는 아들 예수님을 온 세상의 죄를 모두 담당하시도록 십자가에 내어주신 사랑이었습니다(요 3:16). 저는 여기서 이 말씀을 떠올리지 않을 수 없습니다. "우리가 아직 죄인 되었을 때에 그리스도께서 우리를 위하여 죽으심으로 하나님께서 우리에 대한 자기의 사랑을 확증하셨느니라"(롬 5:8).

우리가 그리스도인이라면 먼저 보고 달려오시는 아버지의 사랑의 혜택을 받지 못한 사람은 아무도 없을 겁니다. 확실히 성경은 인간이 하나님을 찾아간 이야기가 아니라, 하나님께서 범죄한 인간을 찾아온 이야기로 가득 메워져 있습니다. 불순종한 아브라함을 찾아오신 하나님, 모세를 찾아와 부르신 하나님, 사마리아 여인을 찾아가신 예수님, 38년 된 병자를 찾아가신 예수님, 삭개오를 찾아 그 집에 방문하신 예수님, 실의와 절망 속에 있던 시몬 베드로를 찾아오신 부활하신 예수님 등 언제나 주님이 먼저 찾아오셨습니다!

러브 스토리

뷰포인트
창세기 3:15,21; 4:1~7; 출애굽기 12:1~14; 레위기 16장; 요한복음 1:29

최초의 복음: 말씀

지난 에피소드에서 우리는 타락한 인간들을 구원하고 회복시키려는 하나님 아버지의 마음과 심정을 "그 날"을 통해서 보았습니다. 이 시간에는 세상을 구원하고자 하시는 하나님의 계획이 어떻게 구체적으로 성경을 통해 전개되어 나갔는지 살펴보려고 합니다. 하나님께서 먹지 말라고 하신 "선악을 알게 하는 나무의 열매"를 먹은 인간들은 어떤 상태에 있었나요? 가장 먼저 그들은 자기들이 벗은 줄을 알았습니다(창 3:7). 그전에도 벌거벗었지만 부끄러워하지 않았었죠(창 2:25).

그러나 선악과를 먹은 후 선과 악의 기준이 자기들에게 넘어오면서 스스로 벌거벗었음을 알았습니다. 하나님의 기준을 어긴 **죄** 때문에 **수치감**이 생긴 것이죠. 그 수치감을 해결하려고 아담과 하와는 무화과나무 잎을 치마로 삼아 **덮었습니다.** 그뿐만이 아닙니다. 그들은 죄로 인해 하나님과의 관계에 심각한 문제가 생겼는데, 그것은 **도피**로 이어졌습니다. 왜냐하면 그들은 하나님을 **두려워**했기 때문입니다. 하지만 시편 139편 6절에서 다윗이 고백한 말, "내가 주의 영을 떠나 어디로 가며 주의 앞에서 어디로 피하리이까?"처럼 하나님을 피할 수는 없었습니다.

하나님은 범죄한 그들을 구원하고 회복시키기 위하여 바로 "그 날" 찾아오셨습니다. 하지만 아담은 하나님과 하와에게로, 하와는 뱀에게로 책임을 **전가했습니다.** 특히 아담이 죄를 전가한 모습을 주목해 볼 필요가 있습니다. "아담이 이르되 **하나님이 주셔서 나와 함께 있게 하신 여자 그가 그 나무 열매를 내게 주므로 내가 먹었나이다**"(창 3:12). 얼마 전까지만 해도 "내 **뼈** 중의 뼈요 살 중의 살이라" 하면서 최고의 사랑 고백을 한 아담이 하나님과 하와를 탓하는 모습은 타락한 인간이 얼마나 간사한 존재인지 너무나 잘 보여줍니다.

죄를 범한 인간이 잘못을 인정하고 용서받기 위해 먼저 하나님께 찾아와야 함에도 그렇게 하기는커녕 계속 피하고 다른 사람을 탓하는 모습!

바울 사도가 지적한 바로 그대로입니다. "기록된 바 의인은 없나니 하나도 없으며 깨닫는 자도 없고 하나님을 찾는 자도 없고 다 치우쳐 함께 무익하게 되고 선을 행하는 자는 없나니 하나도 없도다"(롬 3:10~12). 영적으로, 지적으로, 마음적으로, 사회적으로, 도덕적으로 완전히 타락한 상태가 바로 첫 인간의 상태요 죄를 범한 인간의 실상입니다. 이후로 인간들은 동일한 패턴을 반복합니다.

죄 ⟶ 수치감 ⟶ 인간적 노력으로 덮음 ⟶ 두려움 ⟶ 도피 ⟶ 전가

그 누가 이처럼 무서운 죄의 굴레로부터 벗어날 수 있습니까? 아무도 없습니다(롬 3:20). 이제 인간들은 죄의 종, 사망의 종, 세상의 종, 육신의 종, 사탄의 종으로 살다가 죽고 심판받아 하나님으로부터 영원히 분리되어 "불과 유황으로 타는 못"에 던져질 것입니다(계 21:8). 이처럼 인간에게 엄청난 대가를 지불하게 만든 뱀에게 하나님께서는 이유를 묻지 않고 곧바로 저주하셨습니다. 뱀은 구원과 회복의 대상이 아니라 심판의 대상이기 때문입니다.

이제 성경에 나오는 최초의 '저주'가 뱀에게 내려집니다(창 3:14). 그런데 잘 보십시오! 놀라운 것은 창세기 3장 15절이 뱀에게 내려진 심판의 맥락 안에 들어 있다는 사실입니다. 다시 말해서 그 심판 속에 복음이 들어있다는 것이죠. 세상에 죄가 들어오자마자 사망이 들어왔고, 사망이 들어오자마자 구원이 시작되었습니다! 이것이 바로 최초의 복음, 창세기 3장 15절이 주어진 상황입니다. 앞으로 하나님의 심판은 마지막 심판을 제외하고는 언제나 구원을 전제로 심판이 이루어집니다.

이제 우리는 창세기 3장 15절을 자세히 살펴볼 차례가 되었습니다. "내가 너로 여자와 원수가 되게 하고 네 후손도 여자의 후손과 원수가 되게 하리니 여자의 후손은 네 머리를 상하게 할 것이요 너는 그의 발꿈치

를 상하게 할 것이니라 하시고” 지금까지의 배경을 염두에 둘 때 이 말씀이 얼마나 긍휼에 넘치는 사랑의 표현인지 모릅니다. 하나님은 결단코 세상을 포기하지 않으셨습니다. 세상을 구원하고 회복하시겠다는 것입니다. 그 방법이 무엇입니까? 바로 예수 그리스도의 십자가 죽음과 부활, 곧 복음입니다.

여기에서 한 가지 분명하게 짚고 넘어가야 할 것이 있습니다. 복음(福音)이란 무엇일까요? 한마디로 말하면, 기쁜 소식(good news)입니다. 그런데 기쁜 소식은 나쁜 소식을 전제로 합니다. 그렇다면 나쁜 소식은 무엇입니까? 죄의 결과인 죽음과 심판입니다. “죄의 삯은 **사망**이요”(롬 6:23). “한 번 죽는 것은 사람에게 정하신 것이요 그 후에는 **심판**이 있으리니”(히 9:27). 이것이 바로 모든 인간이 처한 운명입니다. 정말로 기쁜 소식이 되려면 이처럼 인간들이 처한 죄, 죽음, 심판의 상황에서 벗어나도록 해 주어야 마땅합니다.

그렇다면 무엇이 죄와 죽음 그리고 심판의 문제를 해결해줄 수 있을까요? 예수님께서 동정녀 마리아에게서 나신 사건 또한 어떤 면에서는 복음입니다. 예수님의 놀라운 가르침과 기적도 복음입니다. 그러나 이런 것들은 모든 인간이 맞닥트린 죄와 심판과 죽음의 문제를 근본적으로 해결해 주지 못합니다. 오직 예수 그리스도의 십자가 죽음과 부활만이 해결할 수 있습니다. 그렇기 때문에 이 두 가지 사건이 복음의 핵심입니다.[2] 이러한 의미에서 십자가의 죽음과 부활이 최초로 등장한 곳이 바로 창세기 3장 15절입니다.

이제 본문을 좀 더 자세하게 본문을 분석해 보겠습니다. 먼저 주목해야 할 것은 본문에 나오는 “후손”이라는 단어입니다. 이 단어는 히브리어로 제라(זרע)인데, 단수-복수형이 같습니다. 물고기를 의미하는 영어 fish와 같은 식이죠. 문맥 안에서만 단수와 복수를 구분할 수 있습니다. 본문에서 “여자의 후손”은 단수입니다. 다음에 살펴야 할 것은 “여자의 후손”이란 표현입니다. 보통 후손을 언급할 때는 남자를 가리키지만 여기에서는 "여자의 후손"이라고 했습니다. 이 말의 뜻은 남자의 개입 없이 후손을 낳은 여자를 의미하며, 그 여자는 바로 동정녀 마리아입니다. 이제 본문에 나오는 세 부류의 인물들이 정리되었습니다. 그림으로 표현해 볼까요?

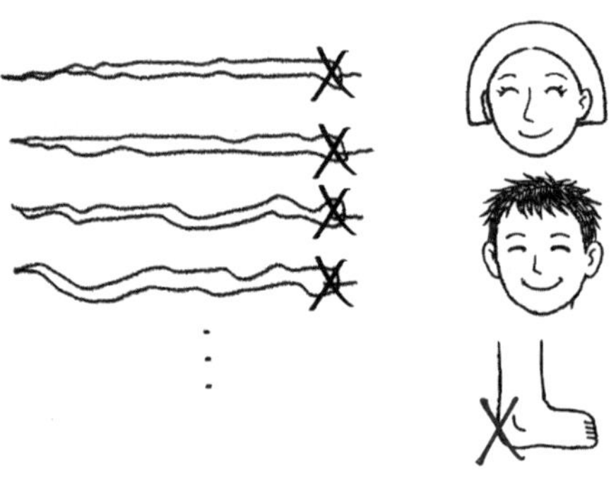

위 그림을 보면 누가 이겼나요? 그렇습니다. 여자의 후손입니다. 왜냐하면 뒤꿈치를 상하게 한 것보다 뱀의 머리를 상하게 것이 더 치명적이기 때문입니다. 그렇다면 뱀이 여자의 후손의 발꿈치를 상하게 한 것은 무엇을 상징합니까? 바로 사탄이 그 졸개들을 대동해서 예수님을 십자가에 못 박게 한 사건입니다. 반면, 여자의 후손이 뱀의 머리를 상하게 한 것은 무엇을 상징합니까? 십자가에서 죽으신 예수님께서 삼 일 만에 부활하신 사건을 가리킵니다. 부활로 말미암아 죄와 사망과 사탄의 권세를 완전히 물리치셨습니다. 할렐루야!

최초의 복음: 행위

창세기 3장 15절이 중요한 이유는 앞으로 이 말씀을 통해서 복음이 전개된다는 사실에 있습니다. 그러나 기독교는 말과 행위가 함께 가야 하기 때문에 3장 15절 말씀만으로는 부족합니다. 그렇기 때문에 창세기 3장 21절이 그 부족한 부분을 보충해 줍니다. 다시 말해서 창세기 3장 15절이 앞으로 전개될 복음을 가르친 것이라면, 창세기 3장 21절은 그 말씀에 근거한 행위입니다. 기독교가 말과 행위가 함께 간다는 사실을 처음부터 보여 주고 있는 셈이죠. 그렇다면 창세기 3장 21절은 어떤 면에서 가르침을 보충해 줍니까?

아담과 하와는 수치감을 해결하기 위해 무화과나무 잎으로 치마를 삼았습니다. 그 과정에서 틀림없이 넓은 무화과나무 잎을 몇 장 땄을 것이고, 그것을 서로 엮어서 치마가 되게 하려고 칡과 같은 굵은 줄기를 사용했을 겁니다. 또한 치마를 만들어 입었다 해도 활동하다 보면 잎이 시들거나 때로는 열기에 바짝 말라 부서지기도 했겠죠. 결국 끊임없이 새로운 치마를 만들어야만 했을 겁니다. 바로 이때! 하나님께서 개입하셨습니다. 여호와 하나님께서 아담과 그의 아내를 위하여 가죽옷을 지어 입히신 것입니다.

여기에서 우리는 몇 가지 중요한 사실을 발견할 수 있습니다. 첫째, 여호와 하나님께서 주도적으로 첫 인간들에게 옷을 지어 입히셨습니다. 둘째, 이 과정에서 동물이 대신 죽었습니다. 죽임을 당하는 입장에서 보면 얼마나 억울했겠습니까? 셋째, 그 동물이 대신 죽으면서 반드시 피를 흘렸을 것입니다. 피를 흘리지 않고는 절대로 가죽옷이 생겨날 수 없습니다. 동물에게는 말할 수 없는 고통이었을 겁니다. 넷째, 그 가죽옷은 아담과 하와의 수치를 덮어 주었습니다. 마지막으로, 그 결과 아담과 하와는 하나님 앞에 떳떳하게 나올 수 있게 되었습니다!

이러한 사실들은 신약성경과 함께 이해할 때 놀라운 통찰력을 제공해 줍니다. 하나님께서는 주도적으로 가죽옷을 만들어 주셨는데, 이는 곧 하나님께서 세상의 구속을 계획하시고, 그 계획대로 성자 예수님이 십자가에서 죽으실 것이며, 성령께서 시대를 초월하여 사람들에게 알려주실 것이란 사실을 예고해 줍니다. 세상의 구원과 회복이라는 과정에서 언제나 하나님은 주도권을 쥐실 것입니다. 또한 동물이 인간을 대신해 피를 흘리며 죽은 사건과 연관하여 예수님께서 억울하게 우리를 대신해 피를 흘리고 죽으셨습니다.

창세기에서 가죽옷이 아담과 하와의 수치스러운 부분을 덮어주었다고 했는데, 신약에 와서 예수님은 보배로운 피로 우리 모든 사람들의 죄를 씻어주십니다. 여기에서 구약과 신약의 중요한 차이점이 나타납니다. 구약성경의 구원론의 핵심은 '덮어줌'이고 신약성경의 구원론의 핵심은 '씻어줌'입니다. 예수님의 피로 우리의 죄가 씻겼을 때 하나님께서 우리 죄를 완전히 기억하지 않으신다는 것이죠. 무화과나무 잎으로 만든 치마와 가죽옷의 차이점이 이 사실을 잘 설명해 줍니다. 가죽옷은 잘만 관리하면 반평생 입을 수 있으니까요.

이 모든 결과 하나님과의 관계가 회복되어 아담과 하와는 이전처럼 하나님 앞에 나올 수 있었습니다. 왜냐하면 가죽옷을 입음으로 그들의 죄가 덮여졌기 때문입니다. 이것은 히브리서 9장 22절의 말씀과도 연결됩니다. "피 흘림이 없은 즉 사함이 없느니라" 쉬운 말로 풀면, 아담과 하와가 "하나님! 동물의 피를 통해 우리의 수치를 덮고 죄를 용서해 주셔서 고마워요" 라고 말하자, 하나님께서 넉넉한 웃음으로 "괜찮아!"라며 반응하시는 것과 같습니다. 성경은 이미 첫 아담이 죄를 짓고 죽게 되었을 때, 마지막 아담이신 예수님께서 오셔서 모든 문제를 해결해 주실 것을 다 알았습니다.

가인과 아벨 이야기

창세기 3장 15절의 '말씀'(言)과 21절의 '하나님의 행위'(行) 이 두 가지를 근거로 앞으로 복음이 전개될 것입니다. 창세기 4장의 가인과 아벨 이야기는 최초의 복음이 제시된 이후 첫 번째로 나온 사건이라는 점에서 그 중요성이 있습니다. 사실 이 사건에는 여러 해석이 존재합니다. 하지만 우리는 여기에서 복음적인 시각으로 접근하고자 합니다. 어느 날 가인과 아벨이 각각의 예물을 가지고 하나님께 나아갔습니다. 가인은 농사하는 자로서 땅의 소산으로 제물을 삼아 여호와께 드렸고, 아벨은 양을 치는 자로서 양의 첫 새끼와 그 기름으로 나아갔습니다.

　문제는 여호와 하나님께서 아벨의 제사만 받으셨다는 데 있습니다. 저는 오래전부터 이 이야기를 접할 때마다 도무지 이해가 가지 않았습니다. '직업에 귀천이 없다는데 하나님께서는 농업을 천하게 여기시고 목축업을 귀하게 여기시나? 아니면 하나님께서는 채식주의자가 아니라 육식주의자이신가?' 별의별 생각을 다 해보았습니다. 어느 날은 출석하는 교회 목사님께 물어보기도 하였습니다. 뭔가 열심히 설명해 주셨지만 당시에는 완전히 동의할 수 없었습니다.

　왜 하나님께서 가인의 제물은 거부하시고 아벨이 드린 제물만 흠향하셨을까요? 많은 분들이 정성의 차이 때문이라고 말합니다. 하지만 오히려 농사만큼 정성이 많이 들어가는 일이 또 있을까요? 아버지께서 경상북도 의성군 비안이라는 곳에서 목회하실 때의 일입니다. 그 지역은 버스도 안 들어오고 5일장이 서던 곳이었습니다. 대부분 성도들이 농사를 지었기 때문에 부모님의 목회에는 농사일을 돕는 것이 자연스럽게 포함되었습니다.

　저 또한 밭일이나 논에 모내기를 할 때면 함께 따라가 돕곤 했습니다. 모내기를 할 때가 가장 기억에 남는데 양쪽에서 하얀 선을 당기면 그 줄을 따라 벼를 심곤 했습니다. 발에는 거머리 때문에 스타킹을 신었었죠. 투박한 손, 검게 그을린 얼굴들, 하루 종일 논과 밭에서 열심히 일하시던 성도들의 모습이 지금도 눈에 선합니다. 이렇듯 정성 면에서 보면 농사일을 따라갈 직업이 없을 겁니다. 게다가 농사라는 것이 농부가 제 아무리 열심히 일해도 결국 결과를 하늘에 맡길 수밖에 없습니다. 햇볕과 비가 적절해야 하니까요.

　그러니 가인이 농사를 짓기 위해 얼마나 힘들었을까요? 물주고 밭 갈고 거름도 주면서 게다가 수확한 후에는 제일 좋은 것으로 하나님께 드렸을 겁니다. 하지만 하나님께서는 가인의 제물을 받지 않으셨습니다(창 4:5). 그리고 하나님은 그 이유를 7절에서 밝히고 계십니다. "네가 선을 행하면 어찌 낯을 들지 못하겠느냐 선을 행하지 아니하면 죄가 문에 엎드려 있느니라…” 이 말씀에 따르면 가인의 행동은 선하지 않았다고 합니다. 성경에서 말하는 선과 악은 잘 이해해야 합니다. 우리가 흔히 이해하듯이 ‘선’을 좋은 일, 착한 일로 해석한다면 큰일납니다.

성경에서 ‘선’이란 하나님을 기쁘시게 하려고 한 행위를 의미합니다. 따라서 ‘악’은 그 반대의 행위를 말하죠. 가인은 하나님을 기쁘시게 하려는 동기를 가지고 제물을 드린 것이 아니었습니다. “가인 같이 하지 말라 그는 악한 자에게 속하여 그 아우를 죽였으니 어떤 이유로 죽였느냐 자기의 행위는 악하고 그의 아우의 행위는 의로움이라”(요일 3:12).

이 말씀에 따르면 가인이 아벨을 돌로 쳐 죽인 이유는 자기의 행위가 악했기 때문이라고 말합니다. 반면에 아벨의 행위는 의롭다고 선언합니다. 역시 창세기 4장 7절의 말씀과 일맥상통하다고 볼 수 있습니다. 또한 히브리서 11장 1절은 믿음에 대한 정의를 내리고 있습니다. 3절은 하나님의 창조를 대하는 관점이 믿음에서 출발해야 함을 말합니다. 그리고 구원론이 시작되는 그 다음 말씀이 중요합니다. “믿음으로 아벨은 가인보다 더 나은 제사를 하나님께 드림으로 의로운 자라 하시는 증거를 얻었으니”(히 11:4).

아벨이 양의 첫 새끼와 기름으로 제물을 삼아 여호와께 나아간 것에 대하여 성경은 ‘믿음’의 행위라고 말합니다. 앞서 하나님께서 가죽옷을 지어 입히셨던 장면에서 아담과 하와는 하나님과의 관계에서 획기적인 변화를 맞이했습니다. 이제 아담과 하와는 이제 동물의 희생을 통해 하나님께 나아갈 수 있게 된 것이죠. 이 사건은 얼마나 대단한 것입니까? 그들에게 복음 중의 복음이었습니다.

따라서 부모는 틀림없이 그 사실을 자녀들에게 전수했을 것입니다.[3] 죄인 된 인간이 하나님께 나아갈 수 있는 길이 열렸고, 그 방법이 바로 동물의 희생, 곧 피의 제사를 통한 것입니다. 이러한 관점에서 다시 히브리서 11장을 보면, 3절의 창조 사건과 4절의 가인과 아벨의 이야기 사이에 언급되지 않은 사람이 있음을 알게 됩니다. 바로 첫 인간 아담과 하와입니다. 왜 그들은 믿음의 명예의 전당이라고 불리는 히브리서 11장에 그 이름을 올릴 수 없었을까요? 그들은 구원에 있어서 믿음을 구사할 필요가 없었기 때문입니다. 하나님께서 일방적으로 구원해 주셨으니까요.

여기에 중요한 원리가 담겨 있습니다. 선택과 부르심입니다! 하나님은 세상의 구원을 위해 누군가를 선택하셔야 했습니다. 그리고 선택받은 자는 자신이 경험한 하나님과 구원을 다른 사람에게 전수하고 그 이후로는 하나님께서 구원을 위해 부르실 때 반응해야 했습니다. 따라서 아벨이 믿음으로 제물을 드렸다는 것은, 그가 하나님과의 관계회복을 위한 구원의 방법으로 하나님께서 알려주신 방식에 순종하여 반응했다는 의미입니다. 곧 피의 제사를 통해서 하나님께 나아간 것이죠. 그렇기 때문에 아벨의 제사에는 다음과 같은 의미가 포함되어 있습니다.

"하나님! 저는 죄인입니다. 우리 아버지 어머니가 하나님의 말씀에 불순종했습니다. 저는 바로 그 죄를 지은 자의 자식입니다. 이 죄인을 용서해 주옵소서" 바로 회개와 믿음이 구사된 것입니다. 그렇다면 가인의 문제가 무엇인지 분명해집니다. 가인은 하나님이 알려주신 방법을 따라 믿음으로 나아가지 않았습니다. 가인과 아벨은 이후의 온 인류를 대표합니다. 즉, 가인은 자신의 방법과 노력으로 하나님께 나아가는 사람을 대표하고, 아벨은 인간의 방법이 아닌 하나님의 방법으로 나아가는 사람을 대표합니다.

가인의 계열은 "선행으로 하나님께 나아가야지"라고 생각하는 사람들로서 불교, 힌두교, 이슬람교를 비롯해 세상의 모든 종교들이 여기에 해당됩니다. 반면, 아벨의 계열은 "나의 노력과 땀 그리고 종교성으로는 절대 안 돼! 구원은 하나님이 알려주신 방법대로 반응을 보여야 해!"라고 생각하는 사람들입니다. 가인이 백날 농산물을 드려도 아무 소용이 없었던 것처럼 인간의 노력과 방법은 구원에 있어서 무용지물입니다. 이제 가인과 아벨 이야기를 이렇게 정리해 볼 수 있을 겁니다.

유월절 어린 양: 검사와 감사

시간이 많이 흘러서 아브라함, 이삭, 야곱의 자손들은 장정만 60만 명에 달할 정도로 불어났습니다. 당시 세계 최강인 애굽이라는 우산 아래에서 이제 한 나라를 이룰 만큼의 인구가 된 거죠. 하나님은 조상들과 맺은 언약을 기억하시고 430년 동안이나 애굽에 있었던 이스라엘 백성들을 구원해 내기로 하셨습니다. 하지만 그 전에 이스라엘 백성들을 인도해 낼 지도자 모세가 준비되어야 했습니다. 가시떨기 나무에서 부르심을 받은 모세는 아홉 가지 재앙을 통해 애굽을 초토화시켰고, 마지막 열 번째 재앙인 처음 난 것의 죽음에 대해 바로에게 경고했습니다.

출애굽기 12장에 바로 그 이야기가 자세히 기록되어 있습니다. 먼저 하나님은 "이 달을 너희에게 달의 시작 곧 해의 첫 달이 되게 하라"고 말씀하셨습니다. 이것은 애굽의 달력에 근거해서 살았던 이스라엘 백성들에게 국가의 시작을 알리는 신호탄이 되었습니다. 이어서 다음에 주신 명령이 3절에서 "각 가족대로 그 식구를 위하여 어린 양을 취하라"는 것입니다. 여기서 중요한 것은 "가족대로"입니다.

그런데 그 "어린 양"은 말 그대로 태어난 지 얼마 되지 않은 작은 양이 아닙니다. 신체적으로는 다 성숙했는데 단지 교미만 하지 않은 양을 가리킵니다. 오래 전, 대관령의 하늘 목장에 다녀온 적이 있습니다. 그곳에는 수많은 양떼들이 있었는데, 목동에게서 양은 태어난 지 1년 정도면 다 자란다는 이야기를 들었습니다. 옛날 우리 조상들이 나이가 어려도 장가를 가서 상투를 틀면 어른으로 예우를 해 준 것과 비슷합니다.

또 한 가지 눈여겨 볼 점이 있습니다. 하나님께서는 3절에서 그 양을

1월 10일에 취하라고 하셨고, 6절에서는 1월 14일까지 간직했다가 잡으라고 하셨습니다. 왜 나흘간의 간격이 필요했을까요? 그 이유는 5절에 나와 있습니다. "너희 어린 양은 흠 없고 일 년 된 수컷으로 하되 양이나 염소 중에서 취하고" 이 말씀에 의하면 세 가지 조건이 명시되어 있습니다. 첫째, 어린 양일 것, 둘째, 흠이 없어야 할 것, 셋째, 수컷입니다. 어린 양인지 수컷인지는 외양으로 쉽게 알 수 있습니다. 그러나 두 번째 규정은 단번에 알 수 없죠.

왜냐하면 흠의 유무는 외양뿐만 아니라 내부 상태도 확인이 되어야 했기 때문입니다. 따라서 나흘간의 기간은 **검사의 기간**이었습니다. 만일 그 기간 동안에 양에게 무슨 문제가 발생하면 재빨리 다른 후보군에서 흠 없는 양으로 대체해야만 했습니다. 이렇듯 1월 10일에 먼저 양을 선택하는 과정에서도 주의를 기울여야 했지만, 나흘 후 양을 잡을 때까지는 더 조심해야 했습니다. 한 가정이 사느냐 죽느냐가 결정되는 심각한 기간이었기 때문입니다! 이러한 면에서 이스라엘 백성들에게 이 나흘간의 기간이 얼마나 중요했는지는 충분히 짐작할 수 있습니다.

그뿐만 아니라 그 나흘 간격은 가족들에게 있어서 **감사의 기간**이기도 했습니다. 어린 양을 잡아 함께 먹어야 했던 가족 구성원 모두는 틀림없이 그 나흘 동안 하나님께 깊은 감사의 마음을 가졌을 겁니다. 만일 그 어린 양이 아니었다면 이스라엘 백성도 예외 없이 장자가 죽고 동물의 첫 새끼들이 죽어야 했기 때문입니다. 더 나아가 400여 년간 이어진 애굽의 압제로부터 해방과 자유를 얻지 못했을 것입니다. 그 해방이 없었다면 이스라엘은 하나의 독립 국가를 이룰 수 없었을 것입니다.

게다가 앞선 아홉 가지의 재앙을 두 눈으로 똑똑히 목격했던 이스라엘 백성들에게 감사의 마음은 매우 실제적이었고, 깊은 의미로 다가왔을 것은 너무나 당연한 일입니다. 만일 어떤 사람이 전쟁포로로 잡혀 한 사람씩 총살당하는 상황 가운데 있었다고 상상해 봅시다. 자기 차례가 되어 '이제 죽는구나' 하는데, 갑자기 뜻밖의 일로 인해 구출되었다면 그 감격이 얼마나 생생하고 기뻤겠습니까? 이스라엘 백성들은 열 번째 재앙을 넘어가게 해줄 어린 양을 보면서 감사하지 않을 수 없었습니다.

그들은 하나님을 향해서는 "하나님! 구원의 길을 알려주셔서 감사해요!"라고 했을 것이고, 또한 양에 대해서도 "얘! 어린 양아! 고맙구나! 네가 대신 죽어서 우리 모두를 살리는구나!"라고 했을 겁니다. 놀라운 것은 이러한 검사와 감사의 기간이 예수님에게도 똑같이 적용된다는 사실입니다. 먼저 바울 사도는 유월절 어린 양이 바로 예수 그리스도를 가리킨다고 보았습니다. "우리의 유월절 양 곧 그리스도께서 희생되셨느니라"(고전 5:7). 그 예수님은 정확하게 1월 10일에 예루살렘 성으로 들어오셨고 1월 14일 오후 3시에 숨을 거두셨습니다.

이 땅에 육신의 몸을 입고 오신 그분은 죄 없는 하나님의 아들이심이 확인되어야 했습니다. 특별히 십자가 죽음을 앞두고는 유대 종교 지도자들로부터 엄격하고 집요하며 철저한 검사를 받으셔야 했습니다. 그 결과가 무엇입니까? 무죄판결이었습니다(눅 23:14~15). 법하면 로마인데 총독 빌라도가 혐의가 없다고 했고, 십자가 처형을 주도하던 백부장도, 심지어 두 강도 중 하나도 예수님에게 죄가 없음을 고백했습니다(마 27:54; 눅 23:41).

이것은 중요합니다. 최상류층에 있는 사람이나 최하층에 있는 사람이나 중간층에 있는 사람이나 모든 계층을 아울러서 예수님은 분명히 '죄가 없는 분'임이 확인된 것입니다. 그러므로 예수님께서 세상 죄를 지고 갈 흠 없는 어린 양이라는 사실이 세상 사람들 앞에서 분명하게 입증된 셈입니다(요 1:29; 벧전 1:18~19). 감사도 마찬가지입니다. 예수님께서 십자가 처형을 당하시기 전날 밤 제자들과 마지막 만찬을 나누시면서 찬미와 감사의 시간을 가지셨고, 그가 다시 오실 때까지 떡과 잔을 통해 기념하고 감사하며 전하라는 명령을 주셨습니다.

이렇게 나흘간 검사와 감사의 기간을 보낸 후 각 가족은 14일 오후 3

시쯤 어린 양을 잡았습니다. 그리고 그 피를 문 좌우 기둥과 꼭대기에 바른 뒤, 밤에 양고기와 누룩을 넣지 않는 맛없는 빵을 쓴 나물과 함께 먹었습니다. 그들은 명령에 따라 언제든지 애굽을 떠날 수 있도록 허리에 띠를 띠고 발에 신을 신고 손에 지팡이를 잡은 채 급히 먹었습니다. 이것이 유월절 식사였습니다. 마침내 그날 밤 여호와께서 애굽을 다니시며 피가 발라져 있는 집은 넘어가셨고 피가 없는 집은 바로의 장자로부터 시작하여 모든 처음 난 것을 다 치셨습니다.

대속죄일의 두 염소

이스라엘 백성들에게 7월 10일은 가장 중요한 날입니다. 이날은 일 년 동안 지은 모든 죄를 용서받는 날이기 때문입니다. 그리고 7월 1일에 나팔을 불며 시작되는 절기, 곧 나팔절은 죄를 용서받기 위한 회개의 기간입니다. 우리는 유대인이 아니기 때문에 대속죄일이 얼마나 중요한 날인지 그 의미를 놓칠 수 있습니다. 실제로 대속죄일을 묘사하고 있는 레위기 16장을 올바로 이해한다면 신약에 와서 구원론의 깊은 의미를 제대로 이해할 수 있을 것입니다. 핵심은 죄의 실재와 죄를 제거할 필요성이 가시적으로 드러난다는 점입니다.

대속죄일이 가까워지면 모든 유대인들은 아무 노동도 하지 않고 자기를 괴롭게 합니다. 백성들의 참된 회개 없이는 속죄일 의식 자체는 불충분한 것이었습니다. 이스라엘 백성들은 거룩하신 하나님을 통해 구속받은 백성이었기에 그에 걸맞은 삶을 살아야 했습니다. 출애굽기 19장에서 하나님께서 그들 가운데 민족적으로 임재하시고, 십계명을 비롯해 율법을 주셨습니다. 이것이 곧 하나님의 기준입니다. 하나님의 기준 앞에서 인간들의 죄는 자연스럽게 드러납니다. 특별히 레위기 11장부터 15장까지를 보면 정한 것(clean)과 부정한 것(unclean)에 대한 가르침이 나옵니다.

11장에서는 먹는 문제, 12장에서는 산혈의 문제, 13장과 14장은 나병의 문제, 15장은 유출병의 문제를 다룹니다. 특히 먹는 문제는 매일의 문제가 되므로 이스라엘 백성들은 툭하면 죄짓는 일이 많았을 겁니다. 그러니 죄를 용서받을 수 있는 대속죄일이 얼마나 중요했겠습니까? 이처럼 중요한 절기라 모든 의식을 집행하는 대제사장도 미리 일주일 전에 집에서 나와 철저한 준비를 합니다. 대제사장도 같은 사람인지라 죄가 있기 때문에 먼저 자신의 죄를 속죄하고 용서를 받아야만 했습니다.

수송아지를 통해 자기 죄를 속죄한 대제사장은, 이번엔 백성을 위한 속죄제 염소를 잡아 그 피를 가지고 휘장 안에 들어갑니다. 그리고 자신의 죄를 속죄할 때와 똑같이 그 피를 손가락으로 속죄소 위와 속죄소 앞에 일곱 번 뿌립니다(레 16:14~15). 지성소에서 나와서는 제단으로 나아가 수송아지의 피와 염소의 피를 제단 귀퉁이 뿔들에 바르고 그 위에 손가락으로 일곱 번 뿌려 제단을 성결하게 합니다(레 16:18~19). 이런 과정을 통해 백성들의 죄가 완전히 사함을 받게 되는 것입니다(레 16:30).

대속죄일의 하이라이트는 두 번째 염소입니다. 사전에 대제사장에 의해 제비 뽑힌 염소이지요. 이제 대제사장은 두 번째, 아직 살아 있는 염소의 머리 위에 손을 얹고 안수를 합니다. 그 다음에 이스라엘 자손의 모든 불의와 그 범한 모든 죄를 아뢰고, 그 죄를 염소의 머리에 전가시킵니다. 여기에서 안수는 동일시(identification)를 뜻합니다. 마지막으로 염소는 사전에 정해둔 사람에게 맡겨져, 모든 백성들이 보는 앞에서 광야로 보내집니다. 모든 이스라엘 사람들의 불의를 홀로 짊어진 염소는 사람이 없는 접경지역에서 놓이게 된 것입니다.

백성들의 시선에서 염소가 조금씩 조금씩 멀어지며 희미해져 가다가 마침내 그들의 눈앞에서 완전히 사라졌을 때 그들은 어떠한 반응을 보였겠습니까? "야! 호! 하나님 감사합니다!" 하면서 들고 뛰고, 춤을 추고, 서로 얼싸안고 기쁨을 만끽할 것입니다. 죄의 용서를 확인했기 때문입니다. 그렇기 때문에 대속죄일을 위해 사용되는 두 마리의 염소는 내용상 한 마리와 같습니다. 이스라엘의 죄가 용서받았다는 것을 말로 설명해주는 것이 아니라, 염소를 통해서 눈으로 보여주었으니까요. 한마디로, 이것은 시청각 교육을 위한 것이었습니다.

이처럼 죄를 용서받았기 때문에 일주일 동안 초막절을 지키면서 춤을 추고 찬양하며 감사의 시간을 보내는 것입니다. 물론 조상들을 광야에서 40년 동안 지켜주신 하나님을 예배하며 감사하는 것과 모든 추수에 대한 감사를 포함해서겠죠. 이러한 배경 속에서 초막절은 이스라엘 백성들이 지키는 삼대 절기 중 가장 큰 절기가 됩니다. 이제 레위기 16장의 의미를 정리해 보죠. 먼저, 대제사장이 지성소에 들어갈 수 있는 기회는 딱 하루! 7월 10일입니다. 다음으로, 대제사장은 그냥 들어갈 수 없고 동물의 피로만 가능합니다. 그다음은 이 날 온 이스라엘 백성들의 죄가 용서받습니다. 물론 그 전까지는 죄의식을 가지고 살아가야 합니다. 마지막으로, 이 속죄의 혜택은 이스라엘에게만 유효합니다.

동물 애호가들의 입장에서는 속죄 제물로 바쳐야 하는 양의 개체수가 이전에 비해 확 줄었기 때문에 좋아했을 겁니다. 하지만 하나님은 이스라엘 백성 한 민족과만 관계가 회복되기를 원하지 않았습니다. 게다가 하나님의 존전 앞에 나아갈 수 있는 사람도 대제사장 한 사람뿐이고, 그것도 일년에 단 한 차례뿐입니다(레 16:34). 따라서 복음의 계시는 최종 한 단계를 더 기다려야 했습니다.

하나님의 어린 양, 예수!

말라기 선지자 이후 400여 년간에 걸친 영적 암흑기를 깨트리고 신약성경의 문을 연 사람은 바로 세례 요한이었습니다. 어느 날 그는 예수님을 가리켜 놀라운 선포를 합니다. "보라 세상 죄를 지고 가는 하나님의 어린 양이로다"(요 1:29). 어떻게 요한이 예수님을 구약성경에서 속죄 제물로 드려진 모든 희생제물의 성취로 볼 수 있었을까요? 참으로 놀랍기만 합니다. 그는 아마도 제사장 사가랴의 아들이었기 때문에 아버지가 제사를 위해 동물들을 잡는 것을 많이 보았을 것입니다.

무엇보다도 광야에 있는 동안 말씀을 통해 하나님을 깊이 만나면서 장차 자신이 길을 예비할 메시아 예수 그리스도에 대해서 깊이 묵상했을 겁니다. 예수님은 밑도 끝도 없이 갑자기 하늘에서 뚝 떨어지신 분이 아닙니다. 창세기 3장, 출애굽기 12장, 레위기 16장의 말씀대로 오셔서 십자가에서 죽으신 것입니다. 이러한 흐름 속에서 볼 때 요한의 "세상 죄를 지고 가는 하나님의 어린 양"이라는 선포는 복음에 대한 하나님의 계시에 있어서 완성을 의미합니다. 그 때문에 예수님께서도 여자가 낳은 자 중에 세례 요한보다 큰 이가 없다고 말씀하셨습니다.

예수님은 대제사장이시면서 동시에 완벽한 제물이셨습니다. 구약의 대제사장들은 자신의 죄를 먼저 속해야 했지만 죄가 없으신 예수님은 그럴 필요가 없으셨습니다. 또한 하나님의 어린 양이 십자가에서 한 영원한 제사를 드리심으로 믿는 자들을 영원히 온전하게 하셨습니다(히 10:10, 14). 그 선포가 바로 예수님께서 십자가 위에서 외치신 "다 이루었다"입니다(요 19:30). 그 결과 대제사장뿐만 아니라 믿는 자는 누구나 하나님 앞에 예수의 피를 의지해서 은혜의 보좌 앞에 담대히 나아갈 수 있게 되었습니다(히 4:16).

왜냐하면 예수님께서 십자가에서 몸이 찢어지셨을 때, 성소의 휘장 역시 위에서부터 아래로 찢어져 "새로운 살 길"을 열어 놓으셨기 때문입니다(마 27:51; 히 10:20). 유대인과 이방인 사이의 담도 예수님께서 십자가로 허물어 버리셨습니다(엡 2:14). 이제 예수님을 모퉁이 돌로 삼아 유대인과 이방인이 함께 성전이 되어 갈 수 있게 되었고, 우리 모두는 그 성전에서 하나님이 기쁘게 받으시는 신령한 제사를 드릴 거룩한 제사장이 되었습니다(엡 2:20~21; 벧전 2:4~5). 이 얼마나 놀라운 축복입니까? 할렐루야!

이제 이번 에피소드를 마무리하겠습니다. "그 날"을 통해서 타락한 세

상을 구원하고 회복시키시려는 하나님의 사랑과 열정은 이제 십자가 죽음
과 부활이라는 복음을 통해서 전개됩니다. 창세기 3장 15절은 말로써 선
포된 최초의 복음이고, 21절은 그 말씀이 행동으로 드러난 사건입니다. 이
두 가지를 근거로 복음이 점진적으로 펼쳐집니다.

창세기 4장에서는 한 마리 양이 한 **사람**을!
출애굽기 12장에서 한 마리 양이 한 **가족**을!!
레위기 16장에서 한 마리의 염소가 한 **민족**을!!!
요한복음 1장 29절에서는 한 마리 양이 온 **세상**을!!!!

회복된 계획

뷰포인트

창세기 1:26~28; 마가복음 16:15; 마태복음 28:19~20

하나님의 나라

이번 에피소드에서는 성경 전체를 꿰뚫는 중요한 주제 중 하나인 '하나님의 나라'와 연관해서 살펴보겠습니다. 그렇다면 '하나님의 나라'가 무엇입니까? 미국이나 브라질 그리고 우간다 같은 지리적인 개념일까요? 그렇지 않습니다. 하나님의 나라는 한마디로, 하나님의 통치입니다. 하나님의 통치가 이루어지는 곳이 하나님의 나라입니다. 따라서 하나님의 나라가 확장된다는 말은 교회가 외형적으로 커지고 교인수가 많아진다는 의미가 결코 아닙니다.

하나님의 통치를 받는 사람이 더 많아지는 것! 그것이 바로 하나님 나라의 확장입니다. 그렇다면 어떤 사람이 하나님의 통치를 받습니까? 그렇습니다! 죄를 용서받고 예수 그리스도를 믿어 성령을 모신 사람입니다. 교회에 다니는 사람은 말 그대로 교인일 뿐입니다. 그 교인이 거듭날 때 성도 즉, 성령을 모심으로 구별된 무리가 됩니다. 그런데 문제는 성령께서 우리 안에 들어오실 때 죄의 성품이 해결된 상태에서 들어오시는 것이 아니라, 죄의 성품이 그대로 있는 상태에서 들어오신다는 사실입니다.

이 때문에 거듭난 그리스도인들도 하나님의 온전한 통치를 받을 수 없습니다. 왜냐하면 죄의 성품이 그것을 방해하기 때문입니다. 여기에 신앙 성숙의 필요성이 자리합니다. 신앙의 '성숙'과 교회 문화의 '익숙'은 구별해야 합니다. 성숙은 죄의 성품을 따라 살아가던 삶으로부터 성령의 소욕에 이끌려 살아가는 삶으로 점점 더 바뀌어 가는 과정을 말합니다. 반면에 익숙은 교회 생활이나 기독교 문화에 대한 이질감이 줄어들고 편안해지는 정도를 의미합니다. 주로 기독교 가정의 2세대나 3세대 중에서 많이 발견할 수 있죠.

최초의 계획

창세기 1~2장을 하나님의 나라와 연관해서 생각해 보겠습니다. 하나님은 6일간의 창조를 통해 당신의 나라를 이루셨습니다. 먼저 세상을 창조하시고 그 속에 온갖 피조물들을 만들어 채우셨습니다. 땅에는 씨 맺는 채소와 열매 맺는 나무가, 하늘에는 해와 달과 별들 그리고 온갖 조류가, 바닷속에는 각종 어류가, 마지막엔 땅 위에 다양한 종류의 생물과 짐승 그리고 인간이 자리했습니다. 그중 첫 인간은 하나님께서 창조하신 피조물이지만 다른 피조물과는 확연히 달랐습니다. 하나님의 형상과 모양대로 창조되었기 때문입니다.

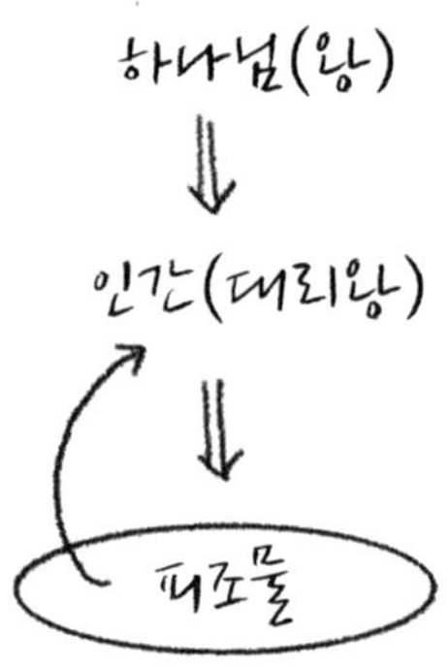

하나님은 인간을 그 피조물 중에서 빼내어 구별하셨습니다. 그렇다고 그들이 하나님이 된 것은 아닙니다. 인간은 하나님보다 조금 못하게 창조되었기 때문입니다(시 8:4~5). 하나님은 인간을 자신의 형상과 모양대로 창조하셔서 그들에게 하나님을 대신해서 하나님의 뜻을 받들어 모든 피조물들을 관리하고 다스리도록 하셨습니다(창 1:26). 그렇게 되기 위해서는 그 인간들이 '땅에 충만하고', '땅을 정복하며', '모든 생물을 다스릴' 수 있도록 많아져야 했습니다. 그 방법이 무엇입니까? 그것이 바로 '생육하고 번성하라'입니다(창 1:28).

생육하라는 것은 쉽게 말하면, 재생산하라는 겁니다. 한 남자와 한 여자가 만나서 자녀를 낳습니다. 저와 제 아내 사이에 두 자녀가 있듯이 말입니다. 그럼 번성하라는 것은 무슨 말입니까? 배가시키라는 겁니다. 저희 부모님에게 세 자녀가 있습니다. 그중 저는 자녀가 둘이고, 막내는 셋을 두었습니다. 시간이 더 지나면 제 두 아이들과 조카 셋은 결혼해서 또 자녀를 낳을 겁니다. 이런 식으로 배가해서 많아지는 것이 '번성하라'입니다. 시간이 지나면서 그 숫자는 기하급수적으로 늘어나겠죠.

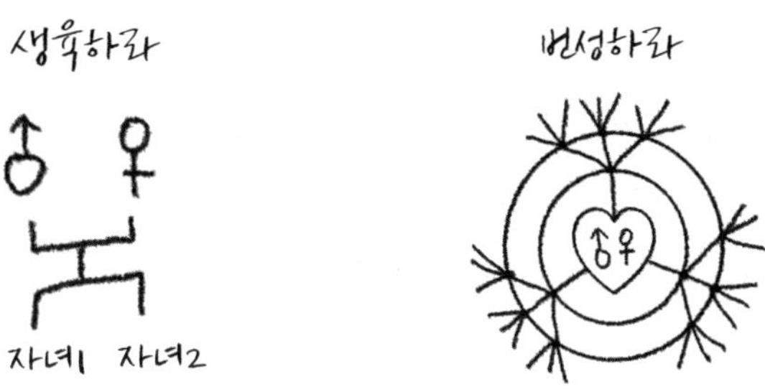

예전에 저의 아이들이 어릴 때, 엄마에게 셋째를 낳아 달라고 조르며 떼를 쓴 적이 있습니다. 그 이유가 걸작이었습니다. "엄마! 전농동 할아버지, 할머니도 아빠, 고모, 작은 아빠까지 셋! 대구 할아버지, 할머니도 엄마, 이모, 삼촌까지 셋! 작은 아빠는 향유, 옥합이, 그리고 드림이까지 셋! 그럼 우리도 셋이 되어야 하잖아!" 나름 논리를 펼치지만 엄마는 그 얘기에 전혀 반응하지 않았습니다. 그리고 이렇게 묵살했죠. "됐거든! 둘 키우는 데도 힘들어! 게다가 햄스터와 금붕어까지 하면 셋 키우는 것이나 다름없거든요?"

다시 창세기 1장 28절로 돌아가면 인간이 창조된 목적은 땅에 충만하고, 땅을 정복하며, 땅을 다스리라는 이 세 가지입니다. 그리고 그것을 이룰 수 있는 방법은 이미 살펴본 것처럼 생육하고 번성하는 것입니다. 그렇게 될 때 어떤 결과가 나타날까요? 온 세상에는 하나님의 형상과 모양대로 창조된 사람들로 가득 채워질 것입니다. 하나님은 당신을 꼭 닮은 그들을 통해서 온 세상을 통치하실 수 있었습니다. 그러니까 첫 인간은 생물학적 출생만으로도 이 사명을 이룰 수 있었죠.

　　이러한 관점에서 볼 때, 창세기 2장은 1장에서 첫 인간에게 주어진 사명 성취의 초기 단계를 잘 설명해 줍니다. 아담은 에덴동산을 경작하고 지킴으로써 창세기 1장 28절의 "정복하고 다스리는" 사역을 감당해야 했습니다. 그 구체적인 실례가 2장 19절에서 아담이 동물의 이름을 지어준 일입니다. 또한 하나님께서 주신 최초의 법, 2장 16~17절의 말씀을 하와를 비롯해 그 자녀들에게 가르쳐 순종하도록 해야 했습니다. 더 나아가 아담과 하와는 한 몸을 이루어 "생육하고 번성하여 땅에 충만"하라는 사명을 이루어야 했습니다. 그 결과 하나님의 임재와 통치를 확장하기 위해 에덴동산의 경계선은 온 세상을 향해 확대되어 나가야 했습니다.[4]

깨어진 계획

그러나 그 계획은 산산조각 나고 말았습니다. 바로 창세기 3장에서 첫 인간들이 타락했기 때문이죠. 다스려야 할 뱀에게 오히려 다스림을 받는 상황이 벌어진 것입니다. 그 이후로 이 세상은 하나님의 형상이 깨어진 채 태어나는 사람들, 다시 말해서 하나님의 영이 없는 상태에서 태어나는 사람들로 가득 채워졌습니다. 사실 하나님이 주신 여러 명령 중에서 "생육하고 번성하라"만큼 인간이 잘 순종한 것도 없죠. 어쨌든 이 땅에 충만하게 사람들을 채우긴 했는데 하나님의 통치와 전혀 상관없는 사람들로 가득 찼습니다.

　　죄로 인한 타락이 얼마나 심각한지 한번 생각해 볼 필요가 있습니다. 먼저 하나님과 인간의 관계를 보겠습니다. 아담과 하와가 금단의 열매를 따서 먹는 순간 하나님의 영이 떠났습니다. 우리는 이것을 영적 죽음이라고 말합니다. 어느 날 초등학교 3학년 아들이 성경을 읽다가 화를 내면서 말했습니다. "아빠, 나 이제 성경 안 읽을래요! 선악과를 따 먹으면 반드시 죽는다며? 근데 아담과 하와는 죽지 않았잖아요!" 저는 기회가 왔구나 싶어서 아이를 앉혀놓고 그 상황을 잘 설명해 주었습니다.

"평화야! 네가 이해하기 좀 어려울 수도 있지만 자! 들어봐~ 성경에서 죽음은 세 가지를 의미해. 첫째는 영적인 죽음이야. 이건 하나님께서 인간을 만드실 때 코에 불어 넣으신 생기, 즉 하나님의 영이 떠나는 거지. 둘째는 육체적인 죽음이야. 영적인 죽음으로 인해 필연적으로 모든 인간은 죽음에 이르는 병에 걸려서 조금씩 죽어가는 거야. 결국 인간은 죽을 때 혼이 떠나면 몸은 송장 즉 시체가 되는 거지. 마지막으로 영원한 죽음이 있어. 이건 죄인이 하나님으로부터 영원히 분리되어 지옥에 가는 거야! 세 가지 죽음의 공통점은 바로 **분리**란다!"

한참 설명을 듣던 평화는 완전히 이해하지는 못했지만 어느 정도 문제가 해결되어 보였습니다. 이처럼 하나님과의 관계에서 인간은 심각한 문제를 지니게 되었습니다. 하나님과의 공통분모가 사라져서 더 이상 그분과 소통할 수 없게 된 것입니다. 하나님의 통치를 받기는커녕 하나님이 누구신지 모르고 그분을 찾지도 않는 사람들, 다시 말해 자신이 하나님이 되어 자기 맘대로 살면서 자신의 머리와 주먹을 의지하여 자신만의 왕국을 건설하려는 사람들로 이 세상은 가득 차게 되었습니다. 인간들은 하나님을 대체할 우상, 즉 자신을 섬기며 산 것입니다.

다음으로 인간과 인간 사이의 심각한 문제입니다. 이것은 하나님과의 관계에서 문제가 생김으로 말미암은 파생적 결과입니다. 하나님께서 인간을 창조하실 때 인간과 인간은 인격적으로 존중하면서 더불어 살아가도록 지음을 받았습니다. 그러나 타락한 후 아담과 하와의 경우에서 봤듯이 서로 책임을 전가했고, 가인의 후손인 라멕처럼 상대방을 비인간적으로 대했습니다(창4:19~24). 철저히 자기중심적으로 사고하면서 다른 사람을 나의 이용 가치로만 여기게 되었습니다. 친구를 사귀어도, 심지어 결혼을 해도 모두 자기의 욕구 충족을 위해서입니다.

마지막으로 인간과 자연 사이에도 문제가 생겼습니다. 인간은 하나님을 대리해서 하나님의 뜻을 받들어 통치하고 다스려야 하지만 자연을 훼

손하고 남용했습니다. 요즘 생태학(ecology)이란 말이 굉장히 중요합니다. "지구가 아프면 나도 아파요!"라는 말도 있지 않습니까? 인간이 자연에게 어떤 행위를 가하면(act) 자연 역시 인간에게 반대로 작용합니다(react).

예를 들어서 태양 광선이 지구에 도달하면서 땅에 흡수되어야 하는데, 아스팔트나 도시 건물과 같은 인공 환경에서는 빛이 충분히 흡수되지 못하고 반사됩니다. 이로 인해 도심에서는 인공 열기가 많이 축적되면서 교외 지역과 온도 차가 작게는 5℃에서 많게는 10℃ 가까이 나는 '열섬현상'(heat island)이 발생합니다. 그 결과 대기오염 농도가 높아져 건강에 매우 악영향을 주게 되죠. 과다한 화석 연료 소비로 인해 나타나는 스모그 현상도 같은 맥락의 문제입니다. 아무리 인류의 과학 문명이 발달했어도 자연이 일으키는 재해 앞에서는 속수무책일 때가 얼마나 많습니까?

이런 까닭에 로마서 8장을 보면, 피조물들이 하나님의 아들들이 나타나기를 고대한다고 했습니다. 하나님의 형상과 모양이 깨어진 인간들로 인해 피조물들이 고통 받고 있기 때문입니다. 더 이상 인간은 하나님께서 처음 의도하신 대로 생물학적 출생만으로 하나님의 통치를 받을 수 있는 사람들을 만들어 낼 수 없게 되었습니다. 이 세상에는 뭔가 새로운 특단의 조치가 필요했습니다. 하나님께서는 과연 어떻게 뒤틀어진 세상을 새롭게 고치고 회복시켜 나가실까요?

회복된 계획

우리는 이미 하나님께서 창조 질서를 다시 회복하시려는 과정이 창세기 3장의 "그 날"부터 본격적으로 시작된다는 것을 보았습니다. 문제의 핵심은 인간입니다. 다시 말해 하나님의 형상대로 지어진 인간들이 어떻게 회복되느냐 하는 것입니다. 결국 우리의 죄 문제가 해결되어야 하고 다시 성령께서 우리 안에 들어오셔서 "의와 진리의 거룩함으로 지으심을 받은 새 사람을 입어야" 합니다(엡 4:24). 이 일을 위해 하나님은 아담과 같은 다른 인물을 세워 그의 사명을 대신하게 했습니다(고전 15:45; 롬 5:12~19). 예수님의 제자 삼는 사역과 구속 사역의 중요성이 바로 여기에 있습니다.

마가복음 16장 15절을 먼저 살펴보겠습니다. "또 이르시되 너희는 온 천하에 다니며 만민에게 복음을 전파하라" 이 말씀은 부활하신 주님께서 제자들에게 주신 다섯 번의 지상명령(the Great Commission) 중 하나입니다. 여기서의 강조점은 복음이 전해져야 할 영역이 명시되었다는 점입니다. 그것도 두 번이나 강조해서 말입니다("온 천하"와 "만민"). 온 유대도 아니고, 사마리아도 아니고 땅 끝까지 복음이 전해져야 합니다. 문제는 이 명령을 받은 그 어느 제자도 문자 그대로 온 천하에 다니지도 못했고, 만민에게 복음도 전하지 못했다는 것입니다.

따라서 마태복음 28장 19~20절에서 주어진 지상명령은 마가복음에서 주어진 지상명령을 잘 보완해줍니다. 먼저 그 말씀을 인용해보겠습니다. "그러므로 너희는 가서 모든 민족을 제자로 삼아 아버지와 아들과 성령의 이름으로 세례를 베풀고 내가 너희에게 분부한 모든 것을 가르쳐 지키게 하라 볼지어다 내가 세상 끝 날까지 너희와 항상 함께 있으리라 하시니라" 여기에는 네 개의 동사 형태가 보입니다. "가라", "제자를 삼으라", "세례를 베풀라" 그리고 "가르쳐 지키게 하라" 이 중 어떤 동사가 가장 중요할까요?

많은 분들에게 질문을 하면 "가라"가 중요하다거나 마지막에 있는 "가르쳐 지키게 하라"는 순종이 중요하다고들 말합니다. 원어적으로 분석해보면, "제자를 삼으라"가 진짜 동사이고 나머지는 분사의 형태입니다. 쉽게 말하면 "가라", "세례를 주라", "가르쳐 지키게 하라"는 것은 제자 삼기 위한 방편들인 셈이죠. 정리하면 마가복음 16장 15절에서 복음이 전해져야 할 **영역**이 밝혀졌다면, 마태복음에서는 그 복음이 온 천하와 만민에게 전해지는 **방법과 전략**이 제시된 것입니다. 그것이 바로 제자 삼는 사역입니다.

가끔 이런 예를 들곤 합니다. 저는 최고의 복음전도자로 고 빌리 그래함(Billy Graham)을 꼽습니다. 그가 전도 집회를 열면 보통 수만 명의 사람들이 모였습니다. 1973년 여의도 광장에서는 백만 명쯤 모였다고 하니까 혀를 내두를 수밖에 없습니다. 어쨌든 그렇게 복음을 전하면 약 1만 5천 명 정도가 주님께 돌아온다고 합니다. 만일 그가 1년에 다섯 번 그런 집회를 갖는다면 약 7만 5천 명이 구원받을 것이고, 그중에 가짜도 있을 수 있으니까 1만 명씩으로 쳐도 일 년에 5만 명입니다. 30년이면 150만 명이죠.

우와! 우리는 죽을 때까지 150만 명의 사람을 만나보지도 못할 겁니다. 그런데 빌리 그래함의 친동생인 멜빈 그래함(Melvin Graham)이 1년에 딱 한 명을 주님께 인도하고 그를 양육했다고 해봅시다. 그리고 그 사람이 1년이 지난 후에는 자기와 똑같이 다른 한 명에게 복음을 전해서 양육하면, 그리고 이런 일이 계속 진행되어 매년 배가가 된다면 5년이 지나도 고작 32명밖에 되지 않습니다. 얼마나 미미해 보입니까? 그러나 32년이 지나면 40억이 넘고, 33년째에는 80억이 넘습니다! 이것이 바로 배가의 원리입니다!

저는 대학 시절 선교단체에서 이미 배수 증식의 원리에 대해 배운 적이 있습니다. 물론 그때도 놀랐지만, 몇 년 전에는 직접 계산기를 두드려가면서 다시 계산을 해 보았을 때, 갑자기 온 몸에 소름이 끼치고 머리가 쭈뼛 설 만큼 놀랐습니다. 오죽하면 잠자던 아내를 막 깨워 입에 거품을 물고 설명할 정도였습니다. 불과 380년 만에 복음이 온 로마에 전해져서 기독교가 국교화될 수 있었다는 것은 이 배가의 원리가 아니고서는 설명할 수 없습니다. 왜 우리 주님께서 열두 제자를 불러 훈련시키는 일에 공생애 기간의 대부분(약 75%)을 할애하셨는지 금방 이해할 수 있을 겁니다.

제자

이제 정리를 해보겠습니다. 창세기 1~2장에서 드러난 하나님의 계획은 생물학적 출생으로 하나님의 형상과 모양대로 지음 받은 사람들이 온 땅에 가득 채워지는 것이라고 했습니다. 그러므로 하나님께서 복을 주시면 생육하고 번성해서 땅에 충만하게 채울 수 있었습니다. 그러나 죄는 이 모든 계획을 산산조각 내버렸죠. 그 계획이 회복되기 위해서는 더 이상 생물학적 출생으로는 불가능하고 영적 출생이 일어나야 합니다. 그렇다면 어떤 존재가 생겨나야 할까요? 즉 "하나님의 형상과 모양"대로 지음 받은 사람을 대체할 존재는 누구일까요?

그렇습니다! 제자입니다. 좀 더 정확하게 말해서 예수 그리스도의 제자이지요. 제자라는 말은 참 오해의 소지가 많은 개념입니다. 예를 들어 보겠습니다. 제자라는 말은 반드시 무엇을 전제해야 하나요? 네! 스승입니다. 스승이 있어야 제자가 있는 법이고, 제자가 있어야 스승이라고 말할 수 있습니다. 어떤 세계적인 물리학자에게 제자가 있다고 해봅시다. 그 제자는 스승에게 탁월한 지식을 잘 전수받으면 됩니다. 자기 스승의 삶까지 닮을 필요는 없습니다.

그런데 성경에서 말하는 제자는 우리가 생각하는 제자의 개념과 완전히 다릅니다. 예수 그리스도의 제자는 '지식의 전수'가 아니라 '삶의 전수'(life transference)가 일어난 사람을 가리키기 때문입니다. 한마디로 모든 면에서 예수 그리스도를 닮은 사람이죠. 말하는 것도, 생각하는 것도, 행동하는 것도 같아야 합니다. 그렇게 될 때 예수님의 성품을 그대로 닮게 됩니다. 이러한 목적을 잘 설명한 성경 구절이 있습니다. "이에 열둘을 세우셨으니 이는 자기와 함께 있게 하시고 또 보내사 전도도 하며 귀신을 내쫓는 권능도 가지게 하려 하심이러라"(막 3:14~15).

여기에서 핵심은 "자기와 함께 있게 하시고"입니다. 예수님께서 제자들을 선택하시면서 가장 중요하게 생각하신 점이 바로 이것입니다. 생각해 보십시오. 제자들이 예수님과 함께 지내는 동안 어떤 시간을 더 많이 보냈을까요? 예수님의 가르침을 듣고 기적을 행하시는 장면을 보는 시간이었을까요, 아니면 함께 자고 먹고 대화하며 여행하는 시간이었을까요? 두말하면 잔소리입니다. 당연히 후자이죠. 여기에 제자 삼는 삶의 비밀이 있습니다. 그들은 함께 지내는 동안 예수님을 조금씩 조금씩 닮아간 것입니다.

나중에 가룟 유다를 대신해서 사도의 결원을 보충할 때 제일 먼저 언급된 조건이 "주 예수께서 우리 가운데 출입하실 때에 항상 우리와 함께 다니던 사람 중에 하나를 세워"라고 한 것은 너무나 당연한 것입니다(행 1:21~22). 저는 대학 시절 네비게이토 선교회에서 제자훈련을 받았습니다. 조금씩 강도 높은 훈련이 이어졌는데, 그중 하나가 형제들과 함께 사는 훈련이었습니다. 캠퍼스 근처에 마련된 곳에서 함께 먹고 자고 생활하면서 말씀과 기도의 경건한 삶의 습관(holy habits)이 자연스레 형성될 수 있었습니다.

듣고 배울 뿐만 아니라 보고 배운 것이죠. 그 이전 20여 년 동안 신앙생활하면서도 자리 잡지 못했던 삶의 습관이 몇 달 동안 형제들과 함께 살면서 완전히 제 삶의 일부가 된 것입니다. 그 이후 30년이 지난 지금까지도 제 삶의 가장 중요한 습관으로 남을 수 있었던 것은 함께 생활하는 가운데 빚어진 '삶의 전수'의 능력입니다. 이 비밀을 알기에 저 또한 한 선교단체의 대표간사로 섬기면서 대학생 형제, 자매들을 위한 '트홈'(트레이닝 홈)을 만들어 공동생활 훈련을 시켰고 어떤 때는 저희 부부가 여러 달 동안 네 명의 학생들과 함께 살면서 삶을 전수한 적도 있습니다.

크리스천

요즘에 크리스천 하면 어떤 모습이 떠오르나요? 일요일에 교회에 가는 사람 정도? 성경에서 크리스천이라는 말이 쓰인 곳을 가보겠습니다. "제자들이 안디옥에서 비로소 그리스도인이라 일컬음을 받게 되었더라"(행 11:26). 스데반의 순교로 인해 예루살렘에 있는 교회에 큰 핍박이 일어났을 때 흩어진 자들 중 헬라인에게도 복음을 전한 사람들이 있었습니다. 그 결과 안디옥에 믿는 무리가 생겨났습니다. 예루살렘 교회는 바나바를 파송하였고, 다시 바나바는 사울을 불러와 함께 1년간 가르쳤습니다. 그리고 그때 제자들이 "그리스도인"으로 불린 겁니다.

이들이 "그리스도인"으로 불렸다고 했는데, 좋은 표현이었을까요? 아니면 나쁜 표현이었을까요? 틀림없이 부정적인 의미였을 겁니다. 마치 존 웨슬리가 옥스퍼드 대학에서 홀리 클럽(holy club)의 지도자로 있으면서 학생들을 훈련시켰을 때 얻은 별명과도 같습니다. 매일 성경을 읽고 기도하며 일주일에 한두 번씩 금식을 하는 등 규칙적이고 체계적인 훈련 방법을 따라 사는 모습을 보고 주변 학생들이 "어휴! 저 규칙주의자들! 방법주의자들!"이라고 놀린 이름이 오늘날 감리교회(Methodist Church)라는 명칭이 된 것과 같습니다.

그렇기 때문에, "그리스도인"이란 명칭은 안디옥 교회에서 바나바와 사울에게 훈련받은 사람들이 주변 사람들로부터 "어휴! 저 예수쟁이들!"이라는 비난과 손가락질을 받으며 들은 모욕일 겁니다. 한마디로, 예수를 닮은 사람들, 예수를 전염시키는 사람들이란 뜻이죠. 그 표현이 오늘날 예수님을 믿는 사람들을 총칭하는 단어가 되었습니다. 그러나 문제는 무엇입니까? 사도행전 11장의 의미처럼 오늘날 예수님을 믿는 사람들이 과연 예수님을 잘 배우고 닮아서 세상 사람들에게 손가락질 당하며 불리는 이름이 그리스도인입니까? 그렇지 않습니다.

안디옥 교회의 그리스도인들은 사실 제자였습니다. 다시 말하면 제자가 곧 그리스도인이고, 그리스도인이 곧 제자라는 겁니다. 우리는 통상 교회 다니는 사람들 중에서 조금 더 헌신한 사람들. 뭔가 특별한 신앙 훈련을 받은 영적 엘리트 그룹을 가리켜 제자라는 호칭을 붙여줍니다. 그러나 초대 교회 때에는 제자가 곧 그리스도인이고, 그리스도인이 곧 제자였습니다. 예수님을 믿는 순간부터 그분을 닮아가는 사람들이 된 것이죠. 바로 여기에서 그때와 지금의 온도차가 있습니다.

사도들로부터 훈련받은 바나바는 제자훈련의 원리를 그대로 적용했을 겁니다. 그렇게 해서 1년 정도가 지났을 때 예수님을 믿은 사람들은 예수님과 똑같이 생각하고, 말하고, 행동하고, 사역하게 되었겠죠. 그래서 그들이 "그리스도인"이라고 불렸을 겁니다. 결코 불명예스러운 호칭이 아니라 영광스러운 호칭이었던 거죠. 1세기에는 추종자나 헌신자들을 나타낼 때, 지도자나 스승의 이름 뒤에 '-ianus'(영어의 -ian)을 붙였습니다.[5] 그렇다면 "그리스도인"은 "그리스도"와 연관된 것이고, "그리스도"를 추종하는 헌신자들이란 의미가 됩니다.

크리스천이라는 영어단어도 그리스도를 뜻하는 Christ와 '~하는 사람'이라는 뜻을 가진 접미사 -ian이 붙어서 생긴 것입니다. 비슷한 예로 musician이라는 단어를 생각해 보지요. 우리는 아무에게나 뮤지션이라는 호칭을 붙여주지 않습니다. 음악을 좋아하고 거기에 헌신하고 그래서 음악 없이는 못 사는 사람, 음악에 완전히 미친 사람을 뮤지션이라고 합니다. 제게 남동생이 있습니다. 학생 시절 같은 방을 썼지만 함께 자본 적이 별로 없습니다. 왜냐하면 동생은 피아노와 노래에 미쳐 밤새도록 연습했기 때문입니다. 결국 성악가가 되었습니다.

마찬가지로 예수 그리스도(Jesus Christ)를 인격적으로 만나 죄를 용서받고 구원받은 감격과 기쁨을 경험한 사람, 그리고 그분의 십자가 사랑에 압도되어 그분을 좋아하고 사랑해서 그리스도가 내 삶이 되고, 내 삶이 그리스도가 된 사람을 크리스천이라고 합니다. 한마디로 그리스도에게 미친 사람이죠. 적어도 크리스천이라는 이름에는 이런 의미가 담겨 있습니다. 성경 시대에서 "그리스도인"과 "제자"는 동의어였습니다. 지금 이 시대에는 성경적인 의미에서의 "제자"와 "그리스도인"의 개념이 회복되어야 합니다.

자~ 지금까지 내용을 정리해 봅시다! 창세기 1~2장에서 생물학적 출생은 신약에 와서 영적 출생으로 바뀌었습니다. 예수님께서 니고데모를 향해 "사람이 물과 성령으로 나지 아니하면 하나님의 나라에 들어갈 수 없느니라"라고 말씀하신 이유가 바로 여기에 있습니다(요 3:5). 모든 사람은 하나님의 영이 없는 상태에서 태어나 "허물과 죄로 죽어 있습니다"(엡 2:1). 떠났던 영이 다시 들어오는 것이 거듭남이요, 중생입니다. 그렇게 거듭난 그리스도인이 누구입니까? 네! 제자입니다. 예수님을 닮아가는 사람입니다!

이러한 영적 출생과 제자의 삶은 반드시 성령의 임재와 능력으로만 가능합니다. 최초의 계획에서는 하나님께서 복을 주셔야 생육하고 번성할 수 있었습니다. 그 '복'의 개념이 신약성경에 와서는 '성령의 역사'입니다. 따라서 예수님이 마태복음 28장 20절에서 "볼지어다 내가 세상 끝 날까지 너희와 항상 함께 있으리라"라고 하신 것은 바로 성령의 임재와 역사를 가리킵니다. 성령의 도우심 없이 그 어느 누가 거듭날 수 있으며, 성령의 임재와 능력 없이 그 어느 누가 예수 그리스도를 닮아갈 수 있겠습니까?

하나님께서 의도하신 최초의 계획을 담고 있는 창세기 1장 28절은 참으로 놀랍습니다. 이 한 구절 안에 마가복음 16장 15절과 마태복음 28장 19~20절의 내용을 이미 함축하고 있기 때문입니다. "생육하라"는 "온 천하 만민에게 복음을 전하는 것"을, "번성하라"는 "제자를 삼으라"는 것을 각각 내포하고 있습니다. 개인의 삶에서 복음을 전하는 것과 그렇게 복음을 전할 수 있는 사람을 만들어 내는 제자훈련! 이 두 가지 방법이 서로 교차하면서 이루어질 때 하나님의 나라는 점차 확장되고 완성되어 갈 것입니다. 지금까지 설명한 모든 내용은 아래와 같이 간단하게 정리할 수 있습니다.

최초의 계획	회복된 계획
생물학적 출생	영적인 출생
하나님의 형상대로 지음받은 사람	제자
복	성령의 임재와 능력

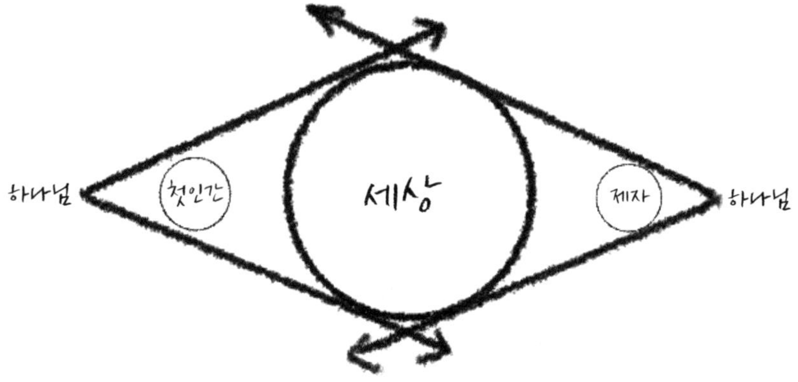

하나님
첫인간
세상
제자
하나님

첫 번째 터닝 포인트

뷰포인트
창세기 11:1~9; 12:1~3

지금까지의 내용을 간단히 요약해보겠습니다. 먼저, 우리는 "그 날"을 통해 한 영혼을 향한 '하나님의 마음'을 보았습니다. 그 마음은 '러브 스토리'라는 주제로 창세기 3장 15절, 21절, 4장 1~5절, 출애굽기 12장 1~14절, 레위기 16장, 요한복음 1장 29절을 통해 구체적으로 전개되어 나갔었습니다. 그리고 이어서, 깨어진 하나님의 계획이 "하나님의 형상과 모양"을 대체하는 "제자"를 통해 어떻게 회복되어 가는지도 보았습니다. 이제 앞으로 전개되는 내용들은 깨어진 계획과 회복된 계획 사이를 연결하는 내용으로 구성될 것입니다.

여기에서 반드시 주목해야 할 곳이 두 군데 있습니다. 한 곳은 창세기 12장에서 아브라함이 부름을 받는 장면이고, 다른 한 곳은 사도행전 2장에서 성령님이 오순절 날에 120명의 사람들에게 찾아오신 사건입니다. 이 두 부분은 성경의 이야기 흐름 속에서 대전환점이 되는 곳입니다. 따라서 저는 이 부분을 터닝 포인트(turning point)라고 부르겠습니다. 첫 번째 터닝 포인트는 이 시간에, 두 번째 터닝 포인트는 에피소드 14에서 다룰 것입니다. 그렇다면 하나님께서 아브라함을 갈대아 우르에서 불러내신 장면이 왜 그렇게 중요할까요? 바로 네 가지 이유 때문에 그렇습니다.

창세기 1~11장까지의 배경!

많은 그리스도인들이 아브라함의 이야기를 잘 압니다. 그가 믿음의 조상이라고 불리는 것 때문이기도 하지만, 무엇보다 창세기 22장에서 사랑하는 독자 이삭을 번제물로 바치라는 명령에 그대로 순종한 모습에서 큰 감동을 받았기 때문일 겁니다. 그런데 창세기 12장 1~3절에서 하나님께서 아브라함을 불러내신 이야기는 그 앞에 있는 열한 장의 내용과 연관해서 봐야 그 의미가 더 깊게 전달됩니다. 이것은 마치 금은방에서 검은색이나 자주색 위에 광채 찬란한 다이아몬드가 놓여 있을 때 그 보석이 더 가치 있게 보이는 것과 같은 원리입니다.

　그렇다면 창세기 1~11장까지의 내용이 무엇인지 간단한 그림으로 설명해 보겠습니다. 자! 아래의 기다란 선이 보이시죠?

(하나님의 은혜)

____

(인간의 반역과 타락)

　이 선을 창세기 1~11장까지라고 해보겠습니다. 이제 여러분은 그 선 위에 각 장을 의미하는 열한 개의 점을 적당한 간격으로 찍으면 됩니다. 중요한 것은 선을 중심으로 위쪽은 하나님의 은혜이고, 아래쪽은 그에 상응하는 인간의 반역과 타락이라는 사실입니다. 그렇다면 각 장들의 내용을 생각하면서 중심 내용이 하나님의 은혜에 해당하는지, 아니면 인간의 반역과 타락에 해당하는지를 판단해서 선 위에 점을 찍어보십시오. 그러니까 창세기 1장과 2장은 각각 위쪽에 점을 찍으면 될 테고, 3장은 최초의 죄와 타락이니까 아래쪽에 점을 찍으면 되겠죠?

　점을 다 찍은 다음에는 그 점들을 순서를 따라 선으로 모두 이어보세요. 학창시절 수학 시간에 배운 사인(sine) 곡선의 형태가 그려졌을 겁니다. 그럼 이제 저와 함께 해볼까요? 창세기 1~3장까지는 앞서 말씀드렸으니 그 다음부터 살펴보겠습니다. 첫 인간이 타락한 후 4장에서는 최초의 살인 사건이 일어납니다. 그것도 형제간에 말입니다. 아담과 하와의 타락이 다음세대까지 확대된 것입니다. 그러니까 선 아래 쪽에 점을 찍어야 하겠죠? 그런데 4장 끝에서 하나님은 아담과 하와에게 아벨 계열을 이어주는 한 아이를 선물로 주십니다. 그가 셋입니다(창 4:25).

　이제 성경의 흐름은 가인 계열과 아벨을 대신하는 셋 계열의 후손들로 나뉩니다. 가인 계열의 후손들은 4장에서, 셋 계열의 후손들은 5장에서 등장하죠. 흥미로운 것은 가인 계열의 경우 인류 문화 창달이라는 측면에서 보면 다들 한가락씩 했습니다. 우선 가인은 성을 쌓았고, 야발은 가축을 치는 자의 조상이 되었으며, 유발은 음악의 조상이었습니다. 두발가인은 구리와 쇠로 여러 가지 기구를 만들었습니다. 그에 반하여 5장에서 셋 계열의 사람들은 누가 누구를 낳고 얼마 동안 살다가 죽었다는 내용만 반복됩니다. 가인의 계열에 비하면 그 존재가 너무 미비해 보이죠.

사실 문화 자체는 가치중립적입니다. 무엇보다도 인간은 하나님을 닮았기 때문에 창조성이 깃들어 있어 그것을 다양하게 표현할 수 있습니다. 그렇기 때문에 모든 문화적 활동은 하나님께서 주신 잠재력을 활용한 결과이고, 그것은 하나님을 섬기고 영화롭게 하는 데 사용될 수 있습니다. 그런데 문제는 무엇입니까? 인간이 하나님의 법을 깨트렸기 때문에 상상력과 창조력을 하나님을 높이는 데만이 아니라, 자기를 섬기고 과시하는 데에도 사용할 수 있었다는 것입니다. 그래서인지 역대상 1장과 누가복음 3장의 족보에는 가인 계열을 언급하지 않습니다.

인간적으로 볼 때 가인 계열이 인류 문화에 기여한 것이 많았지만, 하나님의 안목에서 볼 때는 큰 의미가 없습니다. 마치 솔로몬 이후 이스라엘이 북이스라엘과 남쪽 유다로 나누어졌을 때, 비록 북이스라엘이 크고 많은 땅을 차지했음에도 하나님의 시야에서는 나라가 아닌 것과 마찬가지입니다. 그러므로 우리의 관심과 초점은 셋 계열에 맞추어져야 합니다. 그들은 하나님과 동행하며 살면서 죄악된 세상에 휩쓸리지 않았습니다. 그 대표적인 인물이 죽음을 보지 않고 하나님이 데려가신 에녹과 방주를 만든 노아입니다.

그렇다면 셋이 등장하는 4장 25절부터는 선 위쪽에 점을 찍어야 하고, 5장도 마찬가지입니다. 그러나 6장에 와서는 상황이 달라집니다. 하나님의 아들들과 사람의 딸들의 이야기가 나옵니다. 이것은 셋의 계열이 가인의 계열에 점점 동화되어 갔음을 의미합니다. 그 이유가 무엇입니까? 5절은 이렇게 밝힙니다. "여호와께서 사람의 죄악이 세상에 가득함과 그의 마음으로 생각하는 모든 계획이 항상 악할 뿐임을 보시고"바로 첫 인간 아담 이후로 인간 안에는 죄의 성품이라는 무서운 독이 퍼져있었던 것입니다.

하나님께서는 죄로 물들어 가는 세상을 한탄하셨습니다. 그리고 온 땅이 하나님 앞에서 부패하여 포악함으로 가득한 것을 보시고 홍수 심판을 결정하셨습니다. 이때 은혜를 입은 사람이 바로 노아였고 방주를 만들라는 명령이 떨어집니다. 어쨌든 6~8장까지는 온 세상에 하나님의 심판이 물로 임했습니다. 따라서 선 아래 쪽에 점을 찍으면 됩니다. 그러다가 9장에서는 반전이 일어납니다. 하나님께서 새롭게 세상을 시작할 노아와 그 가족들에게 첫 인간에게 주셨던 것과 똑같은 축복을 명령하셨습니다. "생육하고 번성하여 땅에 충만하라"(창 9:1).

이제 노아를 비롯한 여덟 명의 가족은 하나님의 축복을 받아 세상을 향해 생육하고 번성하여 충만하게 퍼져 나갔습니다. 그것을 잘 묘사하는 부분이 창세기 10장에 소개되는 70개의 민족입니다. 이제 9장과 10장은 선 위쪽에 점을 찍으면 됩니다. 마지막 11장은 어떤 상황입니까? 그 유명한 바벨탑 이야기입니다. 세상을 향해 흩어지던 사람들은 시날 평지에 거하였고 그곳에서 높은 탑을 쌓아 하나님을 대적했습니다. 가인의 계열이 추구해 온 인간 문화의 결정판이 바로 바벨탑이었습니다. 다시 점은 선 아래 쪽에 찍어야 할 겁니다. 이제 각 장마다 찍은 점을 선으로 연결해 볼까요? 아래와 같은 모양이 되었을 겁니다.

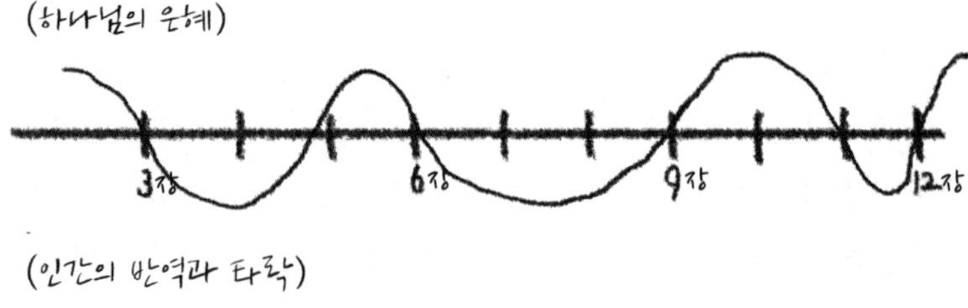

간단한 그림이지만 창세기 1~11장의 흐름이 한눈에 들어오죠? 이 그

림에 의하면 누가 먼저 은혜를 베푸셨나요? 네! 하나님입니다. '삼세번'이라는 말이 여기서 비롯되었는지는 모르지만, 하나님께서 세 번이나 은혜를 베푸셨습니다. 그에 대한 인간의 반응은 무엇이었나요? 네, 반역과 타락이었습니다. 그것도 똑같이 세 번씩이나요. 인간들의 모습이 참 징하죠? 어쨌든 그 결정체가 바로 바벨탑 사건이었습니다. 한마디로, 하나님의 은혜에 대하여 죄악된 인간들은 반역과 타락으로 반응한 셈이죠.

　이러한 흐름을 정확하게 읽어온 독자라면 바벨탑 사건을 보면서 자연스럽게 네 가지 질문을 던질 수밖에 없습니다. "하나님이 지치셨는가? 하나님이 포기하셨는가? 하나님과 열방의 관계는 깨졌는가? 그렇지 않다면 하나님께서 인간들의 죄와 타락 그리고 반역의 문제를 어떻게 해결하실 것인가?"[6] 이 질문에 대한 해답이 바로 "아브라함"입니다! 그 결과는 요한계시록에 잘 나타나 있고요. 우리가 자주 부르는 '비전'이라는 복음성가가 바로 이 말씀을 배경으로 합니다. 가슴 벅차지 않습니까?

> 이 일 후에 내가 보니 각 나라와 족속과 백성과 방언에서 아무도 능히 셀 수 없는 큰 무리가 나와 흰 옷을 입고 손에 종려 가지를 들고 보좌 앞과 어린 양 앞에 서서 큰 소리로 외쳐 이르되 **구원하심이 보좌에 앉으신 우리 하나님과 어린 양에게 있도다** 하니 (계 7:9~10)

이제 지금까지 내용을 요약하며 그림으로 표현해 보겠습니다.

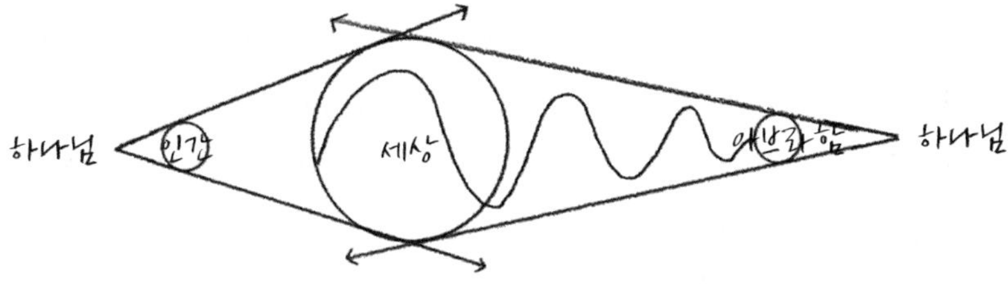

구원 역사의 관점에서 바라본 세 시기!

하나님께서 아브라함을 불러내신 사건의 중요성은 구원 역사의 관점에서 성경이 세 시기로 나누어진다는 면에서도 찾아볼 수 있습니다.[7] 첫 번째 시기는 창세기 1~11장으로 이를 '보편 역사'(universal history)라고 합니다. 여기에서 '보편'이라는 말은 하나님께서 온 세상의 구원과 회복을 위해 인류 전체를 직접 상대하셨다는 점에서 보편적이라는 겁니다.[8] 이미 앞서 보았듯이, 그 열한 장이 계속되는 동안 인간들은 거듭거듭 하나님과 대립각을 이루며 평행선을 달려갔습니다. 그럼에도 하나님은 세상을 포기하시지 않았습니다.

이제 구원 역사의 흐름은 새로운 국면으로 접어듭니다. 하나님께서 방법을 바꾸신 것입니다.[9] 더 이상 인류 전체를 직접 상대하시지 않고, 한 사람 아브라함을 불러내셨습니다. 그로부터 시작되어 한 나라를 구성할 만큼의 숫자로 불어난 이스라엘이 애굽에서 탈출하고, 시내산에서 하나님의 언약 백성이 됩니다. 그 언약에 얼마나 성실했느냐에 따라 이스라엘의 역사는 흥망성쇠를 거치게 되고, 그 속에서 장차 메시아인 예수 그리스도가 나와 십자가의 죽음과 부활을 통해 구속 역사를 완성하게 되는 이야기입니다. 그러므로 두 번째 시기는 창세기 12장부터 사도행전 1장까지가 됩니다.

우리는 이 기간을 가리켜 '특수 역사'(particular history)라고 합니다. 여기에서 '특수'라는 말은 인류 전체가 아닌 이스라엘이 중심이 되어 구원 역사가 성취되어 간다는 점을 의미합니다. 물론 이러한 특수성은 온 인류의 구원과 회복을 그 목적으로 하기 때문에 보편성(universality)을 전제로 합니다.[10] 결국 이스라엘은 '다수를 위한 하나'였습니다. 그러므로 이스라엘은 하나님의 선택을 받은 거룩한 백성이라며 우월감에 빠진 나머지 그 부르심의 목적을 외면해서는 안 되었습니다.

마지막 세 번째 시기는 구원역사의 마지막 단계로서 사도행전 2장부터 요한계시록 22장까지의 기간입니다. 우리는 이 기간을 가리켜 '보편 역사'(universal history)라고 합니다. 여기서 '보편'이라는 말은 예수님을 통해 완성된 십자가의 구속 사역이 모든 세대의 사람들에게 적용된다는 면에서 그렇습니다. 물론, 그 사역을 도맡아 주도적으로 이끄실 분은 바로 성령님입니다. 육체의 한계를 지니신 예수님은 한 번에 한 곳밖에 가실 수 없었기 때문에 "온 천하 만민에게 복음이 전파"되기 위해서는 새로운 방법이 필요했습니다.

예수님께서는 사역 초기부터 이를 위해 철저하게 준비하셨는데, 바로 훈련된 제자들을 남겨 놓으신 일입니다. 바로 이들을 중심으로 한 120명의 사람들에게 성령님이 찾아오셨습니다(행 2:1~4). 이제 베드로를 필두로 하는 "예루살렘 교회"와 바울을 중심으로 하는 "안디옥 교회"는 세계복음화의 전초기지가 되었습니다. 구약의 이스라엘이 받았던 사명과 역할을 대체한 교회는 성령의 역사 가운데 예루살렘과 온 유대와 사마리아와 땅 끝까지 이르러 증인된 사역을 펼쳐 나갑니다.

우리는 이 시기를 통틀어 '성령의 시대'라고도 하고, 누구나 제한 없이 회개와 믿음으로 성령을 선물로 받을 수 있기 때문에 '은혜의 시대'라고도 하며, 그 은혜의 직접적인 수혜자가 이방인이기 때문에 '이방인의 시대'라고도 합니다. 더 나아가 이스라엘의 실패를 "새 이스라엘"인 교회가 그 정체성과 사명을 이어받아서 사역하는 때이므로 '교회의 시대'라고도 합니다. 교회는 성령의 임재와 역사를 통해 천국 복음을 모든 민족에게 증언하도록 부름받았습니다.

지금까지 우리는 구원역사라는 큰 그림을 통해 하나님께서 아브라함을 부르신 사건이 얼마나 중요한 전환점인지를 확인했습니다. 아브라함은 '보편 역사'에서 '특수 역사'로 넘어가는 분기점이었습니다. 그때부터 하나님께서는 자신을 대적한 온 인류를 직접 구원하는 방법을 취하시지 않고, 구세주 예수 그리스도를 통해 인류를 구원하시려는 계획을 이제 본격적으로 펼쳐 나가십니다. 예수님이 등장하시려면 출발점이 있어야 했기에, 성경의 이야기는 하나님과 아브라함이라는 보잘것없는 한 사람과의 특별한 관계로 갑자기 초점이 좁혀진 것입니다.

이러한 이유 때문에 창세기 12장부터 성경의 기록은 이스라엘의 역사에만 집중됩니다. 실례로 출애굽기를 보면, 당시 세계의 중심이자 최대 문명국이었던 애굽은 그곳에 들어가 사는 소수 민족 이스라엘의 배경 정도로 국한됩니다. 이스라엘이 마침내 애굽에서 탈출하여 광야를 지나 가나안 땅에 입성한 후에도, 가나안 땅의 모든 국가 역시 이스라엘의 주변 국가로서 조연 역할에 머무릅니다. 결국 이스라엘 사람들이 이야기의 주인공이고, 다른 모든 나라는 그들을 위해 존재하는 주변 국가에 불과했던 셈이죠.

이처럼 세계의 역사를 이스라엘의 역사로 넘어가게 한 장본인이 바로 아브라함이었습니다.[11] 이것을 표로 정리하면 다음과 같습니다.

창1~11장	창12장~행1장	행2장~계22장
보편 역사 (universal history)	특수 역사 (particular history)	보편 역사 (universal history)

바벨탑 사건과의 연관!

세 번째로 하나님께서 아브라함을 불러내신 사건이 왜 그토록 중요한지 각도를 좀 더 좁혀서 살펴보겠습니다. 저는 바벨탑 사건을 집중적으로 묘사하는 창세기 11장 3~4절과 아브라함의 부르심이 등장하는 창세기 12장 1~3절에 특별히 주목하면서 그 의미를 파헤쳐보려고 합니다. 어떤 물질의 특성이 비교와 대조를 통해서 확연하게 부각되듯이, 바벨탑 사건이 '보편 역사'와 '특수 역사'가 맞닿은 곳에서 연이어 나온 것은 우리로 하여금 그 차이를 분명하게 이해하도록 도와줍니다.

우선, 창세기 11장을 먼저 보겠습니다. 이 사건의 핵심은 4절에 있습니다. "또 말하되 자, 성읍과 탑을 건설하여 그 탑 꼭대기를 하늘에 닿게 하여 우리 이름을 내고 온 지면에 흩어짐을 면하자 하였더니” 이 말씀에서 우리는 세 가지 사실에 주목해야 합니다. 첫 번째는 사람들이 성읍과 탑을 건설했다는 점입니다. 성경에서 도시를 제일 먼저 건설한 사람이 누굴까요? 네! 바로 가인이었습니다. 동생 아벨을 죽이고 난 가인은 “무릇 나를 만나는 자마다 나를 죽이겠나이다”라며 극도의 두려움에 사로잡혔습니다.

하나님께서는 그런 가인을 긍휼히 여기시고 그 생명을 보존해 주시겠다고 약속하셨습니다(창 4:14~15). 그 후 가인은 자녀를 낳고 성을 쌓았습니다. 왜였을까요? 바로 자신의 안전지대를 구축하기 위함이었습니다(창 4:17). 이러한 맥락에서 보면 바벨탑을 건축한 사람들이 큰 성읍을 만든 것도 비슷한 이유입니다. 바벨탑을 건축한 목적인 “탑 꼭대기를 하늘에 닿게 하자”라고 한데서 볼 수 있는 것처럼, 하나님과 상관없이 자신들만의 안전과 자율을 향한 갈망을 마음껏 드러낸 당시 인간 문화의 결정판이었습니다.

그에 반해, 하나님은 아브라함을 부르실 때 어떻게 말씀하셨습니까? 창세기 12장 1절을 보세요. “여호와께서 아브람에게 이르시되 너는 너의 고향과 친척과 아버지의 집을 떠나 내가 네게 보여 줄 땅으로 가라” 하나님께서는 아브라함에게 고향, 친척, 아버지의 집을 떠나라고 말씀하십니다. 한번 생각해 보죠. 지금부터 4천 년 전입니다. 고향을 떠나고, 친척들과 헤어지며, 아버지의 집을 떠나라는 명령은 다른 말로 하면 ‘죽으라’는 말과 다름없습니다. 다시 말해서 익숙하고 안전한 곳에서 떠나 하나님만을 의지해서 가라는 말입니다. 게다가 아브라함이 살고 있었던 우르(Ur)는 오늘날 알파벳의 기원이 된 설형문자를 꽃피운 ‘수메르 문명’의 수도였습니다. 수메르 부흥기에 최고의 문화적 혜택을 뒤로하고 “떠나라”는 말씀에 순종하는 일이란 절대로 쉬운 일이 아니었을 겁니다.

다시 창세기 11장 4절로 가보겠습니다. 두 번째로 주목할 점은 그들이 바벨탑을 건설하고자 했던 궁극적인 목적은 자신들의 이름을 내는 데 있었다는 점입니다. 꼭대기가 하늘에 닿을 만큼 크고 멋진 탑을 쌓으면 그 명성이 얼마나 대단했겠습니까? 당시 수메르 문화가 부흥할 무렵 세워진, 계단식으로 지은 높은 탑인 대규모의 '지구라트'의 흔적들은 지금도 남아 있습니다. 사실 그보다 더 중요한 것은 당시에 건축하는 탑은 종교적인 목적도 함께 포함되어 있었기 때문에 탑 꼭대기에는 항상 신전이 자리 잡았습니다. 신이 하늘에서 내려와 도시를 축복할 수 있는 계단 역할을 하는 것이 바로 그 신전이었던 것입니다. 그래서였는지 당시 탑 꼭대기는 하늘을 상징하는 의미를 담아 파란색으로 칠했다고 합니다.

이젠 창세기 12장 2절을 보겠습니다. "내가 너로 큰 민족을 이루고 네게 복을 주어 네 이름을 창대하게 하리니 너는 복이 될지라" 하나님께서는 아브라함에게 큰 민족을 이루게 해줄 것이고 그 결과 그의 이름을 창대하게 해 주시겠다고 약속했습니다. 이 말씀은 두 가지 면에서 그대로 성취되었습니다. 아브라함을 조상으로 하여 이스라엘이라는 나라가 생겨났고, 아브라함이라는 이름은 서구에서도 너무나 유명한 이름이 되었습니다. 여러분! 아브라함 하면 누가 제일 먼저 떠오르나요? 네! 아브라함 링컨입니다. 링컨을 모르는 사람이 어디 있습니까?

물론 바벨탑 사건도 모르는 사람이 거의 없습니다. 그러나 둘의 차이점은 바벨탑 사건은 자기들 스스로 명성을 얻으려고 한 것이고, 아브라함의 경우는 하나님께서 그의 명성을 높여 주시겠다고 한 점입니다. 어떻게 보면 바벨탑을 지은 사람들도 높은 명성을 얻은 것임은 틀림없습니다. 다만 하나님을 대적하고 결국 완성하지 못한 탑을 남긴 부정적인 이름으로 남아야 했죠. 그러나 아브라함은 유대교, 이슬람교, 기독교 이 세 종교에서 아주 유명한 이름으로 남아 있을 뿐만 아니라 많은 사람들이 존경하고 애용하는 큰 이름이 되었습니다.

다시 11장 4절로 가보겠습니다. 마지막으로 바벨탑을 쌓은 목적 중 또한 가지는 흩어짐을 면하려는 것이었다는 점입니다. 이것은 결코 가볍게

다룰 내용이 아닙니다. 왜냐하면 하나님의 명령을 정면으로 반박한 불순종이기 때문입니다. 하나님께서는 첫 인간 아담과 하와에게 생육하고 번성하여 땅에 충만하라고 명령하셨습니다. 그뿐만 아니라 홍수 심판 후에도 노아와 그 가족들에게 창세기 1장 28절과 똑같은 명령이 주어졌습니다. 그리고 실제로 그 명령에 순종하여 70개의 나라로 퍼져 나간 이야기가 10장에 기록되어 있습니다.

그렇다면 아브라함의 경우는 어땠습니까? 12장 3절을 보겠습니다. "너를 축복하는 자에게는 내가 복을 내리고 너를 저주하는 자에게는 내가 저주하리니 땅의 모든 족속이 너로 말미암아 복을 얻을 것이라 하신지라." 이 말씀은 아브라함이 축복의 통로가 되어 그를 통해 땅의 모든 족속이 복을 얻게 된다는 약속입니다. 그렇게 되기 위해서는 세상을 향해 퍼져 나가야 했습니다. 실제 아브라함도 고향, 친척, 아버지의 집을 떠났던 것입니다. 흩어짐을 면하자 했던 바벨탑 사건과 얼마나 상반된 내용입니까?

결국 바벨탑을 건설하려던 사람들은 안전과 명성 그리고 후세에 길이 남을 유산을 스스로 얻으려고 했던 반면, 아브라함은 이 모든 것을 하나님으로부터 값없이 은혜로 받았습니다. 흥미로운 것은 다음 말씀입니다. "여호와께서 사람들이 건설하는 그 성읍과 탑을 보려고 내려오셨더라"(창 12:5). 이는 바벨의 사람들이 추구한 것들이 얼마나 보잘 것 없었는지를 잘 보여줍니다. 탑 꼭대기를 하늘에 닿게 하겠다고 호언장담했건만 하나님께서 그 성읍과 탑을 보려고 수고스럽게도 내려오셔야 했습니다. 이 얼마나 우스운 상황입니까?

바벨탑 사건은 "하나님을 제외하고 자신의 왕국을 세우고 싶어 하는 인간의 오래된 욕망을 상징하는 기념물"이었습니다.[12] 한마디로 교만하고 부패한 이기심과 종교심의 극치 말입니다. 그렇기 때문에 "선악을 알게 하는 나무"와 "바벨탑"의 의미를 갖는 상징물들은 현재 우리에게도 얼마든지 있을 수 있습니다. 창세기 3장에서 나타난 첫 인간의 타락은 창세기 6

장에서 언급되었듯 '인간이 마음으로 생각하는 것마다 항상 악하다'는 하나님의 평가로 이어졌고, 그 모든 것이 모아져서 하나의 가시적인 결과물로 나타난 것이 바벨탑이었습니다. 따라서 바벨탑 사건은 창세기 3장의 재현인 셈입니다.

창세기의 11장까지 하나님께서는 먼저 인간들에게 은혜를 베푸셨고, 그것도 세 번이나 반복해서 긍휼로 대하셨지만 인간들의 반응은 결국 바벨탑이었습니다. 이러한 상황에서 더 이상의 어떤 희망을 발견할 수 있겠습니까? 바로 이때, 부름을 받은 인물이 바로 아브라함이었습니다! 그것도 하나님께 대적한 바벨 땅에서 말입니다! 첫 번째 복음이 뱀에게 내려진 심판 속에서 주어졌던 것처럼, 바벨탑을 완성하지 못하도록 하신 하나님의 심판 속에서도 온 세상을 향한 소망의 복음이 깃들어 있었던 것입니다! 아브라함을 통해서 말이죠!

구약학자이며 선교학자인 크리스토퍼 라이트는 이러한 상황에 대하여 흥미로운 상상을 했습니다. "그 다음에 하나님이 무엇을 하실 수 있는가? 오직 하나님만이 생각하실 수 있는 어떤 대단한 것 말이다. 그는 바벨 땅의 자식 없는 한 노부부를 보시고 그들을 그가 계획하는 우주적 구원이라는 선교의 원천, 발사대로 삼기로 결정하신다. 이 깜짝 놀랄만한 계획이 드러났을 때, 우리는 천상의 천사들 가운데에서 '헉!'하는 소리를 들을 수 있는 듯하다."[13] 첫 인간의 타락에서 창세기 3장 15절이 복음이었던 것처럼, 아브라함은 바벨탑 사건에 대한 하나님의 해결책이었습니다.

'저주'의 시대에서 '복'의 시대로!

마지막으로 아브라함이 부름 받은 사건의 중요성을 "저주"와 "복"의 관점에서 찾아보겠습니다. 창세기 12장 1~3절에서 "복"이 몇 번 들어가 있는지 세어볼까요? 네! 다섯 번입니다. 그런데 더 놀라운 것은 첫 인간의 타락 이후 성경에서 "저주"가 쓰인 것도 똑같이 다섯 번이라는 사실입니다

(창 3:14, 17; 4:11, 5:29; 9:25). 이것이 우연일까요? 그렇지 않습니다. 저는 상당히 의도적이라고 생각합니다. 성경의 저자는 "저주"와 "복"을 각각 다섯 번씩 기록하면서 과거의 "저주"의 시대가 이제 "복"의 시대로 전환되었다는 점을 선포하고 있는 것입니다.

창세기 3장부터 11장까지의 역사는 한 마디로 저주의 역사입니다. 땅이 저주를 받았고, 인간과 인간 사이에 살인적인 불화가 생겨났으며, 인간은 도덕적이고 영적인 퇴보를 경험했습니다. 게다가 창세기 11장에서는 더 이상 소망이라고는 찾아 볼 수 없는 최악의 상황에 이르렀습니다. 이러한 때에 저주의 문을 깨트리고 소망의 빛줄기가 된 인물이 바로 아브라함이었습니다. 그러나 아브라함은 하나님께 선택받을 만한 어떠한 자격을 갖춘 인물이 결코 아니었습니다.

그렇다면 "저주"를 대체하면서 다섯 번이나 반복된 "복"은 어떤 의미일까요? 우리가 그 의미를 찾기 위해 그 앞의 열한 장에서 "복"이 어떤 의미로 사용되었는지 살펴보는 것은 너무나 당연한 일입니다. 흥미로운 것은 "복"이 제일 처음 사용된 곳은 창세기 1장 22절입니다. 아직 인간이 창조되기 전이었죠. 여기에서 "복"은 다섯째 날 창조된 어류와 조류에게 주어진 것으로 "생육하고 번성하여 충만하라"는 것입니다. 다음으로 "복"이란 말이 쓰인 곳은 창세기 1장 28절인데, 앞서 본 것과 비슷한 맥락입니다. 한 마디로, 생물학적이고 가시적인 번성의 축복입니다.

세 번째는 창세기 2장 1~3절입니다. 하나님은 일곱째 날 창조 행위를 마치시고 안식하셨습니다. 2장 3절에 의하면, 하나님께서 "그 일곱째 날을 복되게 하사 거룩하게 하셨으니"라고 말합니다. 일곱째 날은 특별히 구별되고 복된 날이었습니다. 왜 그렇습니까? 우리가 에피소드 1에서 보았던 것처럼, 인간이 하나님과 관계를 맺고 교제를 나누기 때문입니다. 그러므로 여기에서 "복"은 하나님과 인간이 나누는 영적인 교제의 축복입니다.

네 번째로 "복"이라는 말을 사용한 곳은 창세기 9장 1절입니다. 이미 우리가 앞에서 살펴보았던 것처럼 홍수 심판 이후에 노아와 그 가족들은 생육하고 번성하여 땅에 퍼져나가야 했습니다. 10장은 그 과정을 묘사한 것이고, 바벨탑 사건이 등장하는 11장은 그 명령에 불순종하는 장면입니다. 이러한 맥락에서 볼 때, "복"은 모여서 지키고 자신들만 누리려 하는 옹색한 삶이 아니라 계속해서 주변으로 베풀고 나누고 섬기는 풍성한 삶이라고 할 수 있습니다. 그것을 위해 복의 근원으로 부름을 받은 사람이 아브라함이었고요.

마지막으로 우리는 죽음과 연관해서 복을 생각해야 합니다. 왜 그렇습니까? 첫 인간의 죄로 말미암아 "저주"의 시대로 접어들었고, 그 "저주" 중에 가장 심각한 것은 죽음이었습니다. 그렇다면 복은 죄의 결과인 '죽음'의 문제를 반드시 해결해야 합니다. 그렇기 때문에 갈라디아서 3장 8절은 창세기 12장 3절에서 아브라함을 통해 땅의 모든 족속이 누리게 된 그 복을 "믿음으로 말미암는 의"라고 했습니다. 얼마나 놀랍습니까? 죄가 일으킨 결과인 죽음과 심판의 문제를 해결할 수 있는 유일한 방법이 예수 그리스도를 믿는 것 아닙니까?

결국 "복"의 완성은 "저주"가 완전히 사라진 상태입니다. 그러한 곳이 어디일까요? 바로 요한계시록의 "새 예루살렘"입니다.

> 다시 저주가 없으며 하나님과 그 어린 양의 보좌가 그 가운데에 있으리니 그의
>
> 종들이 그를 섬기며 (계 22:3)

우리는 네 가지 이유 때문에 왜 하나님께서 아브라함을 불러내신 사건이 그토록 중요한지를 확인했습니다. 성경의 흐름은, 마치 넓은 도로에서 좁은 도로로 이어지는 병목구간처럼, 아브라함 이야기에서 확 좁혀집니다. 앞서 언급한 것처럼 성경의 이야기는 사도행전 1장까지 이스라엘에게만 집중합니다. 물론, 다니엘 시대에 잠시 그 흐름에서 벗어나지만 말이죠.

믿음의 조상 아브라함

뷰포인트
창세기 12~22장

시날 평지의 사람들은 바벨탑을 통해 하나님과 무관하게 자기 나라를 세우고자 했습니다. 그러나 하나님은 같은 지역에서 아브라함을 선택하심으로써 장차 자신을 드러내고 증거할 한 나라를 세우길 원하셨습니다. 이제 성경의 구원역사는 인류 전체가 아닌 이스라엘을 중심으로 전개됩니다. 아브라함은 '특수 역사'가 시작되는 첫 번째 사람이었습니다. 오직 믿음만이 온인류가 하나님과 관계를 맺을 수 있는 유일한 방법이기 때문에, 아브라함의 삶은 믿음과 관련하여 매우 중요합니다.

이 때문에 그에게는 '믿음의 조상'이라는 칭호가 늘 따라 붙습니다(롬 4:11). 특별히 백세에 얻은 아들 이삭을 번제물로 바치라는 하나님의 명령에 조건 없이 순종한 사건은 그 칭호가 결코 아깝지 않음을 보여줍니다. 그러나 아브라함은 처음부터 믿음이 큰 사람이 아니었습니다. 하나님의 손길을 하나하나 거쳐 가면서 믿음의 거목으로 자라갔습니다. 지난 시간에 우리는 아브라함이 부름을 받기 전까지의 배경이 되는 창세기 1~11장을 살펴보았습니다. 이제부터는 12~22장을 따라가면서 본격적으로 아브라함이야기를 해 보려고 합니다.

"내가 너로 큰 민족을 이루고"

아브라함 이야기가 전개되는 중심축은 '후손'의 문제입니다! 즉 상속자 문제가 이야기를 하나로 묶어준다는 겁니다. 그 이유는 하나님께서 아브라함을 부르셨을 때 주신 "내가 너로 큰 민족을 이루고"(창 12:2)라는 약속 때문입니다. 아브라함은 이 약속에 완전히 압도되었습니다. 그도 그럴 것이 아브라함과 사라 사이에는 자녀가 없었습니다. "사래는 임신하지 못하므로 자식이 없었더라"(창 11:30). 아브라함의 입장에서 자식이 없는 현실과 하나님의 입장에서 그를 통해 큰 민족을 이루시겠다는 약속 사이에는 큰 긴장이 놓여 있습니다.

그 긴장 속에서 아브라함은 자신의 실수로 엄청난 위기에 봉착할 때도 있었지만, 하나님께서 그때그때 그의 삶에 깊이 개입하시면서 위기를 오히려 자신을 신뢰할 수 있는 기회로 바꾸어 주셨습니다. 이처럼 좌절과 소망이 엎치락뒤치락하는 가운데 아브라함 이야기가 흥미진진하게 전개됩니다. 어쨌든 무엇보다 중요한 것은 아브라함이 "큰 민족"에 완전히 꽂혔다는 사실입니다. 이 약속 때문에 정확하게 어디로 가라는 지시가 없었음에도 약 1,650km에 이르는 엄청난 거리의 대장정이 시작되었습니다(창 12:1).

첫 번째 후보: 롯

아브라함은 하나님의 말씀을 따라 고향과 친척과 아버지의 집을 떠났으나 조카 롯을 데리고 갔습니다(창 12:4). 하나님의 말씀대로라면 아브라함은 절대로 롯을 데리고 나와서는 안 되었습니다. 왜냐하면 고향과 친척과 아버지의 집을 떠나라는 명령에 위배되기 때문입니다. 그럼에도 아브라함은 롯과 함께 하게 됩니다. 결국 아브라함은 하나님의 말씀과 롯을 둘 다 붙잡고 간 것입니다. 그럼 왜 아브라함이 부름을 받았을 때 롯을 데리고 나왔을까요?

우선 떠나오는 과정에서 동생 하란이 죽었기 때문에 조카 롯이 불쌍했을 수 있습니다. 게다가 아버지 데라 역시 하란에서 운명을 달리했기 때문에 장남인 아브라함으로서는 여러 가지 집안 상황을 고려하지 않을 수 없었을 겁니다. 그러나 문제는 다른 데 있습니다. 바로 그 약속, "내가 너로 큰 민족을 이루고"를 염두에 둘 때 아브라함의 마음속에는 딴생각이 자리했습니다. 어차피 자식이 없었던 아브라함은 여차하면 롯을 자신의 후손으로 삼을 수 있을 것이라 생각했던 겁니다. 당시 메소포타미아 법전에는 아들이 없을 경우 상속자를 선택하게 되어 있었는데, 롯이 바로 그 후보였던 것입니다. 일종의 보험이었던 거죠.

저는 이 상황을 너무나 잘 이해합니다. 유학을 마치고 돌아왔을 때 초등학교 3학년인 아들에게 한국인으로서의 역사의식을 고취시키고 싶었습니다. 그래서 가장 먼저 방문한 곳이 서대문 형무소, 그다음은 용산 전쟁기념관, 그리고 양화진 선교사 묘지였습니다. 어느 날은 충청도에 있는 선산에 갈 일이 생겨 아들도 동행시켰습니다. 그런데 저는 그날을 잊을 수 없습니다. 왜냐하면 그때 제가 속한 가문의 비밀을 깨달았기 때문입니다. 무슨 말이냐고요? 저는 고은 최치원 선생을 시조로 모시는 경주 최씨 화숙공파의 34대 장손입니다.

최치원 선생은 통일 신라 시대 때 어린 나이임에도 학문이 뛰어나 당나라에서 유학할 정도였던 당대 최고의 학자이셨습니다. 얼마 전에는 중국에서 최치원 선생의 사당을 지금도 모시고 있다는 뉴스를 본 적도 있습니다. 이 정도이니 저는 뼈대 있는 최씨 집안의 장손이라는 사실이 늘 자랑스러웠습니다. 그런데 그날 이 자부심과 긍지가 여지없이 무너진 것입니다. 이유인즉슨, 제 증조할아버지께는 아들이 없었다고 합니다. 그래서 둘째 동생의 맏아들을 양자로 삼으셨는데, 그 분이 바로 저의 할아버지셨습니다.

잘생기시고 부흥사이셨던 할아버지의 모습이 지금도 눈에 선합니다. "우리 장손! 삼대 목사" 하시며 저를 참 많이 사랑해 주셨죠. 그런데 그분이 큰아버지의 양자로 입적되셔서 장손의 혈통을 이어갈 수밖에 없었다는 소식은 제게 이루 말할 수 없는 실망감을 안겨다 주었습니다. '아 나는 순수 혈통이 아니었구나!' 그다음부터는 '고은 최치원 선생님의 후손으로 경주 최씨 화숙공파 34대손'이란 말을 절대로 하지 않습니다. 그때 얻은 실망감이 컸기 때문입니다.

아브라함과 롯의 관계를 상속 문제라는 맥락 안에서 보아야 하는 이유가 바로 여기에 있습니다. 아브라함 당시에도 계대결혼이 존재했음을 유다와 다말 이야기(창 38장)에서도 확인할 수 있습니다. 후손을 이어가는 문제는 그만큼 너무나 심각했습니다. 아브라함은 우상을 만들어 팔던 데라의 아들로서 비즈니스에 정통했던 사람이라 상황 판단이 빠르고 머리가 비상했나 봅니다. 이제 우리는 아브라함에게 롯이 얼마나 중요한 존재였는지를 알았습니다. 그렇다면 하나님께서는 이런 아브라함의 잔머리를 어떻게 다루어 나가실까요?

이어지는 이야기를 보면 흥미진진합니다. 아브라함은 당장 극심한 가뭄을 피해 애굽으로 내려갔습니다. 결과적으로 이 결정은 악수(惡手)였습니다. 나중에 보면 알게 되겠지만, 이 일은 그의 인생에 부메랑이 되어 여러 문제를 일으켰기 때문입니다. 게다가 아브라함은 내려가는 과정에서 꼼수를 부렸습니다. 아내 사라가 상당한 미인이라 생명의 위협을 느꼈는지 사람들에게 아내가 아닌 자신의 누이라고 말하라고 시킨 겁니다. 사촌 동생과 결혼했기 때문에 굳이 따지자면 완전히 거짓은 아니었지만, 그래도 그렇지 자기 목숨 하나 부지하려고 아내를 팔아먹다니!

결국 우려하던 일이 벌어지고 말았습니다. 바로가 아내를 궁으로 데려가 버린 겁니다. 한 번 상상해 보십시오. 자기 아내가 다른 남자의 방에 있는 상황을! 바로 이때 하나님께서 개입하셨습니다. 이미 하나님께서 아브라함에게 "너를 축복하는 자에게는 내가 복을 내리고 너를 저주하는 자에게는 내가 저주하리니"라는 놀라운 약속을 주셨기 때문입니다. 이 사건은 아브라함의 잘못으로 인해 벌어진 일이었지만 하나님께서 직접 수습해주셨습니다(창 12:3). 결과적으로 사라를 돌려받았고 동시에 아내의 일로 인해 이미 많은 재물을 얻게 되었습니다(창 12:16).

그런데 나중에는 이것이 문제가 되었습니다. 큰 부자가 된 아브라함은 롯과 재산 싸움으로 결국 동거할 수 없는 상황에 이른 것입니다. 그의 가축의 목자와 롯의 가축의 목자가 서로 다투었기 때문입니다. 결국 아브라함은 헤어질 것을 결단하고 롯에게 먼저 선택권을 주었습니다. 롯은 배은 망덕하게도 눈에 보기에 좋은 땅을 덥석 택했습니다. 이때 하나님께서는 또 다시 아브라함에게 개입하셨습니다. 하나님은 롯이 떠난 뒤 마음의 상처를 안고 있는 아브라함을 심방하셔서 격려하시며 땅과 자손에 대한 놀라운 약속을 주십니다. "롯이 아브람을 떠난 후에 여호와께서 아브람에게 이르시되 너는 눈을 들어 너 있는 곳에서 북쪽과 남쪽 그리고 동쪽과 서쪽을 바라보라 보이는 땅을 내가 너와 네 자손에게 주리니 영원히 이르리라"(창 13:14~15)

이렇게 해서 아브라함은 롯과 자연스럽게 결별했습니다. 그러던 어느 날 엄청난 소식이 전해졌습니다. 메소포타미아 왕들의 동맹군과 다섯 성읍 연합군이 서로 전쟁을 벌였는데, 거기에 소돔 땅이 연루되는 바람에 조카 롯이 사로잡혀 갔다는 것입니다. 인간적으로 생각할 때 얼마나 고소했겠습니까? 얼마든지 "햐! 고놈 참 쌤통이다!"라고 생각할 수 있었겠죠? 하지만 아브라함은 자기 사람들을 이끌고 야밤에 기습 공격하여 빼앗긴 재물과 롯의 가족을 모두 찾아왔습니다. 여기에 아브라함의 위대함이 있습니다. 한 영혼을 위해 생명을 걸었으니까요.

사실 아무리 집에서 잘 훈련했다 해도 고작 318명밖에 안 되는 사람들을 이끌고 연합군을 공격한다는 것 자체가 말이 안 되죠. 그런데 승리까지 하고 돌아왔으니 하나님의 도우심이라고밖에는 달리 설명할 수 없습니다. 아브라함은 돌아오면서 살렘 왕 멜기세덱을 만납니다. 그는 지극히 높으신 하나님의 제사장이었지요. 그가 아브라함을 축복하자 아브라함은 전쟁에서 얻은 것의 십분의 일을 그에게 바쳤습니다. 그뿐만 아니라 소돔 왕이 사람만 인계하고 물품은 다 가지라고 말했음에도 불구하고, 훗날 쓸데 없는 말이 생길 것을 염려해 꼭 필요한 분깃 말고는 다 돌려주었습니다.

두 번째 후보: 엘리에셀

상속자 문제의 첫 번째 후보자인 롯과 헤어지자 아브라함은 이제 두 번째 후보자를 제시합니다. 하나님께서 약속하신 것을 자기 방법으로 이루어 드리려는 아브라함의 열의는 참 대단해 보입니다. 하지만 하나님께서는 당신의 약속을 이루어 가시는 데 있어서 누구의 도움도 필요치 않으신 분이죠. 어쨌든 아브라함은 이제 집에서 길린 똑똑하고 충성된 종 엘리에셀을

법정 상속자로 마음에 두고 있었습니다. 이 내용이 15장에서 펼쳐집니다.

창세기 15장 1절은 "이 후에"라는 말로 시작합니다. 앞선 사건과 연관성이 있다는 것이죠. 비록 롯과 그 가족에 대한 구출 작전은 성공했지만, 그가 복수와 앙갚음이라는 지역 특유의 풍습에서 자유로울 수는 없었을 겁니다. 그렇지 않고서야 하나님께서 그에게 "두려워하지 말라 나는 네 방패요 너의 지극히 큰 상급이니라"라고 말씀하셨겠어요? 보복을 두려워하며 떨고 있던 아브라함에게 하나님께서 직접 방패와 지극히 큰 상급이 되어 주시겠다는 말씀은 얼마나 힘이 되고 격려가 되었을까요?

그런데 이어지는 아브라함의 말이 아주 걸작입니다. "주 여호와여 무엇을 내게 주시려 하나이까 나는 자식이 없사오니 나의 상속자는 이 다메섹 사람 엘리에셀이니이다"(2절). 한 술 더 떠서 "주께서 내게 씨를 주지 아니하셨으니 내 집에서 길린 자가 내 상속자가 될 것이니이다"라고 말하며 하나님께 따지듯 불편한 심기를 드러냅니다(3절). 큰 방패와 상급이 되어 주시겠다는 하나님의 말씀에 당장 넙죽 절을 하며 감사의 마음을 표현해도 모자랄 판에 오히려 상속자 문제로 하나님께 시위를 하는 것 아닙니까?

그런 아브라함을 나무라시지 않고 하나님은 놀라운 약속을 주십니다. "여호와의 말씀이 그에게 임하여 이르시되 그 사람이 네 상속자가 아니라 네 몸에서 날 자가 네 상속자가 되리라 하시고"(4절). 하나님은 아브라함에게 "네 몸에서 날 자가 네 상속자다"라고 분명하게 말씀하셨습니다. 그리고 심통을 부리는 아브라함의 손을 슬며시 이끌고 바깥으로 데리고 나가 이렇게 말씀하셨습니다. "하늘을 우러러 뭇별을 셀 수 있나 보라…네 자손이 이와 같으리라"(5절). 얼마나 자상한 하나님이신가요? 아브라함에게 현장학습을 시키시는 것이죠.

여러분 맑은 밤하늘에 별이 총총 떠있는 장면을 한번 상상해 보세요. 저는 군대에 있을 때 이런 장면을 참 많이 봤습니다. 금방이라도 별이 우수수 떨어질 것 같이 청명한 밤하늘! 아브라함은 "별 하나! 내 새끼 하나! 별

둘! 내 새끼 둘!…이천구백구십구, 삼천~"하며 금방 입이 귀에 걸쳤을 겁니다. 사람이 육안으로 별을 삼천 개쯤 셀 수 있다고 합니다. 좀 전까지만 해도 절망을 곱씹었던 아브라함이지만, 뭇별 체험을 하면서 금세 소망으로 가득 찼습니다. 하나님은 아들을 주시기 전에 아브라함에게 아들에 대한 희망을 불어넣어 주신 것입니다.

그 뒤에 나오는 6절은 정말 놀라운 말씀입니다. "아브람이 여호와를 믿으니 여호와께서 이를 그의 의로 여기시고." 기독교를 탄생하게 만든 '이신칭의'(以信稱義)의 토대가 바로 이 말씀입니다(롬 4:3, 22; 갈 3:6; 약 2:13). 믿음은 언제나 대상이 있듯이 아브라함은 약속의 말씀에 근거해서 믿음을 가졌고, 하나님께서는 그 믿음을 그의 의로 여겨주셨던 것입니다. 여기에서 아브라함이 여호와를 "믿으니"라고 했는데, 이 '믿음'은 성경에서 최초로 등장하는 '믿음'입니다. 이 '믿음'은 할례보다도 앞서고, 율법보다도 훨씬 더 이전입니다!

세 번째 후보: 이스마엘

아브라함이 갈대아 우르에서 부르심을 받은 지도 10년이 되었습니다(창 16:4). 여전히 그에게는 후손이 없었습니다. 이 상황을 강조하는 것이 창세기 16장 1절입니다. "아브람의 아내 사래는 출산하지 못하였고." 십 년이면 강산도 변한다는데 사라의 뱃속에는 아무 변화가 일어나지 않았습니다. 창세기 15장에서 가졌던 믿음의 확신도 가물가물해지는 것 같았습니다. 그러던 어느 날 사라의 머릿속에 갑자기 전광석화와 같이 한 생각이 지나갔습니다. "네 몸에서 날 자가 네 상속자가 되리라"(창 15:4).

순간 사라의 심장은 쿵쾅쿵쾅 뛰었을지도 모릅니다. 그러더니 "여보! 여보! 좋은 생각이 있어요!" "뭔데?" "하나님께서 나에게는 출산을 허락하지 않으셨으니까 내 여종 하갈에게로 들어가 자녀를 얻으면 어떨까요? 중요한 것은 당신 몸에서 상속자가 나오면 되는 것 아녜요?" 아브라함이 듣고 보니 그럴듯했습니다. 아브라함은 곧바로 실행에 옮겼고 금세 결과가 뚝딱 나왔습니다. 하여간 인간적인 방법을 쓸 때는 결과도 금방 튀어 나옵니다.

재미있는 점은 15장에서 아브라함도 하나님께 원망조로 말했고, 16장에서는 그의 아내 사라도 하나님께서 태의 문을 열어주시지 않아서 결국 이렇게 되었다는 식으로 말하고 있다는 것입니다. 이는 첫 인간 아담과 하와가 하나님을 탓하고 원망한 것과 비슷합니다(창 15:2~3; 16:2; 3:11~13). 또한 아담이 하와의 말을 듣고 아내가 주는 선악과를 거부하지 않았던 것처럼, 이번에도 똑같이 아브라함이 사라의 말을 듣고 아내가 제시한 방법을 냉큼 붙잡았습니다. 성경의 첫 번째 부부나 보편 역사의 시작을 여는 이 노부부나 패턴이 똑같습니다.

사실 사라의 의도는 자신의 몸이 아니라 여종의 몸을 빌려서 후손을 얻으려는 것으로, 당시 축첩의 절차로 볼 때 아무 하자가 없는 사회적으로 승인된 방법이었습니다. 인간적으로나 사회적으로는 문제가 없어 보였지만, 결국 그것은 하나님의 방법이 아니었습니다. 하나님의 계획은 그 부부의 몸에서 나오는 후손이어야 했고, 그것도 사라의 태가 완전히 닫힌 후에 생산의 기적을 일으키시는 것이었습니다. 따라서 이 모든 일의 과정은 순전히 하나님의 은혜였고 하나님만이 영광을 취하실 수 있는 것이었습니다.

여기에서 놓치지 말아야 할 점이 있습니다. 사라가 남편에게 준 여종 하갈이 어디 출신입니까? 애굽 사람이었습니다(창 16:3; 21:9). 십중팔구 하갈은 아브라함이 기근을 피해 애굽에 내려갔을 때 바로에게서 받은 선물에 포함되었을 겁니다(창 12:16). 애굽행에서 생긴 문제들은 하나님의 개입으로 해결되었지만, 그 여파는 계속해서 아브라함의 인생을 괴롭혔던 것입니다. 아무튼 하갈은 종이었지만 주인의 아이를 임신하자 태도가 완전히 달라졌습니다. 여주인을 멸시하기 시작했고, 여기에 질세라 사라도 하갈을 학대하면서 갑질을 하기 시작했습니다.

아브라함의 가정은 오랜만에 뭔가 일이 잘 풀려 가는 듯 보였지만 두 여자의 신경전으로 바람 잘 날이 없었을 것입니다. 급기야 하갈은 견디다 못해 도망을 쳤습니다. 하나님께서는 이 사건에도 개입하셔서 하갈을 집으로 돌려보내셨고, 아브라함에게는 떡두꺼비 같은 아들이 생겼습니다. 그가 바로 이스마엘이고, 심각한 문제는 이제부터 시작됩니다. 아브라함은 이스마엘에게 푹 빠져 지냈습니다. 자기 몸에서 난 아들이니 얼마나 예쁘고 사랑스러웠겠어요? 그러니 금이야 옥이야 기르며 품에 안고 살았을 겁니다.

문제는 하나님께서 베푸신 축복에 푹 빠진 나머지 축복을 주신 하나님을 잊어버리고 만 것입니다. 그것을 어떻게 알 수 있습니까? 창세기 16장 16절이 이 사실을 잘 말해줍니다. "하갈이 아브람에게 이스마엘을 낳았을 때에 아브람이 **팔십육 세였더라**" 다음 구절은 어떻게 이어지죠? "아브람이 **구십구 세 때**에 여호와께서 이르시되 나는 전능한 하나님이라 너는 내 앞에서 행하여 완전하라"(창 17:1). 이 두 말씀은 성경에서 나이로 한 장이 끝나고 나이로 한 장이 시작되는 유일한 곳입니다. 종합해 보면, 13년 동안 아브라함에게 하나님의 임재가 없었습니다!

'이스마엘! 이스마엘!'하며 살다 보니 하나님은 안중에도 없었던 것이죠. 열매보다 열매를 주시는 분이, 축복보다 축복을 주시는 분이 더 귀한 것인데 아브라함은 축복만 바라보며 그 속에 파묻혀 살았던 것입니다. 이러한 맥락에서 보면 왜 하나님께서 아브라함이 구십구 세가 되었을 때 갑자기 나타나셔서 "나는 전능한 하나님이라 너는 내 앞에서 완전하라"라고 말씀하셨는지 이해가 됩니다. 쉽게 말하면 하나님께서 "아브라함! 너 인간적인 방법으로 후손 문제를 해결하려고 했지? 그렇게 하면 안 돼! 회개해!"라고 말씀하신 것이라 할 수 있습니다.

이렇게 해서 주어진 것이 바로 할례의 언약입니다. 이는 언약의 표징으로서 남자의 생식기 중 일부를 떼어 내는 의식입니다. 상당한 고통을 안겨 주는 행위였기 때문에 심판의 의미도 담겨있습니다. 동시에 그 심판에는 축복 또한 내포되어 있었습니다. 그 언약은 '땅과 자손'에 대한 약속으로 장차 하나님께서 아브라함에게 후손을 주시고 그 후손들이 가나안 온 땅을 차지하게 하실 것이기 때문입니다. 이제 아브라함의 후손들은 하나님과의 언약 관계의 표시로 할례를 시행해야 합니다.

하나님께서는 땅과 자손에 대한 약속을 더 확실하게 하시기 위해 아브람의 이름을 '여러 민족의 아버지'라는 뜻의 아브라함으로 바꿔주셨습니다. 특별히 아브라함에게 "내가 그(사라)에게 복을 주어 그가 네게 아들을 낳아 주게 하며 내가 그에게 복을 주어…민족의 여러 왕이 그에게서 나리라"라고 직접적으로 약속해 주셨습니다. 이때 아브라함의 반응이 무엇이었습니까? 백 세 된 자신과 구십 세 된 아내에게서 어떻게 자식이 생길 수 있겠느냐며 속으로 웃었습니다. 말도 안 되는 농담처럼 들렸던 것이죠.

그러면서 하나님께 이렇게 말합니다. "이스마엘이나 하나님 앞에 살기를 원하나이다"(창 17:18). 이것을 보면 아브라함은 이 시점에서 이스마엘을 자신의 상속자로 인정하고 있는 듯 보입니다. 그러나 하나님의 생각은 달랐습니다. "하나님이 이르시되 **아니라** 네 아내 사라가 네게 아들을 낳으리니 너는 그 이름을 이삭이라 하라 내가 그와 내 언약을 세우리니 그의 후손에게 영원한 언약이 되리라"(19절). 하나님은 이스마엘이 아브라함의 상속자가 아님을 분명하게 언급하신 것입니다.

이처럼 하나님께서는 아브라함의 불신앙을 지적하시면서 약속을 확증하셨고, 아들이 태어나기도 전임에도 "이삭"이라는 이름을 먼저 주셨습니다. 그러던 어느 날 아브라함은 세 사람의 나그네를 만나 정성껏 대접합니다. 그들 중 한 사람이 뜬금없이 "내년 이맘때 내가 반드시 네게로 돌아오리라 네 아내 사라에게 아들이 있으리라"라는 놀라운 말을 합니다. 사실 사라는 나이가 많아 생물학적으로 더 이상 자녀를 가질 수 없는 몸이었습니다. 그래서 사라 역시 남편처럼 속으로 웃으며 불신의 마음을 가졌고, 하나님께서는 그의 불신을 책망하셨습니다.

마지막 후보: 이삭

드디어 약속의 자녀가 태어났습니다. 하나님께서 말씀하신 그대로였습니다. "여호와께서 **말씀하신 대로** 사라를 돌보셨고 여호와께서 **말씀하신 대로** 사라에게 행하셨으므로 사라가 임신하고 하나님이 **말씀하신 시기가 되어** 노년의 아브라함에게 아들을 낳으니"(창 21:1~2). 그의 이름은 예고된 대로 "이삭"이었습니다. 이름의 뜻은 흥미롭게도 '웃음'입니다. 사라의 입장에서 여성으로서 자녀를 낳지 못하는 치욕에서 해방된 기쁨의 '웃음'이기도 했지만, 이삭이라는 이름을 부를 때마다 아브라함과 사라 두 사람의 불신앙을 상기시키는 역할도 했을 것입니다.

이삭의 탄생으로 오랫동안 계속되던 긴장이 완화되는 것 같아 보였습니다. 한동안 가정에는 웃음꽃이 만발했지만, 이미 분란의 씨앗을 고스란히 떠안고 있었던 터라 얼마 지나지 않아 위기 상황에 봉착했습니다. 하갈이 사라를 멸시했던 것처럼, 이스마엘이 이삭을 놀리는 모습을 포착한 사라는 이내 불편한 심기를 드러내기 시작했습니다. 사라는 기업의 문제를 들고 나와 아브라함에게 이스마엘을 낭상 내쫓으라고 말했고, 이스마엘과 이삭의 대치 국면은 가정을 분란에 휩싸이게 만들었습니다(창 16장).

이 모양 저 모양으로 아브라함의 근심이 깊어져 갈 때 급기야 하나님께서 그의 어려움에 또다시 개입하십니다. 아내의 말을 다 들으라고 말씀하시고 이삭만이 유일한 상속자임을 확인시켜 주신 것입니다(창 21:12). 결국 아브라함은 하나님의 말씀에 따라 하갈과 이스마엘을 내보냈습니다. 수많은 우여곡절이 지나고 상속 문제의 걸림돌도 사라진 상황에서, 이제 평탄한 길만 이어질 것 같았던 아브라함의 인생에 최대 위기가 찾아왔습니다. 그것은 전혀 예상하지 못한 일이었습니다.

하나님으로부터 "네 아들 네 사랑하는 독자 이삭을" 모리아 산에서 번제로 드리라는 준엄한 명령이 떨어진 것입니다(창 22:2). 여러분 이 상황을 어떻게 이해해야 할까요? 아브라함을 갈대아 우르에서 불러내실 때 "큰 민족을 이루겠다"고 하신 약속은 도대체 어떻게 되는 것입니까? 그동안 롯도, 엘리에셀도, 심지어 이스마엘마저 상속자가 아니라고 하시지 않았나요? 게다가 이삭은 백세에 얻은 약속의 아들이 아닙니까? 무엇보다도 사람을 번제물로 바치라니요? 어디 이게 가당한 말씀입니까? 차라리 아브라함을 데려가시지!

아브라함은 그 명령을 받자마자 이스마엘을 떠나보낼 때처럼 "아침에 일찍이 일어나" 모든 준비를 마치고 하나님께서 일러 주신 땅으로 떠났습니다(창 22:3). 어쩌면 이스마엘과의 결별은 이삭과의 결별을 예고하는 것이었는지도 모르겠습니다. 하여튼 마음을 다잡은 아브라함은 함께 온 종들에게 기다릴 것을 명령하면서 놀라운 말을 합니다. "내가 아이와 함께 저기 가서 예배하고 **우리가** 너희에게로 **돌아오리라**"(5절). 여기서 "우리"는 아브라함과 이삭 둘 다를 지칭합니다. 혹시 이삭이 두려워할까 봐 애써 이렇게 말한 것일까요?

여기에 하나님께 대한 아브라함의 절대적인 신뢰가 담겨 있습니다. 무슨 말입니까? 칠십오 세에 부름을 받은 아브라함은 상속자 문제 때문에 오랫동안 내면의 갈등을 겪어 왔습니다. 그가 처음 상속 후보로 하나님께 제시한 사람은 조카 롯이었습니다. 그러나 하나님의 대답은 '롯! 아니다!'였죠. 다음 후보는 똑똑하고 충성된 종 엘리에셀이었습니다. 역시 하나님의 대답은 '그도 아니다!'였습니다. 마침내 처음으로 아브라함의 몸에서 나온 상속 후보인 이스마엘을 제시했을 때도, 하나님의 대답은 달라지지 않았습니다.

이 과정에서 아브라함이 무엇을 배웠을까요? 그는 이전에 우상을 만들어 팔던 사람으로 사업 수완이 뛰어났을 겁니다. 그러한 흔적들은 여러 곳에서 보였으니까요. 소돔성에 있는 롯과 그 가족을 구하려고 시장의 언어를 써가면서 하나님께 '딜'(deal)하듯 말하던 모습은 가히 압권이었습니다(창 18:22~33). 그럼 저도 시장의 언어로 아브라함이 받은 교훈을 설명해 볼까요? '이삭을 내가 꽉 붙잡아봤자 하나님께서 또 빼앗아 가시겠지?' 이것은 경험을 통해 깨달은 사실이었습니다. 롯, 엘리에셀, 이스마엘이 다 그렇게 후보에서 탈락했거든요.

성경적인 언어로 대답을 하면, 아브라함은 하나님께서 능히 이삭을 죽은 자 가운데서 다시 살리실 줄로 생각했던 것입니다(히 11:19). 하나님을 신뢰하는 아브라함의 마음이 여기까지 이른 것이죠. 갈대아 우르에서 부름을 받았을 때부터 그가 믿음의 조상이었을까요? 아닙니다. 창세기 22장에 이르게 되면서 산전수전, 공중전까지 다 겪은 뒤에야 드디어 아브라함은 우리가 아는 '믿음의 조상'으로 등극한 것입니다. 두 손으로 아들 이삭을 꽉 붙든 채 동시에 하나님도 붙들 수는 없습니다. 아들을 놓아야 하나님을 붙들 수 있습니다.

이제 아브라함은 이삭을 결박해 제단 나무 위에 올려놓고 손을 내밀어 칼을 들고 그 아들을 잡으려고 하는 순간, "아브라함아 아브라함아"하고 부르시는 하나님의 음성을 듣습니다. 이제 모든 테스트는 끝났습니다. 아브라함이 얼마나 하나님을 신뢰하는지에 대한 확인이 끝난 깃입니다. "네가 네 아들 네 독자까지도 내게 아끼지 아니하였으니 내가 이제야 네가 하나님을 경외하는 줄을 아노라"(12절). 하나님의 평가는 A++였습니다. 마침 그때 뒤편에서 수풀에 뿔이 걸린 숫양을 발견하고, 아들 대신 번제로 드렸습니다. 여호와 이레!!!

결국 아브라함이 "자신의 아들 사랑하는 독자 이삭"을 꽉 움켜잡지 않고 놓았을 때, 하나님께서는 그 아들을 다시 돌려주셨던 것입니다! 믿음은 내가 움켜잡았던 것들을 내려놓고 하나님만 굳게 붙드는 것, 곧 완전 포기임을 알게 됩니다! 야고보서의 저자가 강조한 것처럼 믿음은 지적인 것을 넘어 행함이라는 사실이 아브라함의 예를 통해 확인되는 순간입니다. 드디어 창세기 15장 6절에서의 아브라함의 믿음은 행위로 검증되었습니다(약 2:21~22). 이제 아브라함에게는 창세기 12장에서 주어진 놀라운 약속이 다시 한 번 재확인되고 확대됩니다.

> 내가 나를 가리켜 맹세하노니 네가 이 같이 행하여 네 아들 네 독자도 아끼지
> 아니하였은즉 내가 네게 복을 주고 네 씨가 크게 번성하여 하늘의 별과 같고
> 바닷가의 모래와 같게 하리니 네 씨가 그 대적의 성문을 차지하리라 또 네 씨로
> 말미암아 천하 만민이 복을 받으리니 이는 네가 나의 말을 준행하였음이니라
> (창 22:16~18)

모리아산 – 예루살렘 성전 – 골고다 언덕

여기에서 꼭 언급해야 할 점이 있습니다. 하나님께서 이삭을 번제물로 바치라고 명령하신 곳은 모리아산이었습니다. 훗날 교만해진 다윗이 인구조사를 실시한 일로 전염병이 내려 백성 7만 명이 죽는 대참사가 발생했을 때, 하나님께서 그 죄에 대한 용서를 위해 다윗에게 여부스족 아리우나의 타작마당에 제단을 쌓으라고 하셨습니다(삼하 24:16~25). 바로 이 장소에 예루살렘 성전이 세워졌는데 그곳은 공교롭게도 모리아산이었습니다(대하 3:1). 그리고 온 인류의 속죄 제물로 예비된 독생자 예수 그리스도께서도 바로 그곳에서 십자가를 지셨습니다.

하나님께서 아브라함에게 이삭을 번제물로 바치라고 명령하시면서 "네 아들 네 사랑하는 독자 이삭"이라는 표현을 세 번이나 반복하실 때(창 22:2, 12, 16)는 인간적으로 너무 잔인하고 이해할 수 없어 보였습니다. 하지만 "하나님이 세상을 이처럼 사랑하사 독생자를 주셨으니"라는 말씀을 볼 때(요 3:16) 우리는 인간의 상식과 이해를 초월하는 하나님의 무한한 사랑에 그만 압도되고 맙니다. 모리아산에서의 상황이 십자가 위에서 하나님의 유일하신 아들 예수님에게로 그대로 적용되었으니까요.

이제 아브라함은 믿음으로만 의롭다 하심을 얻어 하나님의 복을 누릴 수 있는 모델이 되었습니다. 사실 '믿음'보다는 '신뢰'라는 말이 더 좋습니

다. 믿음은 자칫 맹목적일 수 있으니까요. 한때 독일 사람들이 히틀러에게 보인 태도처럼 말이죠. 그러나 신뢰라는 말은 관계를 전제로 한 용어이기 때문에 맹목적일 수 없습니다. 그래서 저는 아브라함을 '믿음의 조상'보다는, '신뢰의 조상'이라고 부르고 싶습니다. 우리가 구원받는 것도 예수 그리스도를 신뢰함으로 가능하니까요.

> 또 하나님이 이방을 믿음으로 말미암아 의로 정하실 것을 성경이 미리 알고
> 먼저 아브라함에게 복음을 전하되 모든 이방인이 너로 말미암아 복을 받으리라
> 하였느니라 그러므로 믿음으로 말미암은 자는 믿음이 있는 아브라함과 함께
> 복을 받느니라 (갈 3:8~9)

이제 정리할 때가 되었습니다. 아브라함 이야기의 핵심은 '과연 누가 그의 상속자가 될 것인가?'입니다. 이 질문이 전체 줄거리를 이끌어 나갑니다. 이 과정에서 아브라함은 계속해서 인간적 해결책을 찾으려 했고, 그때마다 하나님께서는 그가 찾아낸 방법을 하나씩 하나씩 제거해 가셨습니다. 심지어 이삭마저도 포기할 수 있는 믿음을 요구하셨습니다. 한마디로 완전 굴복이죠! 아브라함과 사라는 좌절과 소망 사이를 넘나들며 살았지만, 궁극적으로 하나님만을 신뢰하는 인물임을 입증했습니다. 지금까지의 내용을 그림으로 나타내면 다음과 같습니다.

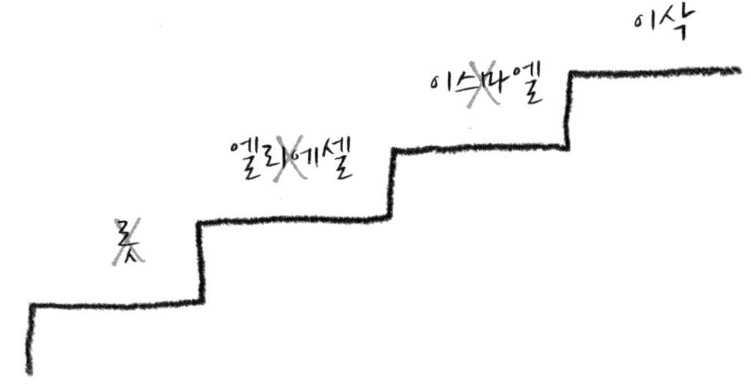

입(入)애굽기와 섭리적 돌봐주심

뷰포인트

창세기 15장, 37~50장; 출애굽기 1~2장

성경 전체의 토대는 창세기, 출애굽기, 레위기, 민수기, 신명기로 이루어진 처음 다섯 권입니다. 이 책들은 성경 전체의 판도를 결정합니다. 그러므로 성경을 잘 이해하기 위해서는 먼저 이 다섯 권의 흐름을 정확히 알 필요가 있습니다. 그중에서도 창세기는 처음 다섯 권의 출발점이자 동시에 이후 성경의 방향을 결정해 주는 너무나 중요한 책이죠. 창세기에는 하나님께서 품으셨던 최초의 계획이 무엇이며, 그것이 죄로 인해 어떻게 깨어지고, 그 회복을 위해 어떤 일들이 일어날지에 대한 청사진이 제시되기 때문입니다.

창세기는 크게 두 부분으로 나눌 수 있습니다. 1~11장과 12~50장입니다. 전반부는 세 사람의 이야기로 아담, 에녹, 노아이고, 후반부는 네 사람의 이야기로 아브라함, 이삭, 야곱, 요셉입니다. 결국 창세기는 일곱 사람의 이야기라 할 수 있죠. 그런데 여기서 중요한 사실은 하나님께서 그 일곱 사람과 깊은 관계를 맺고 교제하셨다는 점입니다. 이것은 하나님께서 인간과 어떤 관계를 맺기 원하시는지를 잘 보여줍니다. 하나님께서 인간을 창조하신 목적은 바로 교제이고, 그 교제가 점점 확대되어 나가기를 원하십니다.

요셉이 중요하지 않다고요?

우리가 성경을 보면서 자주 등장하는 문구 중 하나가 "아브라함의 하나님, 이삭의 하나님, 야곱의 하나님"입니다. 그런데 왜 요셉은 포함되지 않을까요? 사실 요셉 이야기는 창세기 전체에서도 상당한 분량을 차지하고 있고 내용 또한 흥미진진합니다. 또 얼마나 많은 사람들에게 감동과 교훈을 안겨 주는지 모릅니다. 그래서 설교와 가르침의 단골 메뉴이기도 합니다. 특히 아버지 야곱이 죽은 후 형제들이 요셉의 보복을 두려워하며 벌벌 떨고 있을 때, 요셉이 한 말은 우리 모두에게 깊은 감동을 자아냅니다.

요셉이 그들에게 이르되 두려워하지 마소서 내가 하나님을 대신하리이까

당신들은 나를 해하여 하였으나 하나님은 그것을 선으로 바꾸사 오늘과 같이 많은 백성의 생명을 구원하게 하시려 하셨나니 당신들은 두려워 마소서 내가 당신들과 당신들의 자녀를 기르리이다 하고 그들을 간곡한 말로 위로하였더라

(창 50:19~21)

그럼에도 불구하고 성경의 흐름상 요셉은 주변 인물입니다. 그 이유는 앞의 세 사람, 곧 아브라함과 이삭과 야곱에게만 **땅과 자손에 대한 언약**이 주어졌기 때문입니다. 그런 면에서 요셉은 그 언약이 이루어지도록 하는데 통로로 사용된 사람입니다. 다시 말해 구원역사의 섭리를 이루는 고리 역할을 한 셈이죠. 그렇다면 땅과 자손에 대한 언약이 왜 그토록 중요한가요? 에피소드 4에서 살펴본 것처럼, 하나님께서는 온 인류의 구원과 회복을 위해서 한 민족 이스라엘을 모델로 삼아 당신을 드러내 보이기 원하셨습니다.

그 결과 하나님께서 다스리는 나라의 모델을 제시하고자 하신 거죠. 알다시피 나라가 이루어지기 위해서는 반드시 세 가지 요소가 필요합니다. 국민, 국토, 국권! 따라서 창세기 12장부터 출애굽기 1장까지는 하나님의 나라를 구성하는 국민이 어떻게 준비되는지를 보여주고, 그 이후부터는 그들이 노예 상태에서 해방되어 장차 거할 땅이 어떻게 주어지는지를 드라마틱하게 제시해 줍니다. 물론, 국권은 시내산 언약에서 하나님께로부터 주어지는 율법을 통해서 확립됩니다. 그런 의미에서 땅과 자손에 대한 언약은 성경의 처음 다섯 권을 하나로 이어줍니다.

땅과 자손에 대한 언약

땅과 자손에 대한 언약이 등장하는 본문들을 함께 살펴보죠.

보이는 **땅**을 내가 너와 **네 자손**에게 주리니 영원히 이르리라 내가 **네 자손**이

땅의 티끌 같게 하리니 사람이 땅의 티끌을 능히 셀 수 있을진대 **네 자손도** 세리라 (창 13:15~16)

그 날에 여호와께서 아브람과 더불어 언약을 세워 이르시되 내가 **이 땅**을 애굽 강에서부터 그 큰 강 유브라데까지 **네 자손**에게 주노니 (창 15:18)

내가 너와 **네 후손**에게 네가 거류하는 **이 땅** 곧 **가나안 온 땅**을 주어 영원한 기업이 되게 하고 나는 그들의 하나님이 되리라 (창 17:8)

이 땅에 거류하면 내가 너와 함께 있어 네게 복을 주고 내가 이 **모든 땅**을 너와 **네 자손**에게 주리라 내가 네 아버지 아브라함에게 맹세한 것을 이루어 **네 자손**을 하늘의 별과 같이 번성하게 하며 **이 모든 땅을 네 자손**에게 주리니 **네 자손**으로 말미암아 천하 만민이 복을 받으리라 (창 26:3~4)

또 본즉 여호와께서 그 위에 서서 이르시되 나는 여호와니 너의 조부 아브라함의 하나님이요 이삭의 하나님이라 네가 누워 있는 **땅**을 내가 너와 **네 자손**에게 주리니 **네 자손**이 땅의 티끌 같이 되어 네가 서쪽과 동쪽과 북쪽과 남쪽으로 퍼져 나갈지며 **땅**의 모든 족속이 너와 **네 자손**으로 말미암아 복을 받으리라 (창 28:13~15)

내가 아브라함과 이삭에게 준 **땅**을 네게 주고 내가 **네 후손**에게도 **그 땅**을 주리라 하시고 (창 35:12)

입(入)애굽기

이 언약이 구체적으로 어떤 과정을 통해 성취되는지는 창세기 15장 13~16 절에서 잘 설명해 줍니다. 사실 출(出)애굽기는 '애굽을 탈출한 이야기'라는 뜻입니다. 따라서 출애굽기를 제대로 이해하려면 먼저 애굽에 들어가게 된 이야기인 입(入)애굽기를 잘 살펴볼 필요가 있습니다. 이 입애굽기에 대한 예언은 창세기 15장 13절에 나타납니다. 그 말씀에 따르면, 장차 이스라엘 백성들은 이방 땅 애굽에서 객이 되어 400년간 그들을 섬기게 될 것입니다. 물론 그 과정은 혹독한 노예의 삶이죠.

하나님은 당신의 백성을 종으로 삼은 나라를 그대로 방치하시지 않으시고 징벌하실 것이며, 그 결과 이스라엘은 큰 재물을 가지고 나오게 될 것입니다. 한편으로는 이스라엘에게 약속하신 땅에 거하던 아모리 족속의 죄악이 무르익었을 때, 하나님께서는 이스라엘을 대리인으로 삼아 그들을 심판하실 것입니다. 이는 하나님께서 아모리 족속에게 오랜 기간 동안 죄로부터 돌이킬 기회를 주셨다고 볼 수 있습니다. 어쨌든 하나님께서는 야곱의 가족이 한 민족을 이룰 만큼 번성하도록 하시는 과정에서 애굽이라는 우산을 사용하신 겁니다.

이것은 마치 오늘날 슈퍼 파워인 미국에 수많은 이주자가 정착하는 것과 같습니다. 그들은 저마다 아메리칸 드림을 꿈꾸며 이민을 떠났습니다. 왜일까요? 미국을 자유의 나라이고 기회의 땅일 뿐만 아니라 강하고 부유한 나라로 생각하기 때문입니다. 지금으로부터 약 4천 년 전, 가나안 땅에 한 노부부가 왔다고 생각해 보세요. 과연 누가 그들을 인정해 주었겠습니까? 아브라함, 이삭, 야곱의 가족이 그 땅에서 살아가려고 발버둥 쳤다면 언제 어디서 소리 소문 없이 모래 바람과 함께 사라졌을지도 모릅니다.

그 당시는 약육강식의 세상으로 강한 부족만이 살아남을 수 있었습니다. 실제로 가나안 땅에는 200여 개의 크고 작은 도시들이 발달해 있었습니다. 그런 환경에서 이스라엘이 한 민족으로 성장하기란 거의 불가능했을 겁니다. 그러나 당시 애굽은 세계 4대 문명의 발상지 중 하나였을 정도로 크고 강력한 나라였습니다. 그래서 이스라엘은 그 큰 나라를 방패막이로 삼아 한 민족을 이룰 만큼의 인구로 불어날 수 있었을 것입니다. 하나님께서는 놀라운 섭리로 야곱의 가족 70여 명을 애굽이라는 강대국의 날개 아래서 보호하셨습니다.

섭리적 돌봄: 요셉과 그 가족

하나님께서 이스라엘을 섭리적으로 돌보시는 과정에서 중요한 역할을 한 인물이 바로 요셉이었습니다. 하나님의 뜻은 여러 차례 꿈을 통해서 요셉에게 드러났습니다. 문제는 요셉이 철딱서니 없이 그 꿈을 다른 사람들에게 나불거린 거죠. 안 그래도 야곱이 요셉에게만 채색옷을 지어 입히는 등 편애 때문에 시기하던 형들인데, 요셉이 곡식단 열한 개가 자기 단에게 절하고 해와 달과 열한 별이 자기에게 절한다는 식의 꿈 얘기를 해대니 어느 누가 좋아했겠습니까? 한마디로 미운털이 박힌 거죠. 결국 형들은 요셉을 제거하기로 마음먹었습니다.

그 첫 번째 조치는 형들이 요셉을 애굽으로 가는 미디안 상인들에게 은 이십을 주고 팔아버린 사건입니다. 그런 후에 형들은 채색옷에 짐승의 피를 묻혀 요셉이 악한 짐승에게 잡아먹혔다고 아버지를 속였습니다. 한편 요셉은 바로의 신하이자 친위대장인 보디발에게 팔렸습니다. 나중에는 그의 아내로 인해 모함을 받아 감옥에 갇히는 불운을 겪었지만 어디서든 요셉은 하나님을 의지하며 있는 곳에서 최선을 다했습니다. 인간적으로는 최악의 상황이었지만 하나님께서 요셉과 함께해 주셨고 그 결과 형통한 삶을 누렸던 것입니다(창 39:2~3, 21, 23).

이처럼 처음에는 구덩이에 던져졌고 이어 미디안 상인들에 의해 보디발의 집에 종으로 팔려 갔으며, 심지어 감옥에까지 갇혔지만, 하나님은 요셉을 섭리적으로 보호하시고 그가 꾼 꿈을 서서히 이루어 가셨습니다. 보디발의 집에서는 가정 총무로 일했고, 감옥에서는 간수장에게 은혜를 입어 제반 사무를 보았습니다. 감옥이라는 곳은 참 묘한 곳입니다. 신분이 높고 낮은 사람들을 다 만날 수 있으니까요. 요셉도 감옥에서 '술 맡은 관원'과

'떡 맡은 관원'을 만나 그들의 꿈을 해석해 주었고, 그러다 마침내 바로 앞에 서서 그의 꿈까지 해석해 주며 일약 애굽의 총리가 되었습니다.

부모님 밑에서 보낸 17년의 과잉보호 후에 13년간의 혹독한 훈련이 끝났을 때, 하나님은 요셉을 구덩이와 감옥에서 건져 올려 저 높은 총리의 자리까지 세워주셨습니다. 그 기간은 한마디로 고난의 삶이었습니다. 고난이 없었다면 어떻게 요셉이 "두려워하지 마소서 내가 하나님을 대신하리이까 당신들은 나를 해하려 하였으나 하나님은 그것을 선으로 바꾸사 오늘과 같이 많은 백성의 생명을 구원하게 하시려 하셨나니"(창 50:19~20)라고 할 수 있었겠습니까? 우리는 여기에서 하나님이 굉장히 경제적인(economical) 분임을 알 수 있습니다. 왜냐하면 요셉의 모든 경험을 사용하셨기 때문입니다. 그는 아버지의 집과 보디발의 집 그리고 감옥의 제반 업무를 섭렵하면서 이미 애굽 전체를 다스릴 수 있는 준비가 되어 있었던 것입니다.

출애굽 전의 상황

창세기 15장의 예언처럼 이스라엘 백성은 애굽에 들어갔습니다. 초강대국 애굽의 보호 아래에서 야곱의 가족은 "생육하고 불어나 번성하고 매우 강하여 온 땅에 가득"했습니다(출 1:7). 그 땅을 떠날 때는 장정만 60만 명이라고 했으니까 어림잡아 3백만 명 정도로 인구가 불어났던 것입니다(출 12:37). 요셉이 총리로 있었을 때는 야곱의 가족이 좋은 대접을 받았지만, "요셉을 알지 못하는 새 왕"이 일어나자 상황은 정반대가 된 것입니다(출 1:8). 새 왕은 반란의 위협을 느꼈고, 황금알을 낳는 거위 같은 공짜 노동력을 잃을까봐 전전긍긍했습니다.

새 왕이 느낀 두려움은 점점 현실이 되어 갔습니다. 이로 인해 그는 인간적인 지혜를 총동원했습니다. 먼저는 이스라엘 백성을 정치적으로 압박했습니다. 그것이 무위로 돌아가자 다음에는 경제적으로 그들을 학대했습니다. 국고성 비돔과 라암셋을 건축하는 일에 이스라엘 백성들을 강제 동원한 것입니다. 하지만 이것도 수포로 돌아가 버렸습니다. 반전의 상황을 성경은 이렇게 표현합니다. "그러나 학대를 받을수록 더욱 번성하여 퍼져 나가니 애굽 사람이 이스라엘 자손으로 말미암아 근심하여 이스라엘 자손에게 일을 엄하게 시켜"(12~13절).

바로는 앞선 두 조치가 모두 무효로 돌아가자 세 번째 칼을 높이 빼어 들었습니다. 그는 히브리 산파 두 여인에게 "해산을 도울 때 아들이거든 죽이고 딸이거든 살려두라"며 공포스러운 압력을 행사합니다. 그러나 산파들은 애굽 왕보다 더 크신 대왕(大王) 하나님을 두려워하며 남자 아기들을 살렸습니다. 그 결과 이스라엘은 더욱 번성하고 강해졌습니다. 이제 바로는 마지막 승부수를 던졌습니다. 아들이 태어나면 모두 나일 강에 던지라는 야만적인 인종 말살 정책을 쓴 것입니다. 이스라엘은 국가 폭력의 희생양이 될 풍전등화의 위기에 놓였습니다.

이처럼 이스라엘 백성이 정치적으로, 경제적으로, 사회적으로 학대를 당했지만 가장 심각한 것은 영적인 학대였습니다. 하나님을 아는 민족으로서 그 하나님을 가까이 하고 섬기며 예배드릴 수 없다는 것만큼 고통스러운 일이 또 어디 있겠습니까? 그 때문에 모세는 바로에게 "내 아들 내 장자인 이스라엘이 나를 섬기도록 하라"는 것과 "내 백성을 보내라 그러면 그들이 광야에서 내 앞에 절기를 지킬 것이니라"라는 하나님의 명령을 전해야 했습니다(출 4:22~23; 5:1). 이러한 분위기들이 바로 출애굽 전에 이스라엘이 처해 있던 상황이었습니다.

이스라엘 상황은 '복'과 연관해서 생각해 봐도 잘 알 수 있습니다. 창세기 12장에서 우리는 이미 '복'의 의미를 네 가지로 살펴본 일이 있습니다. 첫째, 복은 생물학적이고 가시적인 번성이라고 했는데, 출애굽기 1장의 상황만 봐도 하나님께서 이스라엘 백성들을 얼마나 많이 축복해 주셨는지 금방 알 수 있습니다. 7절과 9절, 12절, 20절에서 번성과 연관된 단어들이 계속 등장하고 있으니까요. 어렵고 힘든 상황임에도 하나님은 이스라엘 백성들에게 출산의 복을 더하셨던 것입니다. 그러나 나머지 세 가지 복의 의미에서 볼 때, 이스라엘의 상황은 '복'과 거리가 멀었습니다.

둘째, 복은 하나님과 특별한 관계를 맺고 교제를 나누는 것이라고 했습니다. 그런데 이스라엘의 상황은 전혀 그렇지 않았습니다. 무엇보다 하나님과 친밀하게 영적인 교제를 나눌 수 있는 형편이 아니었습니다. 셋째, 복은 주변으로 흩어져 퍼져 나가는 것이라고 했습니다. 다시 말해, 하나님과의 관계가 주변으로 계속 확대되어 나가는 것이지요. 그런데 지금 이스라엘은 흩어져 퍼져 나가기보다는 애굽이라는 나라 안에 갇혀, 축복의 통로 역할을 전혀 감당하지 못하고 있습니다.

마지막으로, 복은 죽음에서 생명으로의 전환이라고 했습니다. 그러나 지금 이스라엘 백성이 처한 상황은 전혀 생명이라고 할 수 없습니다. 인종 말살 정책으로 죽음의 그림자가 짙게 드리워져 있었기 때문입니다. 이처럼 복의 의미와 연관해서 보면 이스라엘이 애굽을 탈출해야 할 이유는 너무나 분명합니다. 그들은 하나님을 아는 민족으로서 하나님과 깊고 친밀한 관계를 누려야 했고, 그 축복을 주변으로 확대해야 하며, 이를 위해 반드시 생육하고 번성해야 했습니다. 그리고 그 결과가 무엇입니까? 죽음을 생명으로 바꾸는 축복의 통로가 되는 일입니다. 지금까지 살펴본 내용을 간단히 도식화하면 다음과 같습니다.

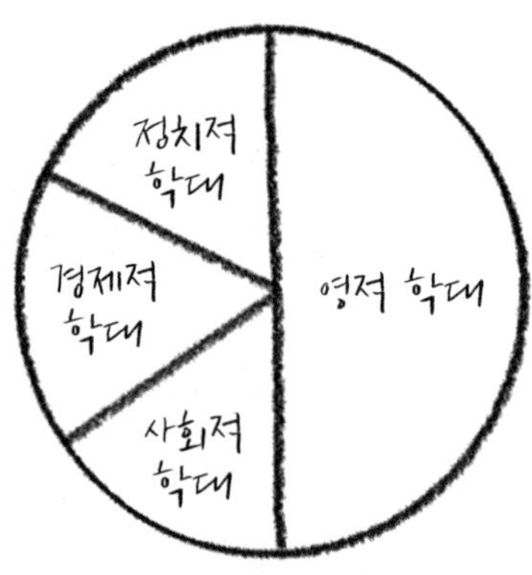

섭리적 돌봄: 모세

이러한 분위기가 이스라엘에게만 문제가 된 것은 아니었습니다. 하나님께도 마찬가지였습니다. 왜냐하면 땅과 자손에 대한 언약이 성취되지 못할 수도 있는 급박한 상황이었기 때문입니다. 바로 이때, 창세기 12장과 마찬가지로 출애굽기 2장은 한 가족에게 클로즈업 됩니다. 한 레위인 남자가 한 레위인 여자에게 장가들었습니다. 이것 자체가 특별한 일입니다. 이스라엘 백성이 애굽에 들어간 지 약 350년이 흘러갔기 때문에 많은 경우 그 문화에 동화되었고, 타민족 사람과 결혼하는 일은 흔한 일이었을 것입니다(레 24:10 참조).

많은 사람이 신앙을 잃어버려 애굽의 우상들을 섬겼고, 그 규례와 풍속을 좇았습니다(레 18:3; 겔 20:5~10). 따라서 이 레위인 남녀의 만남은 평범한 결혼이 아니라, 신앙 안에서의 아름다운 결합이었습니다. 이들이 신앙의 가정을 이룬 증거는 곧이어 나오는 사건들에서 증명됩니다. 우선, 그들은 믿음으로 바로의 명령을 거부하고 석 달 동안 아이를 숨겼습니다(히 11:23). 틀림없이 히브리 산파들의 신앙이 그들에게 영향을 미쳤을 겁니다. 그런데 숨긴 이유에 대하여 히브리서 11장 23절은 이렇게 말합니다. "믿음으로 모세가 났을 때에 그 부모가 아름다운 아이임을 보고"

히브리서를 쓴 저자는 이것을 '믿음'의 행동이었다고 추켜세우며 그 레위인 부부, 곧 모세의 부모를 그 유명한 '믿음의 명예의 전당'이라 불리는 히브리서 11장에 한 자리를 배정해 주고 있습니다. 저는 솔직히 이 말씀을 보면서 선뜻 이해가 되지 않았습니다. 여러분, 아니 어떤 부모가 애를 낳고 예쁘고 사랑스럽게 여기지 않을까요? 제 둘째 아이는 딸입니다. 첫째를 수술로 낳았기 때문에 둘째 때도 여지없이 수술을 해야 했습니다. 하지만 아내는 자연분만을 하고 싶었고, 가능한 병원을 수소문해서 한 곳을 찾아냈습니다.

드디어 둘째가 태어나던 날, 저는 감격스럽게 탯줄을 자르고 아이를 받아서 보았는데 순간 기절할 뻔했습니다. 둘째의 머리가 마치 고구마처럼 보였기 때문입니다. 산도를 통과하는 과정에서 머리가 여기저기 찌그러진 것입니다. 여자아이라 어쩌나 싶어 순간 겁이 덜컥 나기도 했지만, 그럼에도 아이는 세상에서 가장 사랑스럽고 아름다워 보였습니다. 고슴도치도 제 새끼는 예뻐한다는 말이 있는데, 태어난 아이가 아름다운 아이임을 보고 석 달을 숨겼다는 것을 '믿음'의 행동으로 보는 것은 좀 억지 아닌가 싶었습니다. 솔직히 금방 동의가 되지 않았죠.

차라리 석 달 동안 왕의 명령을 무서워하지 않았다는 것을 근거로 든다면 어느 정도 수긍이 가겠지만 말입니다. 그러던 어느 날, 저는 사도행전 7장을 보다가 그 진짜 이유를 알게 되어 무릎을 탁! 쳤습니다. 20절을 볼까요? "그 때에 모세가 났는데 하나님 보시기에 아름다운지라 그의 아버지의 집에서 석 달 동안 길리더니" 여기에서 "하나님 보시기에"가 중요합니다. 그 부부는 인간적으로만 자녀를 본 것이 아니라, 하나님의 안목으로 본 것입니다. 이것이 바로 '믿음'의 행동입니다.

특별히 출애굽기 2장 2절에서 "그가 잘 생긴 것을 보고"라고 했는데, 이 말은 창세기 1장에서 "보시기에 좋았더라"와 같은 단어인 '토브'(טוב)가 사용되었습니다. 다음으로 부부가 신앙의 결합을 한 근거는 "갈대 상자"를 만들었다는 사실입니다. 더 이상 아이를 숨길 수 없는 상황에 이르렀을 때, 엉엉 울면서 안고 있던 아이를 나일 강에 풍덩 빠트릴 수 있었습니다. 그러나 그들은 갈대 상자를 가져다가 역청과 나무 진을 칠했던 것입니다. 놀랍게도 노아의 '방주'와 '갈대 상자'는 크기만 다를 뿐이지 같은 단어인 '테바'(תֵּבָה)로 불립니다. 말하자면 소형 방주인 셈이죠.

틀림없이 그 부부는 선대를 통해 노아 이야기를 전해 들었고, 믿음으로 작은 방주를 만들었을 것입니다. 흥미로운 것은 노아의 방주나 모세를 담은 갈대 상자 모두 동력장치가 없었다는 것입니다. 하나님의 뜻에 의해서만 운행되었던 것이지요. 이처럼 갈대 상자는 부모의 신앙을 보여 주는 표현이었습니다. 세 번째 근거는 모세의 어머니인 요게벳이 그 갈대 상자를 나일 강가 갈대 사이에 두고, 누이 미리암을 멀리서 바라보게 함으로 상황이 어떻게 되는지 살피게 했다는 점입니다. 그들은 기도하면서 방주를 만들었고, 하나님께서 어떻게 섭리적으로 인도하시는지 지켜보았습니다.

우연과 섭리 사이에서

마침 그 지역에 바로의 딸이 목욕하러 왔습니다. 시녀들과 함께 나일 강가를 거닐 때에 공주는 갈대 사이의 상자를 발견하고 시녀를 보내어 가져오게 했습니다. 뚜껑을 열어 보는 순간 그 아이가 마구 울고 있는 모습에 여성 특유의 모성적 본능이 발동했습니다. 확실히 울어야 할 때 울어야 구원받을 수 있습니다(전 3:4). 공주가 불쌍한 마음을 가졌지만, 이내 히브리 사내아이임을 보고 멈칫했을 수도 있습니다. 왜냐하면 아버지의 엄위한 명령을 익히 들어서 알고 있었을 테니까요. 그러나 그는 왠지 그 아이를 키워보고 싶었습니다.

바로 그때! 기도하면서 모든 상황을 지켜보고 있던 미리암은 적시에 나타났습니다. 아마도 이렇게 얘기하지 않았을까요? "공주님! 혹시 유모를 찾고 계시나요? 제가 좋은 사람을 하나 소개해 드릴까요?" 이 말을 듣고 공주가 얼마나 놀랐겠어요? 신의 뜻으로 알고 당장 불러 오라고 시켰을 겁니다. 당연히 미리암이 불러온 유모는 아이의 친엄마 요게벳이었습니다! 여러분, 머리가 쭈뼛 서지 않습니까? 태어날 때부터 나일 강의 물고기 밥이 될 운명을 타고난 아이가 극적으로 건짐을 받았습니다.

그래서 이름도 '물에서 건져내었다'라고 해서 모세가 된 것입니다. 놀라운 것은 요게벳이라는 이름의 뜻이 '하나님은 전능하시다'라는 사실입니다. 이 모든 일들이 하나님의 전능하신 손 아래 이루어진 섭리였던 것입니다. 하나님께서 이스라엘을 당시 슈퍼 파워였던 애굽의 우산 아래에서 안전하게 보호하셨던 것처럼, 모세 역시 가장 안전한 바로의 왕궁에서 자라게 하셨습니다. 다시 말해, 적의 심장부에서 이스라엘의 내일이 준비되고 있었던 것이죠. 이 얼마나 놀라운 반전인가요?

이쯤에서 한 번 생각해 봅시다. 보통 사람들은 이런 유의 이야기를 들으면 '우연의 일치'라고 말할 것입니다. 인간적으로는 우연의 일치일지 몰라도, 신앙적으로 보면 하나님의 놀라운 섭리입니다. 하나님의 때에 하나님의 방법으로 하나님의 뜻이 이루어지는 것입니다. 만일 요게벳이 아이를 붙들고 엉엉 울면서 한두 시간 늦게 나일 강가로 나왔다면 어떻게 되었을까요? 아니 한두 시간 일찍 나왔다면요? 또 정확한 시간에 상자를 갈대 사이에 두었더라도 악어가 와서 집어삼켰다면 어떻게 되었을까요?

제가 성지 연수차 나일 강에 가봤는데, 그곳에는 악어가 많다고 들었습니다. 우리가 위선적인 눈물을 말할 때 사용하는 '악어의 눈물'의 배경 역시 나일 강입니다. 이번에는 공주의 입장에서 생각해 보겠습니다. 만일 공주가 한두 시간쯤 늦게 또는 일찍 목욕하러 나왔다면 어떻게 되었을까요? 아니 무슨 일이 생겨서 그날 강가에 나오지 못했다면요? 또 공주가 갈대 상자를 열었을 때, 아이가 울지 않았다면 어땠을까요? 모성적 본능이 크게 작동하지 않았을지도 모릅니다. 정확한 타이밍에 모세가 울어 재낀 거죠.

게다가 공주가 아이를 보고 "어휴! 이 히브리 놈들! 얘들아, 이 상자 당장 갖다 버려라!"라고 비정하게 말했다면, 모든 상황은 그대로 끝나 버렸을 것입니다. 그러나 그 모든 일 하나하나가 아주 정확하게 하나님의 뜻을 이루기 위해 맞아떨어진 것이지요. 우리는 이 모든 상황을 하나님의 '섭리적 돌보심'이라고밖에 말할 수 없습니다. 확실히 하나님은 모든 것을 합력해 선을 이루실 수 있는 분이십니다. 이 사실이 우리에게 얼마나 큰 위로와 격려가 됩니까?

요게벳이 모세를 믿음으로 하나님의 섭리에 맡겨드렸더니 하나님께서 그 모세를 다시 그녀의 손에 돌려주셨습니다. 그뿐 아닙니다. 출애굽기 2장 9절을 보십시오. "바로의 딸이 그에게 이르되 이 아기를 데려다가 나를 위하여 젖을 먹이라 내가 그 삯을 주리라" 이 지구상의 어떤 곳에서 엄마가 자기 아이에게 젖을 먹였다고 수고의 대가로 돈을 받겠습니까? 또 경제적인 도움만 받은 것이 아닙니다. 틀림없이 요게벳은 모세에게 젖과 함께 신앙도 물려줄 수 있었을 겁니다. 그 단적인 증거가 11절에서 장성한 모세가 동족을 "자기 형제들"이라고 표현한 것입니다.

또 한 가지 놀라운 사실이 있습니다. 저는 어느 날 밤에 잠을 자다가 갑자기 새벽 두시쯤 깼습니다. 계속 잠을 청했지만 눈이 말똥말똥해서 일어나 성경을 폈습니다. 당시 담임 목사님께서 "여러분, 밤에 자다가 깨게 되면 하나님께서 여러분들에게 성경 읽고 기도하라고 하시는 뜻입니다"라고 말씀을 해주셨거든요. 그래서 저는 출애굽기를 읽었습니다. 어떤 분들은 그럴 때 성경을 읽으면 잠이 금방 쏟아진다고 하는데, 저는 읽다가 잠이 더 확 깨버렸습니다. 왜냐고요? 성경이 평면적으로 보이지 않고 입체적으로 둥둥 떠서 보였기 때문입니다.

이게 무슨 말이냐 하면, 1장에서 이스라엘 백성들을 온갖 어려움 속에 빠져들게 한 장본인은 "요셉을 알지 못하는 새 왕"이라고 나와 있습니다. 물론, 그가 '바로'라고 말해주지만, 이것은 이름이 아니라 애굽의 왕을 뜻하는 칭호입니다. 반면 엄청난 위기 속에 있던 이스라엘 백성들을 극적으로 구해내는 과정에서 사용된 사람들은 여자들이었는데, 그들은 분명한 자기 이름으로 불리고 있었습니다. 두 히브리 산파의 이름이 뭐지요? 네! 십브라와 브아입니다. 모세의 어머니와 누이는 요게벳과 미리암이고요.

왜 야구 선수들이 홈런을 칠 때 공이 수박처럼 보인다고 하잖아요. 저도 그날, 네 여인의 이름과 공주가 종이 성경책을 떠나 수박만 하게 눈앞에 생생하게 다가온 느낌을 가진 겁니다. 순간 "우와!" 하면서 탄성을 질렀습니다. 지금부터 약 3,500년 전에 여자들이 뭘 할 수 있었겠습니까? 여자들과 종들은 인격체가 아니라 소유물에 불과했습니다. 그러나 무대의 감독이신 하나님께서는 이스라엘의 구원이라는 놀라운 계획 속에 작디작은 존재로 여겨지던 여성들을 주인공으로 참여시키고 계셨던 겁니다. 심지어 적군의 공주까지 동원하시면서 말이죠.

바로 vs 십브라, 부아
요게벳
미리암
바로의 공주

그날 밤 저는 흥분 속에서 잠을 이루지 못했습니다. 그래도 성경을 깨달은 기쁨과 감격으로 피곤한 줄도 몰랐습니다. 아침을 먹으며 아내에게 이 이야기를 전했습니다. "여보! 하나님께서 여자들을 놀랍게 사용하셔! 모세 이야기만 봐도 그래! 희망을 가져!"하며 밤사이에 깨달은 말씀을 입에 거품을 물고 나누었습니다. 당시 아내는 미국에서 학위를 마치고 돌아왔지만, 아이 둘을 보는 일과 간간이 번역과 책 편집 일을 하는 정도로 시간을 보내며 힘들어하고 있었습니다. 그래서 더욱 격려해주고 싶었습니다.

광야의 시간 후 주님의 길을 예비하는 사역

저는 주님께서 섭리적으로 돌보아주심을 시시때때로 경험했습니다. 두 가지만 나누겠습니다. 첫 번째는 박사과정에 들어갔을 때의 일입니다. 2005년 가을학기에 전도학 Ph. D. 과정에 들어간 저는 처음부터 막막했습니다. 입학금에 등록금까지 필요했기 때문입니다. 당시 저희는 가난한 전도사 부부였고 아이도 있었으니, 입에 풀칠하며 사는 것만으로도 벅찬 형편이었습니다. 그러니 어떻게 학비를 충당할 수 있었겠습니까? 그런데 놀라운 일이 일어났습니다.

어느 날 미국에 있는 '조희 글로벌 미션'이라는 단체에서 장학생을 모집한다는 공고를 보았습니다. 기도하며 지원서를 제출했는데, 며칠 후 미국에서 전화가 온 것입니다. 전화 인터뷰가 시작된 것이지요. "최 전도사님! 지난 한 주 동안 어떤 일을 하며 지냈나요?" 그래서 저는 "요즘 계속해서 교수님 조교로 일하면서 학부 학생들을 만나 복음을 전하고 있습니다"라고 답했습니다. 그랬더니 "그 학생들의 이름을 대실 수 있나요? 그리고 반응은 어땠나요?"라고 묻는 것이었습니다. 저는 그 학생들의 이름과 상황을 자세히 보고할 수 있었습니다.

나중에 알고 보니 그 단체는 복음전도에 열정을 가진 학생을 발굴하여 장학금을 지원하는 곳이었습니다. 결과적으로 저는 장학생으로 선발되어 5학기 동안 장학금을 받게 되었습니다. 그 뿐만 아니라 신학교에 다니면서도 예수님을 인격적으로 만나지 못한 명목상 신자들에게 열심히 복음을 전했는데, 그 모습을 기특하게 여기신 교무처장님께서도 매 학기 장학금을 더해 주셨습니다. 결국 제가 실제로 납부해야 할 금액은 학부 등록금 수준도 되지 않았지요. 그렇게 저는 박사과정을 은혜 가운데 마칠 수 있었습니다.

두 번째는 미국 유학 시절에 있었던 일입니다. 저는 박사 후 과정을 위해 켄터키주에 위치한 애즈베리 신학교로 갔습니다. 그곳은 시골 마을로 대부흥이 여러 번 일어난 거룩하고 경건한 분위기를 풍기는 곳이었습니다. 주민 대부분도 은퇴한 목회자나 선교사, 그리고 신학교 관련 사람들이었습니다. 저는 그곳에서 보낼 시간들을 생각할 때면 너무나 감사가 넘쳤습니다. 그러나 그러한 기쁨과 감사도 잠시뿐! 도착한 지 2주 만에 완전히 사라져 버렸습니다. 어떤 분과의 관계에 문제가 생기면서 약 1년 동안을 어둠 가운데 보내게 된 것입니다.

당시 저는 모든 것을 뒤로하고 한국으로 돌아가고 싶을 정도였습니다. 매일 매 순간이 우울했습니다. 관계의 어려움이 그토록 어려운 것인지 뼈저리게 깨달았습니다. 어느 날 잘 아는 분과 통화를 하며 어려움을 나누고 기도를 부탁했는데, 그분이 이런 말을 해주었습니다. "광야의 시간 이후에 주님의 길을 예비하는 사역이 있으니, 앞날의 영광을 위해 함께 파이팅합

시다!" 저는 그 문구를 보며 너무나 큰 힘과 격려를 얻었습니다.

"그래, 이곳에서 보내는 시간이 천국의 시간이 아니라, 광야의 길일지 몰라! 광야의 시간을 잘 통과한 자만이 세례 요한처럼 주님의 길을 예비할 수 있어!"라며 그 시간을 묵묵히 잘 견뎌냈습니다. 지금은 이렇게 편하게 말할 수 있지만 당시에는 그 고통이 심해서 얼마나 많이 울며 기도했는지 모릅니다. 하나님께서는 약 1년간의 어두운 터널을 통과하게 하신 후, 저를 조금씩 당신의 사람으로 빚어 가셨습니다. 결국 관계도 회복되었고 전보다 서로 간의 신뢰감도 더 깊어졌습니다. 또한 주님께서는 여러 면에서 필요를 놀랍게 채워주셨습니다.

이 모든 것은 하나님의 놀라운 섭리적 돌봄이라고밖에 달리 표현할 길이 없습니다. 광야의 시간이 끝난 뒤 정말 주님의 길을 예비하는 사역이 시작되었습니다. 귀국 후 여러 곳에서 주님의 일을 감당하게 하셨습니다. 특별히 신학교와 일반 대학교에서 기독교 과목을 맡아 복음을 전할 수 있게 하셨고, 영어 강의도 두 학기나 맡게 하셨습니다. 무엇보다도 그동안 깨달은 성경을 나눌 기회가 생겼는데, 그것이 계기가 되어 매 학기 방학마다 공개 성경 세미나도 열었습니다. 그래서 탄생한 것이 바로 이 책 『구원역사의 드라마』입니다. 저는 마태복음 6장 33절의 말씀을 더 깊은 차원에서 경험하게 되었습니다.

모세와 출애굽

뷰포인트
출애굽기 1~18장

필립 야곱 스페너(Philip Jacob Spener)는 "성경을 하나의 반지라고 한다면, 로마서는 그 반지의 보석에 해당한다"라고 하며 로마서의 가치를 높이 평가한 적이 있습니다. 실제로 로마서는 성자 어거스틴, 개신교의 아버지인 마틴 루터, 감리교의 창시자 존 웨슬리를 비롯해 최근에는 칼 바르트를 세계적인 신학자로 올려놓은 최고의 책으로 수많은 성도들에게 사랑받아 왔습니다. 로마서가 기독교의 신앙 체계를 일목요연하게 논리적으로 잘 '**설명**'해 놓은 책이라면, 출애굽기는 구약의 로마서로서 구원론 전체를 역사적 상황과 더불어 우리에게 잘 '**보여**'주는 책입니다.

더욱이 출애굽한 이스라엘 백성에 대하여 신약성경은 "광야 교회"라는 표현을 사용하였고(행 7:38), 모세는 예수님을 가리켜 "나와 같은 선지자"라고 했습니다. 따라서 출애굽기는 교회의 정체성과 사명 그리고 그와 연관된 예수님에 대해 잘 보여주는 모델이 되기에 충분합니다(신 18:15). 그렇기 때문에 저는 성경 이해에 중요한 출애굽기를 두 번에 걸쳐 다루려고 합니다. 이번 시간에는 출애굽의 지도자 모세와 출애굽 과정을 살펴보고, 다음 시간에는 출애굽기의 전체 구조를 살펴보면서 출애굽의 궁극적인 목적과 함께 이스라엘의 정체성과 사명을 조명해 보고자 합니다.

세 시기의 모세

출애굽기와 모세는 불가분의 관계에 있습니다. 이스라엘이 애굽을 탈출하는 것도 중요하지만 그에 앞서 그들을 이끌고 나갈 지도자가 먼저 준비되어야 했습니다. 이를 위해 출애굽기는 2장부터 6장까지 모세가 소명을 받고 본격적으로 이스라엘의 지도자가 되기까지의 과정을 비교적 자세하게 묘사하고 있습니다. 다시 말해 1장은 이스라엘 전체를, 2~6장까지는 모세를 집중해서 다룹니다. 그러니까 모세가 어떻게 부름을 받았는지 살펴보는 일은 상당히 의미가 있습니다.

지난 시간에 본 것처럼, 모세가 섭리적으로 나일 강에서 건짐을 받아

애굽의 왕자로 준비되는 데에는 다섯 명의 여인이 동원되었습니다. 오늘은 그 이후의 내용을 살펴보겠습니다. 사도행전 7장에서 스데반은 아브라함부터 시작된 이스라엘의 역사를 훑어가면서 마침내 예수 그리스도께 이르기까지 복음을 전했습니다. 그 과정에서 그는 모세의 삶을 40년씩 세 시기로 나누어 설명했습니다(행 7:23, 30, 36). 복음전도자 무디(Dwight L. Moody)는 세 시기를 상당히 의미 있게 표현했습니다. "I am somebody, I am nobody, I am God's body."

첫 40년은 애굽의 왕자로서 '나는 특별한 사람이야!'(I am somebody!)에 해당하는 시기였습니다. 실제로 스데반은 그 모습을 이렇게 묘사합니다. "모세가 애굽 사람의 모든 **지혜**를 배워 그의 **말**과 하는 **일**들이 능하더라"(행 7:22). 모세는 애굽의 지혜와 더불어 문무(文武)에 능한, 한마디로 지도자로서 모든 것을 갖춘 인물이었습니다. 만일 하나님께서 모세를 부르시기 위해 왕궁으로 찾아오셨다면 그는 틀림없이 이렇게 대답했을 겁니다. "하나님! 번지수를 제대로 찾아오셨네요. 지도자로서 저만큼 준비된 사람이 또 어디 있겠습니까? 자! 뭐부터 해볼까요?"

그렇지만 하나님은 왕궁으로 찾아가시지 않고, 미디안 광야 호렙산 근처에서 모세를 부르셨습니다. 다시 말해, 그가 하나님의 부르심을 받을 사람이 되도록 그동안 모세 자신이 준비한 모든 것이 아무것도 아니라는 것을 깨닫기까지 기다리셨던 것입니다. 그래서 두 번째 40년은 "나는 아무것도 아니야!"(I am nobody!)의 시기입니다. 하나님은 무언가를 이루시기 위해 인간의 도움을 필요로 하시는 분이 아닙니다. 중요한 것은 하나님의 뜻에 모든 것을 맡기고, 그분의 손 안에서 자유자재로 움직일 수 있을 만큼 굴복되어 있느냐 없느냐 하는 것입니다.

그 시기를 다루는 곳이 바로 출애굽기 2장의 나머지 반입니다. 모세는 그의 나이 사십이 되었을 때 "그 형제 이스라엘 자손을 돌아볼 생각"이 났습니다(행 7:23). 얼마나 기특합니까? 타국에서 40년을 살았다면 동족 개념이 희미해지기 쉽습니다. 그러나 지난 시간에 본 것처럼, 모세는 어머니의 젖과 함께 신앙을 받았기 때문에 자기 정체성이 분명했습니다. 그는 어느 날 애굽 사람이 한 히브리 사람 곧 "자기 형제"를 치는 것을 보고 실력을 발휘했습니다.[14] 한 방에 애굽 사람을 날려 버릴 정도로 모세의 힘은 대단했습니다.

이튿날에는 두 히브리 사람이 서로 싸우는 모습을 보고 이를 중재하려 했습니다. 그러자 그중 한 사람이 "누가 너를 우리를 다스리는 자와 재판관으로 삼았느냐 네가 애굽 사람을 죽인 것처럼 나도 죽이려느냐"라고 말하는 것이 아닙니까?(14절). 자신은 동족을 위한다고 한 일이었지만, 그들은 모세를 지도자로 받아들이지 않고 있었던 겁니다. 게다가 비밀리에 애굽 사람을 쳐서 죽인 일이 탄로 났고, 그로 인해 바로가 모세를 죽이려 한다는 소식을 들으면서 미디안 광야로 줄행랑을 쳤습니다.

이때 모세의 심정을 한 번 생각해 보십시오. 나름 잘 준비했다고 생각했을 텐데 모든 계획이 수포로 돌아갔습니다. 게다가 동족으로부터 얼마나 큰 상처를 받았겠습니까? 참! 이러한 부분을 보면 아브라함도 그렇고 모세도 그렇고, 하나님의 약속은 하나님이 이루시는데 인간적으로 이루려 하다 보니 문제가 커지는 것을 알 수 있습니다. 어쨌든 광야로 들어간 모세는 미디안 제사장의 딸들을 위기 속에서 구해 준 일로 이드로의 대접을 잘 받고 딸들 중 하나인 십보라를 아내로 얻었습니다.

어제의 애굽의 왕자가 오늘은 양 몇 마리나 치는 목자로 전락했습니다. '겉보리 서 말만 있어도 처가살이 안 한다'라는 속담이 있는데, 모세의 형편은 그야말로 말이 아니었습니다. 애굽 최고의 교육을 받은 모세로서는 초등교육도 제대로 받지 못했을 십보라와 부부로서 깊은 대화를 나누기 어려웠을 것입니다. 기껏해야 매일 양 몇 마리와 대화하면서 애굽의 말조차 점점 잊어버렸을 것입니다. 그러는 40년 동안 모세가 곱씹었을 좌절감, 애굽의 모든 지혜와 문무가 광야생활에서는 아무 쓸모없다는 무력감, 동족에 대한 배신감 등을 한번 상상해 보십시오.

한 시대의 영웅이 되고자 했던 그의 야망은 연기처럼 사라졌습니다. 젊음도 가버리고 어느덧 인생 황혼기에 접어들었습니다. 하지만 외로움의 깊은 심연 속에서 아무것도 할 수 없다고 느꼈을 바로 그때, 하나님은 모세를 찾아오셨습니다. 이후 하나님께서는 모세의 마지막 40년을 "하나님의 벗!"(I am God's body!)으로 놀랍게 사용하셨습니다. 하나님의 관심은 이 마지막 40년에 맞춰져 있었습니다. 모세가 태어나서 여든 살이 되기까지는 달랑 성경 한 장 분량으로 다뤄졌지만, 이후 40년에 대해서는 출애굽기부터 신명기까지 길게 할애되어 있는 것만 봐도 그렇습니다.

이런 면에서 성경은 참 재미있는 책입니다. 한 인생을, 한 나라를, 온 세상을 처음부터 끝까지 다 같은 비중으로 다루지 않습니다. 의미 있고 중요한 한순간을 포착하여 자세하게 다룹니다. 왜 그렇습니까? 하나님이 함께하시고 역사하시는 그 기간이 가장 중요하다는 겁니다. 세례 요한의 경우도 비슷합니다. 오랜 시간 준비해서 짧고 굵게 임팩트를 주고 간 사람이 바로 그였습니다. 그런 요한을 예수님은 여자가 낳은 자 중에 가장 큰 자라고 칭찬하셨습니다. 우리의 삶도 마찬가지입니다. 주님께 쓰임 받을 그때가 인생 최고의 시기입니다. 모세의 40년 주기를 그림으로 표현해 보면 다음과 같습니다.

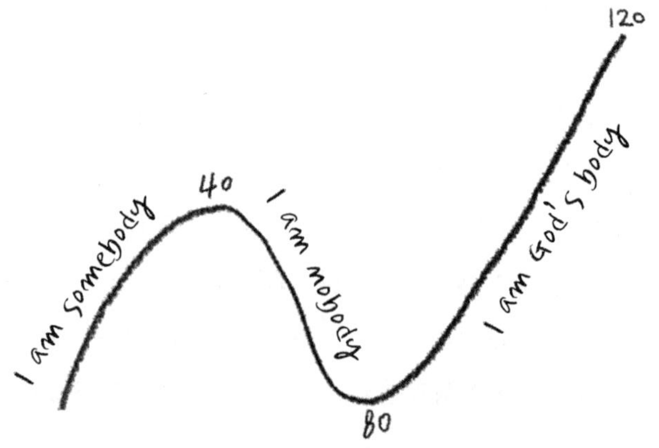

"그의 언약을 기억하사"

우리가 모세의 소명으로 넘어가기 전에 반드시 주목해야 할 부분이 있습니다. 출애굽기 2장과 3장을 연결하는 고리 부분입니다.

> 여러 해 후에 애굽 왕은 죽었고 이스라엘 자손은 고된 노동으로 말미암아 탄식하며 부르짖으니 그 고된 노동으로 말미암아 부르짖는 소리가 하나님께 상달된지라 하나님이 그들의 고통 소리를 들으시고 하나님이 아브라함과 이삭과 야곱에게 세운 그의 언약을 기억하사 하나님이 이스라엘 자손을 돌보셨고 하나님이 그들을 기억하셨더라 (출 2:23~25)

이 말씀에서 핵심은 "언약"입니다. 세월이 많이 흘러가면서 정작 이스라엘 백성은 그 약속을 잊어 갔을지도 모릅니다. 그러나 하나님은 한 번 선포하신 약속을 결단코 잊어버리시는 분이 아니십니다. 이스라엘 백성은 극심한 고난을 통과하면서 하나님을 찾았을 것이고, 그러면서 하나님께서 조상들에게 해 주신 언약을 희미하게나마 기억해내기 시작했을 겁니다. 그것은 간절한 부르짖음으로 이어졌고, 이처럼 하나님의 뜻에 맞게 부르짖었을 때 하나님께 상달되었습니다. 그리하여 하나님께서 응답하신 첫 번째 행동이 바로 지도자 모세를 불러내신 사건이었습니다.

모세의 소명: 말로서!

앞에서 보았던 사도행전 7장 22절을 다시 한 번 떠올려 봅시다. 모세는 애굽의 모든 지혜를 섭렵하고 **말**과 **일**에 능했다고 했습니다. 흥미로운 점은 출애굽기 3장에서는 하나님이 모세를 **말**로 부르시고, 4장에서는 **일**(행위)로 부르셨다는 사실입니다. 다시 말해 모세의 언변 능력이 아닌 하나님의 말씀으로, 모세가 가진 힘(power)이 아닌 하나님의 전능하심으로 불러내셨다는 것입니다. 결국 하나님께서는 모세에게 말씀과 행위로 자신을 계시하신 겁니다. 그 계시를 토대로 이스라엘 백성에게 하나님을 알리고 그들을 애굽에서 건져내라는 것이지요.

좀 더 구체적으로 들어가 보도록 하겠습니다. 어느 날 하나님께서는 여든 살이 된 모세를 찾아오셨습니다. 광야에서 떨기나무는 바람결에 서로 부딪히면서 불이 나기도 합니다. 그러므로 불붙은 떨기나무 자체는 그리 대단한 것이 아닙니다. 문제는 불이 꺼지지 않았다는데 있습니다. 바로 이 점이 모세의 주의를 끌었습니다. 하나님께서 레바논의 백향목 같은 나무나 울창한 나무에 임하시지 않고 쓸모없는 가시떨기나무에 임재하신 것은, 어쩌면 모세의 삶을 간접적으로 보여주고 있는 것인지도 모릅니다.

모세가 가까이 다가갔을 때 하나님은 떨기나무 가운데에서 그를 부르셨습니다. "모세야 모세야!" 그 후 모세에게 "신을 벗으라"고 명령하셨습니다. 그런데 사막에서 신을 벗으면 문제가 심각해집니다. 일단 바닥이 너무 뜨겁고, 주변의 전갈이나 독사에게 물릴 수도 있었습니다. 저는 성지 연수 차 시내산을 등반한 적이 있습니다. 새벽 2시에 올랐다가 오전 10시 이전에 내려온 적이 있는데, 그 이유는 바닥이 너무 뜨거웠기 때문입니다. 이렇듯 신발은 모세에게 생명을 유지하기 위한 최후의 수단과도 같은 것이었습니다.

무엇보다도 그 당시 신을 벗는다는 것은 종들이나 하는 행동이었습니다. 틀림없이 모세는 애굽에 있었을 때 종들의 그런 모습에 익숙했을 겁니다. 그러므로 하나님은 모세를 종으로 부르시며 철저하게 당신께 굴복하고 의존할 것을 명령하시는 것입니다. 하나님의 사람이 되는 것은 '방법'이 아니라 '굴복'입니다. 굴복을 통해서만 하나님 한 분만을 전폭적으로 의지할 수 있기 때문입니다. 한마디로 굴복은 하나님의 말씀에 조건 없이 순종하는 것입니다. 하나님의 손에 사로잡히기 위해서는 내가 붙잡고 있는 방법을 놓아야 합니다.

모세가 신을 벗어야 할 가장 큰 이유는 바로 하나님께서 그 자리에 임재하셨기 때문입니다. "네가 선 곳은 거룩한 땅이니 네 발에서 신을 벗으라"(출 3:5). 왜 그 땅이 거룩합니까? 하나님께서 임재하셨기 때문입니다. 그 순간 모세가 얼마나 큰 충격을 받았을까요? 자기가 생각하기에 그 땅은 척박하고 쓸모없는 땅이었습니다. 무엇보다도 그는 그 땅에서 절망과 고독 속에 한없는 무력감을 경험했을 것입니다. 모세에게는 저주스러운 땅이었을지도 모릅니다. 아마도 양떼들의 분비물로 더럽혀진 땅이었을 것입니다. 그런데 바로 그런 땅에 하나님께서 임재하셨다는 겁니다.

그런데 왜 하나님께서 가시떨기나무같이 쓸모없는 모세를 부르고 계십니까? 첫째는 하나님께서 모세의 조상들에게 하신 약속 때문이었습니다(6절). 둘째는 모세를 부르신 이유가 모세 자신을 위해서가 아니라 그가 인도할 백성을 위함이었기 때문입니다(7~8절). 아브라함을 불러내실 때부터 하나님의 관심은 세상이었고, 그 세상을 구원하기 위해 이스라엘 민족을 축복의 통로로 불러내셨습니다. 이를 위해 자신의 능력으로는 아무것도 할 수 없음을 경험적으로 깨달은 모세에게 하나님께서 찾아오신 겁니다.

셋째는 이스라엘 백성에게 약속의 땅을 주시기 위해서입니다. 하나님의 계획은 단순히 이스라엘 백성을 애굽에서 탈출시키는 데 있지 않았습니다. 구원을 위한 구원은 없습니다! 그들은 젖과 꿀이 흐르는 가나안 땅으로 들어가야 했습니다. 이를 위해 하나님께서는 그 인도를 앞장서서 감당할 자신의 종을 필요로 하셨습니다. 그렇다고 해서 모든 책임이 모세에게 전적으로 있었던 것은 아닙니다. 아래 말씀에는 모세를 부르신 하나님이 어떤 분이신지, 또 장차 무엇을 하실 것인지가 잘 드러나 있습니다.

여호와께서 이르시되 내가 애굽에 있는 내 백성의 고통을 분명히 **보고** 그들이 그들의 감독자로 말미암아 부르짖음을 **듣고** 그 근심을 **알고** 내가 **내려가서** 그들을 애굽의 손에서 **건져내고** 그들을 그 땅에서 **인도하여** 아름답고 광대한 땅, 젖과 꿀이 흐르는 땅 곧 가나안 족속, 헷 족속, 아모리 족속, 브리스 족속,

여기에서 동사의 표현을 주목해 볼 필요가 있습니다. "보고", "듣고", "알고", "내려가서", "인도하여", "데려가려" 누가 그렇게 하겠다는 것입니까? 여호와 하나님이십니다. 결국 이것은 하나님의 사명 선언문이라 할 수 있습니다! 그런데 왜 하나님께서는 모세를 찾아오셔서 "바로에게 가서 내 백성 이스라엘을 인도해 내라"는 사명을 주셨습니까? 모세를 동역자로 삼아 모세를 통하여 일하시겠다는 겁니다. 하나님의 위대한 역사에 모세를 동참시키겠다는 것입니다. 이것이 얼마나 놀라운 축복이고 특권입니까?

하지만 이에 대한 모세의 반응을 보십시오. 이제부터 다섯 번에 걸쳐 모세가 거부하는 모습이 이어집니다. 그 첫 번째가 출애굽기 3장 11절입니다. "내가 누구이기에 바로에게 가며…" 분명한 것은 40년 전의 모세와는 다른 모습이라는 사실입니다. 그 당시 모세는 자신이 할 수 있다고 생각했습니다. 아니, 해야만 한다고 여겼습니다. 동족을 구출해 내야 할 사명이 자신에게 있다고 믿었습니다. 그 사명을 위해 불현듯 일어났고, 애굽 사람을 쳐 죽였으며, 자기 백성 사이에서 재판관이 되기를 원했습니다. 그러나 그때에 하나님께서는 아직 굴복되지 않은 모세를 사용하실 수 없었습니다.

그리고 달라진 모세의 거부에 대한 하나님의 대답은 12절의 "내가 반드시 너와 함께 있으리라"입니다. 이보다 더 놀라운 약속이 주어질 수 있겠습니까? 두 번째 거부는 13절입니다. "하나님이 나를 너희에게 보내셨다 하면 그들이 내게 묻기를 그의 이름이 무엇이냐 하리니" 그에 대한 대답으로 주신 말씀이 저 유명한 "나는 스스로 있는 자이니라"입니다. 이것을 정확하게 해석해 내기는 어렵지만, 핵심은 하나님께서는 누구에게도 의존하실 필요가 없는 스스로 계시는 분이라는 것입니다. 예수님도 이 말씀에 근거해서 요한복음에서 7번이나 "나는…이다"라고 밝히셨습니다.

모세의 소명: 행위로서!

모세의 세 번째 거부부터 하나님께서는 모세를 '행위', 곧 '일'로 부르십니다. 4장 1절을 보겠습니다. "그러나 그들이 나를 믿지 아니하며 내 말을 듣지 아니하고 여호와께서 네게 나타나지 아니하셨다 하리이다" 이때 하나님께서 어떻게 반응하셨습니까? 모세의 손에 쥐고 있던 지팡이를 땅에 던지라고 하십니다. 목자에게 지팡이는 절대적 수단입니다. 양들을 보호할 때와 자신을 방어할 때도 필요합니다. 결국 하나님께서 모세에게 말씀하시는 바는 분명합니다. "네가 의지하고 있는 최후의 수단을 내려놓으라!"

하나님의 명령대로 모세가 지팡이를 던졌더니 그것이 뱀이 되었습니다. 왜 하필 뱀이었을까요? 창세기 3장에 보면 아담과 하와를 유혹한 존재는 뱀이었습니다. 뱀이 제시한 것은 "하나님 없이 네 방법, 네 주먹, 네 머리를 믿고 살아가라"는 최초의 인본주의였습니다. 따라서 하나님께서 모세에게 지팡이를 던지라고 하신 것은 인간이 의지하는 수단과 방편을 포기하라는 의미로 볼 수 있습니다. 우리 안에서 인본주의가 포기될 때 하나님께서는 비로소 우리를 자유자재로 사용하시기 시작합니다.

이어서 하나님께서는 모세에게 다른 명령을 주셨습니다. "네 손을 품에 넣으라"(6절). 그러자 품에 넣었다 꺼낸 모세의 손에는 나병이 생겨 있었습니다. 무슨 의미입니까? 인간의 마음이 부패해 있다는 것입니다. 우리가 예수님을 믿고 죄를 용서받아 거듭났다 하더라도 마음속 깊은 곳에는 여전히 부패가 남아 있습니다. 예레미야 선지자가 한 말에 귀 기울여 보겠습니다. "만물보다 거짓되고 심히 부패한 것은 마음이라 누가 능히 이를 알리요마는 나 여호와는 심장을 살피며 폐부를 시험하고 각각 그의 행위와 그의 행실대로 보응하나니"(렘 17:9~10).

이런 의미에서 우리는 하나님께서 왜 모세를 부르셔서 위대한 인물로 세우시기 전에 그의 손을 품에 넣었다가 꺼내보게 하셨는지 이해할 수 있습니다. 자신의 마음에 있는 부패성을 깨달으라는 것이죠. 하나님께서 찾으시는 사람은 머리를 굴리는 사람이 아닙니다. 하나님께서는 자신의 죄성을 깊이 볼 수 있는 사람, 그 죄성 때문에 아파하고 통곡하는 사람, 가슴을 치며 하나님께 울부짖을 수 있는 사람을 찾으십니다. 그리고 그런 사람을 부르시고 일으키십니다. 모세는 하나님의 명령대로 다시 손을 품에 넣었다가 꺼냈습니다. 그러자 본래의 살로 되돌아왔습니다!

네 번째 거부는 4장 10절입니다. "오 주여 나는 본래 말을 잘 하지 못하는 자니이다 주께서 주의 종에게 명령하신 후에도 역시 그러하니 나는 입이 뻣뻣하고 혀가 둔한 자니이다" 모세도 참 징하죠? 하나님께서 두 가지 기적을 통해 믿을 수 있는 확실한 증거를 주셨음에도 여전히 빼고 있으니 말입니다. 하지만 모세의 주장도 아주 일리가 없는 것은 아닙니다. 이후에도 그는 두 번이나 입이 둔하다는 표현을 합니다(출 6:12, 30). 40년간 미디안 광야에서 양 몇 마리와 지내며 어쩌면 애굽의 언어를 잊어버렸는지도 모릅니다.

저도 4년 정도의 타국 생활을 하고 돌아왔더니 은행에서 카드를 '갱신' 해야 하는데, 그 '갱신'이라는 단어가 입에서 튀어나오지 않아 쩔쩔매던 기억이 있습니다. 한동안 중요한 말들이 금방 튀어나오지 않아 고생했었죠. 모세는 4년이 아닌 40년입니다! 충분히 그럴 수 있다고 생각합니다. 어쨌든 하나님께서는 모세의 거듭된 변명을 다 받아주시면서 이번에도 말씀하십니다. "누가 사람의 입을 지었느냐…이제 가라 내가 네 입과 함께 있어서 할 말을 가르치리라"(11~12절).

이쯤이면 모세도 백기를 들고 항복해야 하지 않을까요? 우리의 모세 씨는 용감하게 한 번 더 튕깁니다. "오 주여 보낼 만한 자를 보내소서"(13절). 이번에는 하나님께서도 더 이상 참지 않으시고 노하셨습니다(14절). 하나님께서 그동안 모세의 반발을 다 받아주셨어도 이것만큼은 허용하시지 않으셨습니다. 나중에 이스라엘 민족에게도 다른 것은 다 받아주시지만, 가나안 땅 정복과 관련하여 나머지 열 명의 정탐꾼이 보고한 것은 받아주시지 않은 것과 마찬가지입니다. 방향 자체를 바꾸어서는 안 된다는 것이죠.

하나님께서는 역시 자상하게 대안도 제시하셨습니다. 형 아론을 대변인으로 붙여 주시겠다는 것입니다. 모세에게는 동역자가 생긴 셈이죠. 팀 사역의 출발입니다! 세 살 많은 형이라 좀 부담스러울 수도 있기에 "너는 그에게 하나님 같이 되리라"라며 모세의 영적 권위도 세워주시겠다고 약속하셨습니다(16절). 더 나아가 바로와 애굽 사람들에게도 그렇게 해주시겠다고 말씀하셨습니다. "내가 너를 바로에게 신 같이 되게 하였은즉"(출 7:1). "그 사람 모세는 애굽 땅에 있는 바로의 신하와 백성의 눈에 아주 위대하게 보였더라"(출 11:3).

저는 이 부분에서 재미있는 상상을 해 보았습니다. 겉으로는 하나님께서 노하셨다고 했지만, "이제야 됐구나! 됐어! 모세!"라며 마음속으로는 웃고 계시지 않았을까요? 왜 그렇습니까? 모세가 이스라엘의 지도자가 되기 위해서 준비했던 "애굽의 모든 지혜와 말과 일이" 완전히 제로(zero)가 되는 순간이었기 때문입니다. 마지막 거부는 모세가 부모에게서 받은 히브리 교육과 애굽의 모든 지식과 훈련이 하나님의 일을 하는 데 아무런 소용이 없다는 사실을 깨닫게 된 경험적 고백인 셈입니다.

40년 동안 쌓아 온 모든 인간적인 교육과 훈련이 아무 소용없게 되었을 때, 그는 포기와 절망 속에서 미디안 광야라는 또 다른 40년을 보내게 되었습니다. 그 기간 동안 그는 낮아질 대로 낮아졌고, 천해질 대로 천해졌습니다. 이제 하나님께서는 자기 같은 사람을 결코 쓰실 수 없다고 확신하게 되었을 때, 하나님께서 모세를 찾아오셔서 부르셨습니다. 드디어 모세는 하나님의 장중에 사로잡혔습니다. 이제 그의 손에는 목자의 지팡이가 아닌 "하나님의 지팡이"가 들려 있습니다(20절).

그리고 그 다음 전개에서 주목해야 할 단어는 **"돌아가다"**입니다(출 4:18~21). 다섯 번이나 등장하는 이 단어를 놓고 볼 때, 모세가 광야에서 보낸 40년은 원래 있어야 할 자리가 아니었다는 뜻이 됩니다. 다시 말해 모세는 본래 사명의 자리로 복귀하는 것입니다. 돌아온 모세는 자기가 경험한 하나님을 **말씀**과 **이적**으로 아론에게 알렸고, 그들은 이스라엘 백성의 리더들을 불러 모았습니다. 아론이 여호와께서 모세에게 이르신 모든 **말씀**을 전하고 그 백성 앞에서 **이적**을 행하였을 때, 백성이 **믿으며** 하나님을 향해 머리 숙여 경배했습니다(출 4:5, 28~31).

모세와 바로의 대면

이제 모세와 아론은 의기양양하게 바로를 찾아갔습니다. 그리고 당당하게 말했습니다. "이스라엘의 하나님 여호와께서 이렇게 말씀하시기를 내 백성을 보내라 그러면 그들이 광야에서 내 앞에 절기를 지킬 것이니라"(출 5:1) 모세와 아론은 뭔가 대단한 일이 금방 일어날 줄 알았을 겁니다. 그런데 웬일입니까? 바로의 반응을 보겠습니다. "바로가 이르되 여호와가 누구이기에 내가 그의 목소리를 듣고 이스라엘을 보내겠느냐 나는 여호와를 알지 못하니 이스라엘을 보내지 아니하리라"(2절). 이 예상치 못한 반응에 모세와 아론이 얼마나 당황했겠습니까?

그뿐 아니었습니다. 바로는 "저것들이 배부른 소리를 한다"며 더욱 악독하게 굴었습니다. 벽돌에 쓸 짚도 더 이상 주지 않고 이스라엘 백성이 직접 줍게 하면서 이전과 같은 수의 벽돌을 만들라는 겁니다. 혹 떼러 갔다가 혹 하나 더 붙인 꼴이 되었습니다. 감독들은 "게으른 놈들"이라며 더 모질게 백성을 몰아 세웠습니다. 속된 말로 백성은 뚜껑이 열렸고 모세와 아론을 향해 저주를 퍼부었습니다. 조금 전까지만 해도 말씀과 이적을 보고 머리 숙여 경배하던 그들이었지만, 시련이 찾아오자 언제 그랬냐는 듯이 확 돌아선 것입니다. 원망과 불평의 싹수가 벌써부터 보이기 시작합니다.

모세는 아마 애굽 사람을 쳐 죽였던 때가 다시 떠올랐는지도 모릅니다. 그때 동족들에게서 받은 트라우마가 재발하는 듯했을 겁니다. 그러나 상황은 비슷해도 그것을 대하는 모세는 달라져 있습니다. 모세는 혈기로 반응하지 않고 하나님께 돌아와 무릎을 꿇었습니다. "주여 어찌하여 이 백성이 학대를 당하게 하셨나이까 어찌하여 나를 보내셨나이까 내가 바로에게 들어가서 주의 이름으로 말한 후로부터 그가 이 백성을 더 학대하며 주께서도 주의 백성을 구원하지 아니하시나이다"(출 6:22~23).

모세가 하나님께로부터 출애굽 작전을 명받았다고 해서 현실의 모든 문제가 사라진 것은 아니었습니다. 마라톤 선수들의 경우 아무리 베테랑일지라도 경기 중 한 번쯤은 포기하고 싶은 생각이 든다고 합니다. 그것을 어떻게 극복하는지 아십니까? 거듭된 훈련을 통해서라고 합니다. 모세 역시 그 순간 포기하고 싶은 마음이 들었을지 모릅니다. 그러나 그는 출애굽 과정에서 각박한 현실과 난관에 봉착할 때마다 하나님 앞에 나아와 무릎을 꿇었습니다. 그러면서 하나님의 위로와 격려를 받아 새 힘을 얻었던 것입니다.

이것이 바로 변화된 모세의 모습입니다. 과거에는 여차하면 주먹부터 나가던 그였지만 이제는 백성들이 원망하고 불평할 때마다 하나님 앞에 엎드렸습니다. 성경은 그런 모세에 대해 "이 사람 모세는 온유함이 지면의 모든 사람보다 더하더라"라고 평가 합니다(민 12:3). 이에 하나님께서는 모세에게 3장 8~10절에서 처음 주셨던 말씀을 다시 언급하시며, 당신이 그 일을 직접 이루시겠다는 약속을 재확인해 주셨습니다(출 6:2~9). 그리고 모세와 아론이 누구인지를 소개하는 족보가 제시되며 출애굽기의 1부가 마무리됩니다(출 6:14~27).

전면전

모세가 바로와 대면했을 때, 바로는 코웃음을 쳤다고 했습니다. "여호와가 누구이기에"라는 바로의 말에 대한 답이 대대적으로 시작됩니다. 이제 바로는 하나님이 누구신지 똑똑히 알게 될 것입니다. 이것은 바로가 하나님의 장자인 이스라엘을 건드린 것에 대한 경고를 무시한 결과이기도 했습니다(출 4:22~23). 그러므로 출애굽 과정은 모세와 바로의 싸움이 아니라 이스라엘의 하나님 여호와와 바로의 신들 간의 싸움이었습니다(출 12:12). 모세는 5장에서의 참패 이후 재격돌에 돌입했습니다. 이 보 전진을 위한 일보 후퇴였던 셈이죠.

하나님께서는 재앙을 통해 애굽의 신들을 하나하나 제거하기 시작하셨습니다. 그 첫 번째가 나일 강의 하수가 피로 변하는 재앙이었습니다. 사실 세계 4대 문명 중 하나인 이집트 문명은 나일 강이 준 선물이라 해도 과언이 아닙니다. 그러니 애굽 사람들이 나일 강을 신처럼 받들었던 것은 너무나 당연한 일입니다. 실제로 성지 연수 때 가본 나일 강은 매우 아름다웠습니다. 흥미로운 사실은 첫 번째 재앙과 마지막 재앙이 모두 '피' 재앙이라는 점입니다. 바로는 요술사들을 동원해서 똑같이 흉내 내게 했고, 그 결과 그의 마음이 더욱 완악해졌습니다.

나일 강을 피로 만드는 첫 번째 재앙에서 시작해, 마지막 재앙인 초태생의 죽음에 이르기까지 재앙들은 '아래에서 위로 올라가는' 원리로 진행됩니다. 첫 재앙은 물이었습니다. 다음 재앙은 수륙양용의 개구리, 세 번째는 이, 네 번째는 파리, 다섯 번째는 가축의 전염병, 여섯 번째는 사람과 짐승에게 생긴 악성 종기였습니다. 이제는 하늘로 올라갑니다. 일곱 번째는 우박, 여덟 번째는 우박을 피한 것들을 다 먹어 치운 메뚜기, 아홉 번째는 3일간의 흑암, 열 번째는 초태생이 죽는 재앙이었습니다. 이것을 도식화하면 다음과 같습니다.

<u>초태생의 죽음</u>

↑

흑암

↑

메뚜기

↑

우박

↑

종기

↑

가축

↑

파리

↑

이

↑

개구리

↑

<u>나일 강</u>

바로의 타협안

하나님께서 열 가지 재앙으로 애굽을 치시는 동안 바로가 잠자코 지켜보기만 한 것은 아니었습니다. 그는 동원할 수 있는 모든 방법으로 막아보려 애썼습니다. 다섯 차례에 걸친 교묘한 타협안 제시가 바로 그것입니다.[15] 바로의 첫 번째 타협안은 거짓말이었습니다. 두 번째 재앙으로 개구리가 온 나라를 뒤덮었을 때, 개구리를 떠나보내면 이스라엘 백성을 내보내 여호와께 제사를 드리게 해 주겠다고 속였습니다. 그러나 바로는 한숨 돌리게 되자 언제 그랬냐는 듯 말을 바꾸었습니다(출 8:8, 15).

전도하다 보면 이런 사람들을 많이 만납니다. "주일 날 교회 갈게요! 다음 번 모임에 갈게요"라고 말하지만 많은 경우 거짓입니다. 대부분의 경우 사탄이 뒤에서 조종하는 것입니다. 세상은 공중의 권세 잡은 자가 쥐고 흔들고 있기 때문에 온갖 거짓말이 난무합니다. 성경에 나오는 최초의 죄도 거짓말이고, 성경에 기록된 마지막 죄도 거짓말입니다. 그래서 예수님은 사탄을 "거짓의 아비"라고 부르셨습니다(요 8:44). 기독교의 대표적인 특징은 정직과 투명성입니다. 왜냐하면 모든 것을 다 보시고 아시는 하나님 앞에서 그리스도인들이 살아가기 때문입니다.

두 번째 타협안은 네 번째 파리 재앙 때 등장합니다. "너희는 가서 이 땅에서 너희 하나님께 제사를 드리라"(출 8:25). 여기서 중요한 것은 "이 땅에서"입니다. 하나님께서 말씀하신 것은 "광야로 사흘 길쯤 가서"입니다(출 5:3). 이것은 애굽과의 완전한 분리를 의미합니다. 그러나 바로의 제안은 하나님을 그의 영향력 아래 두고 애굽의 많은 신들 가운데 하나로 여기라는 것이었습니다. 이에 대해 모세는 단호하게 거부했습니다(출 8:26). 바로의 말은 세상 사람들이 술도 마시고 노름도 하는 등 즐길 것 다 즐기면서 적당히 하나님을 섬기라는 유혹과 마찬가지입니다.

세 번째 타협안은 더 교묘합니다. "너희가 너희의 하나님 여호와께 광야에서 제사를 드릴 것이나 너무 멀리 가지는 말라"입니다(출 8:28). 이 말은 너무 극단적이 되지 말라, 광신자처럼 굴지 말라는 뜻입니다. 한마디로 외골수처럼 편협하게 행동하지 말라는 것이죠. 기독교 신앙은 중간이 존재하지 않습니다. 차든지 덥든지 둘 중 하나입니다. 세상 사람들이 우리를 향해 "적당히 하지 그래? 넌 왜 그렇게 유난이야? 일요일에 예배만 드리면 되지! 성경공부까지 꼭 해야 해? 새벽기도를 굳이 해야 해?"라고 말하는 것들이 다 이에 속합니다.

네 번째 타협안은 정말 간교하기 짝이 없습니다. "너희 장정만 가서 여호와를 섬기라"(출 10:11). 처자식을 애굽에 두고 떠날 수 있는 남자는 없습니다. 게다가 바로의 말대로라면 가족의 일부는 여호와 하나님을 섬기고, 일부는 다른 신들을 섬기게 되어 종교적으로 가정이 나뉘게 됩니다. 이런 제안을 한 것을 보면 바로가 거의 천재인 것 같습니다. 사실 바로는 신의 아들로 자처했기 때문에 이것이 바로만의 계략은 아니었습니다. 지금도 사탄은 얼마든지 우리에게 여러 가지 함정이 숨어 있는 음흉한 술책들을 제시합니다.

마지막 타협안은 출애굽기 10장 24절에 등장합니다. "너희는 가서 여호와를 섬기되 너희의 양과 소는 머물러 두고 너희 어린 것들은 너희와 함께 갈지니라." 이 제안은 아홉 번째 흑암 재앙 이후, 바로가 모세를 불러 다급한 마음에 제시한 것입니다. 이 타협안에는 무서운 계책이 도사리고 있었습니다. 왜입니까? 피 없는 기독교로 만들려는 것이기 때문입니다. 피가 없으면 더 이상 기독교가 아닙니다. 세상의 모든 종교는 인간의 노력으로 이루어지지만, 기독교는 대속의 종교이기 때문에 피로 말미암아 이루어집니다.

하나님의 지혜와 능력, 십자가!

바로는 간교한 타협안을 제시했지만 모세는 한순간도 망설이거나 주저하지 않고 모두 거부했습니다. 이미 여덟 번째 재앙에서 애굽의 경제는 초토화되었고, 신하들은 왕에게 아직도 애굽이 망한 줄 모르냐며 당장 이스라엘 백성을 내보낼 것을 간곡히 호소했습니다. 아홉 번째 흑암의 재앙 이후 애굽은 마지막 열 번째 재앙을 기다리는 상황이었습니다. 우리는 여기서 중요한 한 가지를 생각해 보아야 합니다. 사도행전 7장 22절에 따르면, 모세는 애굽의 모든 지혜를 섭렵한 사람이었습니다.

우리는 이미 앞에서 모세가 말과 일에 능했다는 것을 살펴보았습니다. 이번에는 애굽의 모든 지혜와 연관해서만 보겠습니다. 만일 모세가 자기의 지혜로 이스라엘 백성을 애굽에서 탈출시켰다면 어떻게 되었을까요? 예를 들면 이런 방법입니다. 모세가 애굽을 호시탐탐 노리던 주변 국가들과 내통하고 그들이 쳐들어왔을 때 공동 연합전선을 구축해서 애굽 정부를 전복시키는 겁니다. 이는 북한이 남한에 간첩을 남파시켜 동조 세력들을 확장하는 전략과 비슷합니다.

또 모세가 애굽에 잡혀 온 세력들과 바로의 반대파들을 모두 규합해서 폭동을 일으켰다고 상상해 보겠습니다. 물론 그럴 리는 없지만, 설령 모세 쪽이 승리했다고 해봅시다. 그 과정에서 양쪽 모두 엄청난 손실을 입을 것이고 이스라엘 백성 역시 수많은 사람들이 피를 흘리며 죽었을 겁니다. 어쨌든 이 모든 결과로 누가 영광을 얻었겠습니까? 하나님입니까? 모세입니까? 그렇습니다! 모세가 높아지는 것입니다. 하나님의 계획은 인간의 지혜와 방법에 있지 않습니다. 하나님께서는 당신의 계획과 방법으로 당신의 거룩한 이름이 높아지기를 원하셨습니다.

그 방법이 무엇입니까? 바로 십자가의 복음입니다. 이미 앞에서 복음은 십자가의 죽음과 부활이라고 했습니다. 그것만이 죄와 심판과 사망의 문제를 해결할 수 있기 때문입니다. 그렇다면 구약성경이 제시하는 복음은 어떻게 드러났습니까? 출애굽기 12장과 14장을 통해서입니다. 12장이 보여주는 마지막 재앙의 핵심은 어린 양을 잡아 그 피를 집 문 좌우 기둥과 꼭대기에 바르는 일이었습니다. 그렇게 할 때 죽음의 사자가 그 피를 보고 넘어간다는 것입니다. 바울 사도는 이때 죽임을 당한 어린 양이 예수 그리스도의 모형이었다고 말했습니다(고전 5:7).

그뿐만 아니라 바울 사도는 14장에서 이스라엘 백성이 홍해를 육지처럼 건넌 사건을 세례로 해석하면서 예수 그리스도의 부활을 강조했습니다(고전 10:1~2; 롬 6:1~11). 이로써 출애굽한 이스라엘 백성을 통해 구원론의 핵심인 예수님의 십자가 죽음과 부활에 대한 모형이 완벽하게 제시된 셈입니다. 이로써 하나님의 계획은 이스라엘 백성이 피 한 방울 흘리지 않고 머리털 하나 상하지 않은 채 애굽에서 탈출하는 것이었음을 알 수 있었습니다. 이것을 신약적으로 말하면 십자가입니다. 십자가는 하나님의 지혜요 능력입니다(고전 1:24).

이처럼 두 사건을 통해서 출애굽한 이스라엘 백성은 완전한 구원을 얻었습니다. 그들 뒤에는 홍해가 가로막고 있어서 돌아갈 수 없었습니다. 애굽과의 완전한 결별이 이루어진 셈입니다. 이제 그들은 젖과 꿀이 흐르는 땅을 향하여 앞으로 나아가야 했습니다. 출애굽기 15장은 구원의 감격을 노래한 찬양이고, 16장은 만나와 메추라기를 통해 먹을 것이 공급된 이야기며, 17장은 반석에서 물이 터져 나오고 아말렉과의 전쟁에서 승리한 사건입니다. 마지막 18장에서는 시내산 기슭에 도착한 이스라엘의 행정조직이 갖추어집니다.

이스라엘의 정체성과 사명

뷰포인트
출애굽기 19:1~6

이전 에피소드에서는 출애굽기 1장부터 18장까지를 통해 하나님께서 말씀과 행위로 모세를 부르신 것을 살펴보았습니다. 또한 이스라엘을 애굽에서 나오게 한 것이 모세가 소유한 애굽의 지혜가 아니라 하나님의 지혜와 능력이었음도 확인했습니다. 이번 시간에는 출애굽기의 궁극적인 목적이 무엇인지, 그리고 그것이 어떻게 출애굽한 이스라엘 백성의 정체성과 사명으로 이어지는지를 살펴보려고 합니다. 그 결과 왜 신약 교회를 가리켜 "택하신 족속이요, 왕 같은 제사장들이요, 거룩한 나라요, 그의 소유된 백성"이라고 했는지를 보다 잘 이해할 수 있을 것입니다(벧전 2:9).

출애굽기의 구조

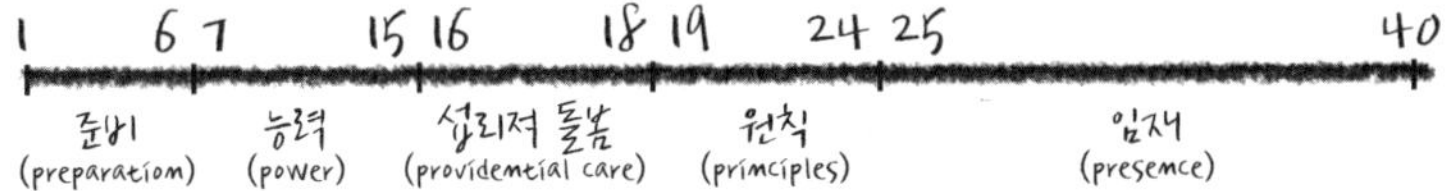

위에서 볼 수 있는 것처럼 출애굽기는 크게 다섯 부분으로 나눌 수 있습니다.[16] 첫 번째 부분은 1장부터 6장까지로 준비(preparation)라고 할 수 있습니다. 이 부분에서는 이스라엘이 한 나라를 이룰 만큼 폭발적으로 인구가 불어난 모습과 장차 이스라엘 백성을 애굽에서 인도해 낼 지도자 모세가 준비되는 과정을 보여줍니다. 그러니까 하나님은 이스라엘이라는 한 민족을 탄생시키는데 애굽이라는 나라를 자궁으로 삼으신 것입니다. 두 번째 부분은 7장부터 15장까지로 능력(power)이라 이름 붙일 수 있습니다. 하나님께서 열 가지 재앙과 홍해를 가르신 능력으로 이스라엘 백성이 애굽에서 나오는 장면이 묘사됩니다.

세 번째 부분은 16장부터 18장까지로 섭리적 돌봄(providential care)에 해당합니다. 홍해를 건넌 후 애굽과 완전히 결별했지만, 광야를 통과해 시내산에 이르기까지 생존을 위한 기본적인 필요들이 하나님의 은혜로운 돌봄 속에서 공급되는 과정이 극적으로 연출됩니다. 네 번째 부분은 19

장부터 24장까지로 하나님의 기준과 원칙(principles)이 제시됩니다. 지금까지는 주로 하나님께서 능력으로 행동하신 역사(works)가 중심이었다면, 이 부분에서는 말씀(words)하시면서 이스라엘 백성에게 자신의 성품을 드러내십니다.

마지막 다섯 번째 부분은 25장부터 40장까지로 하나님의 임재(presence)를 다룹니다. 이 부분은 분량 면에서 볼 때 출애굽기 전체 중 가장 긴 부분에 해당합니다. 좀 더 세분화해 보면, 25~31장에는 성막에 대한 청사진이 제시되고, 32~34장에는 금송아지 사건이 등장하며, 35~40장에는 성막이 완성되는 과정이 섬세하게 묘사됩니다. 특별히 성막이 완성된 후 하나님의 영광이 그 위에 충만하게 임하신 모습은 가장 극적인 장면으로 펼쳐집니다. 지금까지 다섯 부분을 눈여겨보면, 모두 영어철자 p로 시작한 것을 알 수 있습니다.

출애굽기의 궁극적인 목적

우리는 앞에서 출애굽기의 전체적인 개요에 대해 구조를 통해 간략하게나마 살펴보았습니다. 어떤 건물도 주먹구구식으로 아무렇게나 지어지지 않습니다. 설계도에 따라 체계적으로 완성됩니다. 마찬가지로 성경도 체계적인 구조를 지니고 있습니다. 쉽게 말해서 구조 자체가 전달하려는 메시지가 있는 것이죠. 그렇다면 출애굽기 전체의 궁극적인 목적은 무엇일까요? 우리말 성경의 제목대로라면 애굽을 탈출하는 이야기입니다. 그러나 출애굽기를 구성하는 40장 전체에서 애굽을 탈출한 이야기는 많아야 15장 분량밖에 되지 않습니다.

그렇다면 나머지 25장의 분량은 어떻게 되는 겁니까? 여기에서 우리가 그동안 피상적으로 알아 왔던 출애굽기 이해의 문제가 드러납니다. 이를 해결하기 위해 책의 이름부터 다시 보겠습니다. 영어 성경에서 출애굽기는 '엑소더스'(Exodus)입니다. 이 제목은 그리스어로 '~로부터'를 뜻하는 전치사 '에크'(ἐκ)와 '길'을 의미하는 '호도스'(ὁδός)가 결합된 말입니다. 풀어쓰면 '출구'(the way out)쯤 될 것입니다. 이를 출애굽기에 적용하면, 단순히 애굽이라는 물리적 속박으로부터 이스라엘이 벗어나는 일만을 의미하지 않음을 알 수 있습니다.

왜 그렇습니까? 이스라엘 백성의 문제는 하나님을 제대로 알지 못한다는 점입니다. 한마디로 영적으로 무지하다는 거죠. 하나님께서도 이 점을 분명하게 지적하십니다. "나는 여호와이니라 내가 아브라함과 이삭과 야곱에게 전능의 하나님으로 나타났으나 나의 이름을 여호와로는 그들에게 알리지 아니하였고"(출 6:2~3). 하나님께서는 이스라엘 백성에게 자신이 누구신지 알리길 원하셨고, 그들을 통해 하나님이 더욱 널리 알려지길 바라셨습니다. 그렇기 때문에 출애굽기에는 "~가 나를 여호와인 줄 알리라"는 문구가 반복해서 등장합니다.[17]

> 그러므로 이스라엘 자손에게 말하기를 나는 여호와라 내가 애굽 사람의 무거운 짐 밑에서 너희를 빼내며 그들의 노역에서 너희를 건지며 편 팔과 여러 큰 심판들로써 너희를 속량하여 너희를 내 백성으로 삼고 나는 너희의 하나님이 되리니 나는 애굽 사람의 무거운 짐 밑에서 너희를 빼낸 너희의 하나님 **여호와인 줄 너희가 알지라** (출 6:6~7)

> 내가 내 손을 애굽 위에 펴서 이스라엘 자손을 그 땅에서 인도하여 낼 때에야 애굽 사람이 나를 **여호와인 줄 알리라** 하시매 (출 7:5)

> 여호와가 이같이 이르노니 네가 이로 말미암아 나를 **여호와인 줄 알리라** (출 7:17)

> 그 날에 나는 내 백성이 거주하는 고센 땅을 구별하여 그 곳에는 파리가 없게 하리니 이로 말미암아 이 땅에서 내가 **여호와인 줄을 네가 알게 될 것이라** (출 8:22)

네게 내가 애굽에서 행한 일들 곧 내가 그들 가운데에서 행한 표징을 네 아들과
네 자손의 귀에 전하기 위함이라 너희는 내가 **여호와인 줄을 알리라** (출 10:2)

내가 바로의 마음을 완악하게 한즉 바로가 그들의 뒤를 따르리니 내가 그와
그의 온 군대로 말미암아 영광을 얻어 애굽 사람들이 나를 **여호와인 줄 알게
하리라** 하시매 무리가 그대로 행하니라 (출 14:4)

내가 바로와 그의 병거와 마병으로 말미암아 영광을 얻을 때에야 애굽
사람들이 나를 **여호와인 줄 알리라** 하시더니 (출 14:18)

내가 이스라엘 자손의 원망함을 들었노라 그들에게 말하여 이르기를 너희가
해 질 때에는 고기를 먹고 아침에는 떡으로 배부르리니 내가 **여호와 너희의
하나님인 줄 알리라** 하라 하시니라 (출 16:12)

그들은 내가 그들의 하나님 여호와로서 그들 중에 거하려고 그들을 애굽
땅에서 인도하여 낸 줄을 **알리라 나는 그들의 하나님 여호와니라** (출 29:46)

너는 이스라엘 자손에게 말하여 이르기를 너희는 나의 안식일을 지키라 이는
나와 너희 사이에 너희 대대의 표징이니 나는 너희를 거룩하게 하는 **여호와인
줄 너희가 알게 함이라** (출 31:13)

하나님께서는 자신이 누구신지를 일차적으로는 이스라엘 백성에게, 더 나
아가 바로와 애굽 사람들에게, 결과적으로는 세상 모든 사람들에게 알리
길 원하셨습니다. 이로써 하나님께서 이스라엘 백성을 출애굽시키는 과정
에서 열 가지 재앙으로 애굽을 치시고, 홍해를 가르시며, 시내산에 도달할
때까지 필요를 채우신 이유를 알 수 있습니다. 바로 '행위'를 통해 당신을

알리신 것입니다. 더 나아가 그들이 시내산에 도착한 후에 하나님께서 그들 가운데 임재하시고 십계명과 율법을 주신 것은 '말씀'을 통해 자신을 알리신 사건입니다.

우리가 흔히 "저 사람은 뭐든지 믿을 수 있어"라고 말할 때가 있습니다. 어떻게 그 사람이 하는 것을 다 믿을 수 있습니까? 직접 경험했기 때문입니다. 그렇다면 구체적으로 그 사람의 무엇을 경험했다는 말입니까? 두 가지, 말과 행위입니다. 말은 어떤 사람이 자신을 알리기 위해 사용하는 표현 수단입니다. 행동은 그 말의 신빙성을 검증해줍니다. 그러므로 사람의 인격은 말과 행위와 불가분의 관계에 있습니다. 사도 요한이 요한복음에서 일곱 가지 표적과 일곱 가지 말씀을 통해 예수님이 누구신지를 소개한 것도 바로 이러한 이유에서입니다.

이처럼 하나님께서 말씀과 행위로 자신을 계시하심으로써 이스라엘은 하나님이 누구신지를 분명히 알 수 있었습니다. 그 단적인 증거가 홍해를 건넌 후 그들이 경험한 구원을 노래한 장면입니다. "여호와는 **나의 힘**(my strength)이요 **노래**(my song)시며 **나의 구원**(my salvation)이시로다 그는 **나의 하나님**(my God)이시니 내가 그를 찬송할 것이요 내 아버지의 하나님이시니 내가 그를 높이리로다 여호와는 용사시니 **여호와는 그의 이름이시로다**"(출 15:2~3). 여기에서 영어 대명사 "my"를 주목해 보십시오. 이 노래는 모세와 이스라엘 백성이 함께 부른 것입니다. 그러니까 그들은 여호와 하나님이 어떤 분이신지를 똑똑히 깨달았던 것입니다.

여호와 하나님은 사랑의 하나님, 언약을 맺으시는 하나님, 인간의 희로애락을 아시는 하나님, 우리와 함께하시는 하나님이라는 뜻입니다. 그렇기 때문에 여호와라는 말에는 하나님의 성품이 깃들어 있습니다. 저는 어느 날 이 말씀을 묵상하면서 가슴속 깊은 곳에서 터져 나오는 감동으로 찬양하지 않을 수 없었습니다. ♬ 내가 주를 찬송하리, 높고 영화로우신 주. 말과 적군을 이기셨네. 여호와는 나의 힘과 나의 노래가 되시네. 나의 하나님 찬송하며 내가 주를 높이리로다♪ 그렇습니다! 여호와는 그의 이름입니다! 할렐루야!

그렇다면 나머지 25장부터 40장까지 성막에 대한 내용이 왜 등장하는지 이해할 수 있습니다. 하나님께서 말씀과 행위로 이스라엘 백성에게 당신을 알리신 이유는 먼저 그들의 영적인 무지를 깨우치시기 위함이었습니다. 이제 그들이 하나님이 어떤 분이신지를 알았기 때문에 그분과 함께 거할 수 있게 된 것입니다. 조금 더 자세하게 설명하면, 하나님께서 시내산에서 이스라엘 백성에게 임재하신 이유는 그들과 함께 거하기 위해서였습니다. 이것이 출애굽기의 궁극적인 목적입니다. 다음의 두 구절을 주목해서 보십시오.

내가 애굽 사람에게 어떻게 행하였음과 내가 어떻게 독수리 날개로 너희를 업어 **내게로 인도하였음을** 너희가 보았느니라 (출 19:4)

그들은 **내가 그들의 하나님 여호와로서 그들 중에 거하려고** 그들을 애굽 땅에서 인도하여 낸 줄을 알리라 나는 그들의 하나님 여호와니라 (출 29:46)

인간의 진짜 문제는 생명과 축복의 주인이신 하나님으로부터 분리되어 있다는 점입니다. 아담과 하와가 타락했을 때 하나님의 영이 인간에게서 떠나갔기 때문입니다. 그 이후 모든 인간은 하나님의 영이 없는 상태에서 태어납니다. 그 모습을 사도 바울은 "그는 허물과 죄로 죽었던 너희를 살리셨도다"라고 말하면서 모든 인간이 영적으로 죽었음을 선포합니다(엡 2:1). 그러므로 아담과 하와가 타락한 이후 하나님의 간절한 소원은 다시 인간 안에 들어오시는 것이었습니다.

그것이 처음 이루어진 사건이 출애굽기 19장입니다. 하나님께서 시내산에 머물던 이스라엘 민족 전체에게 임재하신 사건입니다. 이전에는 하나님께서 개별적으로 때와 장소와 상관없이 찾아오셨습니다. 그러나 이제부터는 이스라엘 백성 안에 거하실 것입니다. 어떻게요? 성막 안 지성소를 통해서 말입니다. 이것이 출애굽기의 궁극적인 목적입니다. 물론 이스라엘은 물리적 속박에서 벗어나야 합니다. 또한 생존을 위한 기본적인 필요에서 벗어나야 합니다. 그러나 더 중요한 것은 영적 무지에서 벗어나 하나님을 알고 그 하나님과 함께 거해야 합니다.[18]

이러한 측면에서 사도 요한이 영생에 대하여 어떻게 정의했는지 살펴보는 것은 의미가 있습니다. "영생은 곧 유일하신 참 하나님과 그가 보내신 자 예수 그리스도를 아는 것이니이다"(요 17:3). 요한은 영생을 시간의 길이가 아니라 관계의 질적인 측면에서 설명했습니다. 다시 말해, 영생이란 창조주 하나님과 구속자이신 예수 그리스도를 아는 것, 즉 친밀하게 교제하고 경험하는 것입니다. 더 나아가 이러한 "사귐"은 주변으로 확대되어 나가야 합니다(요일 1:1~3).

이스라엘의 정체성과 사명

출애굽기의 궁극적인 목적을 이스라엘의 정체성과 사명이라는 측면에서 좀 더 깊이 살펴보겠습니다. 이를 위해 이스라엘 백성에게 주어진 지상명령이라 불리는 출애굽기 19장 1~6절에 집중해 보겠습니다.[19] 이스라엘 백성은 애굽 땅을 떠난 지 석 달이 되던 날 시내산에 도착했습니다(출 19:1). 보다 정확하게 말하면 1월 15일이 시작되는 밤에 애굽에서 출발하여, 3월 1일에 시내산에 도착했습니다(민 33:3). 그리고 사흘 후, 하나님께서 그들 가운데 민족적으로 임재하셨습니다. 전체 여정은 50여 일이 걸린 셈이죠.

그렇다면 우리는 두 가지 질문을 해 볼 수 있습니다. 사실 하나님께서는 이스라엘 백성을 애굽에서 나오게 하셔서 약속의 땅 곧 젖과 꿀이 흐르는 가나안으로 들여보내길 원하셨습니다.[20] 최단 거리인 해안길을 이용한다면 최소 2주 정도면 가나안에 도착할 수 있었습니다. 그러나 하나님께서는 이스라엘을 그 길로 인도하지 않으셨습니다. 왜 그랬을까요? 당시 해안길은 애굽 문명과 메소포타미아 문명을 연결하는 중요한 무역로 중 하나로, 애굽의 국경 수비대가 그 길목을 지키고 있었기 때문입니다.

여기에 하나님의 놀라운 보호와 지혜가 담겨 있습니다. 만일 이스라엘이 그 길로 갔다면 피차간에 무력 충돌이 불가피했을 것입니다. 게다가 이스라엘 백성은 400여 년간 애굽에서 종노릇하던 오합지졸이었기 때문에, 전쟁을 맞닥뜨리면 두려워서 애굽으로 돌아갈 것을 하나님께서는 아셨습니다. 그래서 그들을 해안길이 아닌 홍해의 광야길로 돌려 인도하신 것입니다(출 13:17~18). 인간적으로 보면 돌아가는 길 같았지만 결과적으로는 지름길이 된 셈입니다. 이러한 하나님의 인도를 가리켜 '돌아가는 지름길'이라고 합니다.

광야길은 모세의 위대함이 돋보이는 부분이기도 합니다. 모세는 애굽에서 배운 학술과 무술 그리고 언변의 능력에 의지해서 이스라엘 백성을 인도하지 않았습니다. 또한 미디안 광야에서 습득한 자기 방법, 지식, 경험에도 의지하지 않았습니다. 만약 그러한 것들을 좇았다면 당연히 '광야길'이 아닌 '해안길'로 인도했어야 마땅합니다. 그러나 모세는 모든 것을 내려놓고 하나님만을 의지했습니다. 이스라엘이 하나님의 임재와 인도 없이 자기 힘으로 가나안 땅을 점령하려고 직행했을 때 패한 것은 지극히 당연한 결과였습니다(민 14:39~45).

'돌아가는 지름길'의 대표적인 사례가 바울의 로마행입니다. 바울은 어떻게 해서든 로마에 있는 성도들에게 갈 수 있는 최선의 길을 놓고 기도했습니다(롬 1:10). 그러나 결과적으로 바울은 죄수의 몸으로 로마에 갔습니다. 그것도 몇 년이 걸렸고, 계속해서 감옥에 있었습니다. 심지어 로마에 가서 순교하기까지 했습니다. 인간적으로 보면 그것은 "좋은 길"이 아니었습니다. 그러나 바울은 "좋은 길"만 구한 것이 아니라 "하나님의 뜻 안에서" 구했습니다. 가는 방법보다 하나님의 뜻대로 가는 것이 더 중요했기 때문입니다.

하나님은 바울의 기도대로 신실하게 응답하셨습니다. 왜 그렇게 말할 수 있을까요? 우선 바울이 죄수의 신분으로 갔기 때문에 여러 가지 이점이 생겼습니다. 요즘 세상에도 해적과 강도가 있습니다. 당시는 더 심했겠죠? 바울은 죄수의 신분으로 이동하면서 수백 명의 호위병과 함께 갔습니다. 덕분에 강도와 해적의 위협에서 보호받을 수 있었습니다. 그뿐만 아니라 뱃삯, 식비, 숙박비도 전혀 들지 않았습니다. 얼마나 많은 비용이 절약되었겠어요? 게다가 감옥 속에서는 하나님께서 옆에 사람들만 바꿔주시면서 바울이 계속해서 복음을 전하게 하셨습니다! 확실히 돌아가는 지름길이었습니다!

또 한 가지 질문은, 왜 하나님께서 약 두 달에 걸쳐 이스라엘 백성을 시내 반도의 끝자락에 위치한 시내산으로 인도하셨느냐는 것입니다. 게다가 그들이 얼마나 오랫동안 그곳에서 머물렀는지 아십니까? 이 질문을 던지면 많은 분들이 정확하게 대답하지 못합니다. 그 기간은 약 11개월 15일 정도입니다. 어떻게 그런 계산이 나올 수 있느냐고요? 민수기 10장 11~12절을 보겠습니다. **"둘째 해 둘째 달 스무날에** 구름이 증거의 성막에서 떠오르매 이스라엘 자손이 시내 광야에서 출발하여 자기 길을 가더니 바란 광야에 구름이 머무니라"

성경에 장과 절이 있는 것은 처음부터 그러했던 것이 아닙니다. 성경을 좀 더 쉽게 찾을 수 있도록 돕는 장치로 나중에 삽입되었죠. 그런데 이 장과 절이 성경 통독을 방해할 때가 있습니다. 바로 이 경우가 그렇습니다. 제가 장과 절을 나누었다면 10장 11절에서 새로운 장이 시작되게 했을 겁니다. 이제 출애굽기 19장 1절과 민수기 10장 11절을 연결해서 보면 다음과 같은 그림을 그릴 수 있습니다.

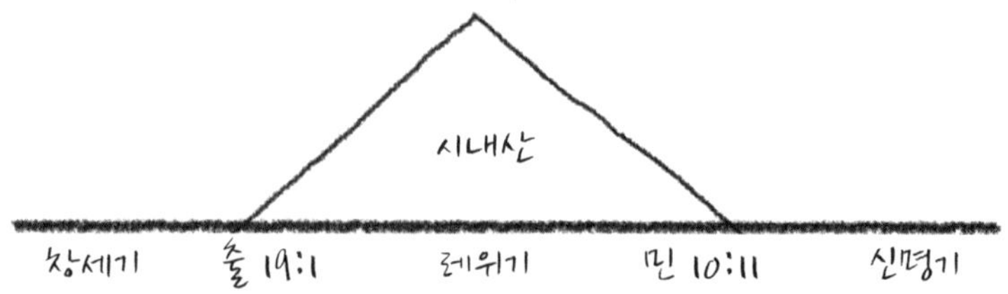

여러분! 이제 성경의 처음 다섯 권이 입체적으로 보이시나요? 이스라엘 백성이 시내산에 도착하여 머물렀던 기간만 잘 이해해도 성경을 깨닫는 데 굉장한 도움이 됩니다. 이 기간 동안 십계명과 율법은 물론, 레위기 전체와 민수기 10장의 일부까지가 주어졌습니다. 한마디로 우리가 통상 율법이라고 부르는 대부분의 내용이 이 기간 동안에 주어진 것이죠. 그렇다면 앞서 던졌던 질문으로 돌아가 보겠습니다. 왜 하나님께서 약 두 달에 걸쳐 이스라엘 백성을 시내산으로 인도하시고, 그곳에서 11개월 15일 동안이나 붙잡아 두셨을까요?

이 질문을 꼭 염두에 두고 앞으로 전개되는 내용에 집중해 보기 바랍니다. 그 해답을 찾는 열쇠가 바로 아래 말씀에 담겨 있습니다.

> 내가 애굽 사람에게 어떻게 행하였음과 내가 어떻게 독수리 날개로 너희를 업어 내게로 인도하였음을 너희가 보았느니라 세계가 다 내게 속하였나니 너희가 내 말을 잘 듣고 내 언약을 지키면 너희는 모든 민족 중에서 내 소유가 되겠고 너희가 내게 대하여 제사장 나라가 되며 거룩한 백성이 되리라 너는 이 말을 이스라엘 자손에게 전할지니라 (출 19:4~6)

이 말씀은 이스라엘 백성이 시내산에 도착했을 때 하나님께서 모세를 통해 주신 말씀입니다. 4절에서 "내가 애굽 사람에게 어떻게 행하였음과"라는 말씀은 출애굽기 7장부터 14장까지를 요약한 것으로 하나님께서 열 가지 재앙과 홍해 사건을 통하여 애굽을 치신 일을 가리킵니다. 다음으로, "내가 어떻게 독수리 날개로 너희를 업어 내게로 인도하였음을"이라는 구절은 출애굽기 15장부터 18장까지의 사건을 요약한 표현입니다(신 32:11~12). 결국 정리해 보면 이스라엘은 시내산에 도착할 때까지 하나님의 능력과 사랑을 '경험'한 것입니다.

그다음 말씀은 굉장히 놀랍습니다! "세계가 다 내게 속하였나니" 왜 뜬금없이 "세계"란 말이 툭 튀어나왔을까요? 도대체 이스라엘의 구원과 세계가 무슨 관계가 있을까요? 이 말씀은 하나님의 관심이 바로 온 세상에 있다는 것을 의미합니다. 다시 말해 이스라엘 백성을 애굽에서 불러내신 이유는 온 세상의 구원과 회복을 위한 것이었습니다. 우리는 창세기 12장에서 하나님께서 아브라함을 부르신 목적이 온 세상을 위한 것이었음을 이미 보았습니다. 이스라엘도 마찬가지입니다.

구체적으로 이스라엘은 어떻게 세상과의 관계에서 하나님의 목적을 성취할 수 있을까요? 바로 언약 관계를 통해서입니다. 그러나 그 언약은 일방적인 것이 아니었습니다. "너희가 내 말을 잘 듣고 내 언약을 지키면" 하나님은 언제나 인간의 자유의지를 존중하십니다. 즉 인간을 인격적으로 대해 주신다는 뜻입니다. 따라서 하나님은 이스라엘 백성이 자발적으로 당신과의 언약 관계 안에 들어오길 원하셨습니다. 이것이 바로 저 유명한 시내산 언약입니다. 앞으로 이스라엘의 역사는 이 언약에 얼마나 충실했느냐에 따라 그 운명이 결정될 것입니다.

그렇다면 하나님의 언약 백성이 될 이스라엘은 어떤 정체성과 사명을 지니고 있습니까? 세 가지입니다. "내 소유가 되겠고", "제사장 나라가 되며", "거룩한 백성이 되리라" 먼저, 이스라엘은 하나님의 소유가 되어야 했습니다. 여기서 "소유"는 원어적으로 귀중한 보석을 뜻합니다. 우리가 귀금속을 품 안에 간직하고 귀하게 여기듯, 하나님께서 이스라엘을 소중하게 여기고 보호하시겠다는 것입니다. 한마디로, 하나님께서 이스라엘과 **특별**

한 관계(special relationship)를 맺으시겠다는 것이죠. 그것이 바로 언약을 통해서 표현되었습니다.

다음으로 이스라엘이 하나님께 대하여 제사장 나라가 되어야 했습니다. 아직 성막이 제시되기 전이라 그들이 이 말씀을 들었을 때는 틀림없이 애굽에서 보았던 제사장들을 떠올렸을 것입니다. 물론 나중에는 그 의미를 더 깊이 이해했겠지만, 적어도 제사장이란 신과 백성 사이에서 중재 역할을 하는 사람이라는 것쯤은 알았을 겁니다. 그러나 한 나라 안에서가 아니라 온 세상과 하나님 사이에서 중간 역할을 해야 했으므로 "제사장 나라'라고 한 것입니다. 이것은 이스라엘의 **사명**(mission)이라고 볼 수 있습니다.

마지막으로, 이스라엘은 거룩한 백성이 되어야 했습니다. 우리가 이 의미를 잘 이해하기 위해서 먼저 '거룩'에 대해 알아야 합니다. '거룩'의 일차적인 뜻은 '구별됨' 또는 '분리'입니다.[21] 쉽게 표현하면 '다름'입니다. 이스라엘을 애굽에서 건져내신 하나님께서는 세상의 그 어떤 신과도 다른 분이시기 때문에, 그 하나님의 구속을 받은 백성이라면 구속받은 백성답게 다름을 보여주면서 살아야 합니다. 결국 이 말씀은 이스라엘 백성이 세상에서 살아내야 할 **윤리**(ethics)입니다.

그러므로 하나님께서 이스라엘 백성을 출애굽시키신 목적은 그들과 특별한 관계를 맺기 위함이었습니다. 에스겔의 표현대로라면, 더러워진 여인을 구출해 정결하게 한 후 신부로 삼아주셨다고 했습니다(겔 16장; 참고 렘 32:32). 부부보다 더 친밀한 관계는 없는 것처럼 말이죠. 그런데 그 목적은 이스라엘 백성이 하나님을 알고 닮아가도록 하기 위함이었습니다. 이것이 거룩한 백성의 의미입니다. 그렇다면 왜 거룩한 백성이 되어야 합니까? 바로 사명 때문입니다. 다시 말해 온 세상에 하나님이 어떤 분이신지를 알리는 사명을 수행하기 위해서입니다.

거룩한 삶의 중요성

결국 핵심은 거룩입니다. 하나님께서 세상 모든 나라 가운데에서 이스라엘 백성을 선택하셨고, 그들을 거룩한 백성으로 만들어서, 하나님이 어떤 분이신지를 알리는 도구로 삼으셨습니다. 거룩은 선택과 사명 그 중간에 위치한 것입니다. 거룩한 삶은 선택의 목적이자 사명의 기초인 셈이죠.[22] 따라서 이스라엘 백성이 하나님을 닮아 거룩한 백성이 되느냐 되지 못하느냐는, 그들이 열방의 빛이 되어 하나님의 축복을 전달하는 통로가 되느냐 되지 못하느냐를 결정하는 중차대한 문제였습니다.

그런 면에서 볼 때 이스라엘 백성이 430년간이나 애굽에서 지냈다는 사실은 심각한 문제였습니다. 왜 그렇습니까? 애굽에서의 삶이 그들의 사고와 언행을 지배했기 때문입니다. 그들의 삶의 방식은 매우 세속적이었습니다. 세상 사람과 다를 바가 없었죠. 세상과 달라야 했는데 세상과 같았으니, 전혀 세상 사람들로부터 관심을 끌 수도 없었고 더 나아가 그들로부터 질문을 받을 수도 없었습니다. 한 사람이 구원받았다고 해도 죄된 습성을 처리해야 하듯이, 이스라엘 백성 역시 과거의 삶을 벗어야 했습니다.

이제 우리는 왜 이스라엘 백성이 시내산에서 11개월 15일 동안 머물러야 했는지를 이해하게 되었습니다. 애굽에서의 삶, 즉 노예근성을 가진 삶의 방식으로는 열방에 영향력을 끼칠 수 없었습니다. 그들은 하나님으로부터 구속받은 백성답게 살아야 했습니다. 종의 삶이 아닌 자유인의 삶의 방식을 취해야 했습니다. 이를 위해 그들은 훈련자를 자청하신 하나님의 손에 의해 말씀을 통하여 새로운 신분에 걸맞은 사람들로 빚어져야 했습니다. 이러한 관점에서 보면 율법은 그들의 행복을 위해 주어진 것이었습니다(신 10:12~13).

거룩한 백성의 실례: 레위기 19장

우리는 자연스럽게 이런 질문을 하게 됩니다. "그렇다면 거룩한 백성이 되라는 것은 구체적으로 어떤 삶을 살라는 것입니까?" 자칫하면 우리는 거룩한 백성으로 산다는 것을 종교적이고 영적인 삶으로만 제한하여 이해하는 오류를 범할 수 있습니다. 그러나 결코 그렇지 않습니다. 출애굽한 이스라엘 백성이 하나님의 통치를 받으며 살아야 했다면, 그것은 영적인 면만을 강조하는 삶이 아니었습니다. 왜냐하면 하나님의 통치를 받는 삶은 영적인 영역에만 국한될 수 없기 때문입니다. 그것은 삶의 모든 영역을 아우르는 전 영역을 포함합니다.

따라서 율법은 정치, 경제, 사회, 문화, 교육, 종교를 총망라합니다. 인간의 삶이 이루어지는 모든 영역에서 하나님의 성품과 하나님께서 최초에 의도하신 창조의 목적이 반영되어야 했습니다. 이스라엘 백성은 주변 나라에 하나님의 임재 속에서 살아가는 모습이 어떤 것인지를 삶의 전 영역에서 드러내 보여주어야 할 책임이 있었습니다. 다시 말해 세상을 향해 '대안 공동체'와 '대조 사회'가 되어야 했습니다. 이스라엘의 지정학적 위치 또한 열방의 중심에 자리하고 있었습니다(겔 5:5; 38:12).

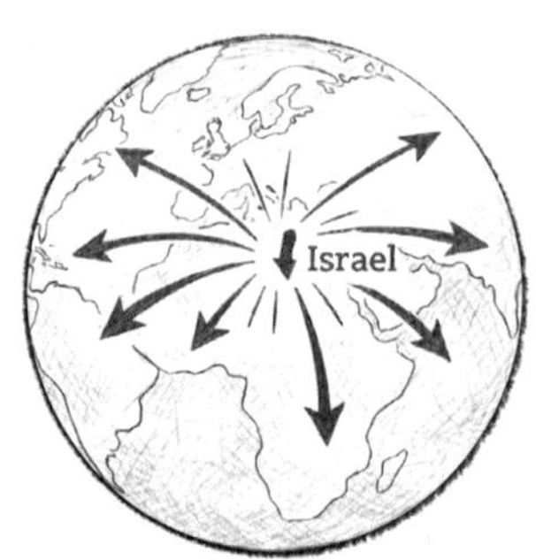

이런 맥락에서 레위기 19장은 "거룩한 백성"에 대한 훌륭한 설명서입니다. 베드로 사도가 인용한 말씀도 바로 여기에 등장합니다. "너희는 거룩하라 이는 나 여호와 너희 하나님이 거룩함이니라"(벧전 1:15; 레 19:2). 인간은 하나님의 형상대로 지음을 받았기 때문에, 하나님께서는 인간이 창조주 하나님을 닮아가기를 바라십니다. 사도 바울도 부르심에 합당한 교회라면 옛 사람을 벗어 버리고 "하나님을 따라 의와 진리의 거룩함으로 지으심을 받은 새 사람을 입어야" 한다고 강조했습니다(엡 4:22~24). 그렇다면 구체적으로 거룩한 백성의 삶이 어떤 것인지 살펴보겠습니다.

너희 각 사람은 부모를 경외하고 나의 안식일을 지키라 (3절)

너희는 헛된 것들에게로 향하지 말며 너희를 위하여 신상들을 부어 만들지 말라 (4절)

…곡식을 거둘 때에 너는 밭 모퉁이까지 다 거두지 말고 네 떨어진 이삭도 줍지 말며 (9절)

너희는 도둑질하지 말며 속이지 말며 서로 거짓말하지 말며 (11절)

너는 네 이웃을 억압하지 말며 착취하지 말며 품꾼의 삯을 아침까지 밤새도록 네게 두지 말며 (13절)

너는 귀먹은 자를 저주하지 말며 맹인 앞에 장애물을 놓지 말고 (14절)

너희는 재판할 때에 불의를 행하지 말며 가난한 자의 편을 들지 말며 세력 있는 자라고 두둔하지 말고 공의로 사람을 재판할지며 (15절)

너는 네 형제를 마음으로 미워하지 말며 네 이웃을 반드시 견책하라 (17절)

원수를 갚지 말며 동포를 원망하지 말며 네 이웃 사랑하기를 네 자신과 같이 사랑하라 (18절)

만일 어떤 사람이 다른 사람과 정혼한 여종 곧 아직 속량되거나 해방되지 못한 여인과 동침하여 설정하면 그것은 책망을 받을 일이니라 (20절)

너희는 무엇이든지 피째 먹지 말며 점을 치지 말며 술법을 행하지 말며 (26절)

죽은 자 때문에 너희의 살에 문신을 하지 말며… (28절)

네 딸을 더럽혀 창녀가 되게 하지 말라 (29절)

너는 센 머리 앞에서 일어서고 노인의 얼굴을 공경하며 네 하나님을 경외하라 (32절)

> 너희와 함께 있는 거류민을 너희 중에서 낳은 자 같이 여기며 자기 같이
> 사랑하라 (34절)

어떤가요? 물론 종교적인 언급도 많습니다. 하지만 개인적이고, 사회
적이며, 도덕적인 삶의 모든 영역을 망라하여 다루고 있습니다. 왜 그렇습
니까? 모든 영역에서 이스라엘 백성은 하나님의 성품을 반영해야 했기 때
문입니다. "나는 너희의 하나님 여호와이니라"가 레위기 19장에서 15번이
나 반복되는 것도 그런 이유입니다. 오직 하나님만이 거룩하시기에 거룩한
삶은 하나님의 백성인 우리를 세상과 구분되게 하며 세상과는 다른 삶을
살도록 이끌어 줍니다. 자연스럽게 열방은 이스라엘을 관찰하면서 매력을
느낄 것이며, 그 이유에 대해 질문을 던지게 될 것입니다. 신명기 4장 6절
이 이러한 기대를 잘 반영합니다.

> 너희는 지켜 행하라 이것이 여러 민족 앞에서 너희의 지혜요 너희의 지식이라
>
> 그들이 이 모든 규례를 듣고 이르기를 이 큰 나라 사람은 과연 지혜와 지식이
>
> 있는 백성이로다 하리라

열방은 하나님을 직접 볼 수 없습니다. 그들이 죄 가운데 살고 있기 때
문입니다. 그들이 하나님을 알기 위해서는 하나님께서 구속하신 이스라엘
백성을 통해서 가능합니다. 왜 이런 말도 있지 않습니까? 세상 사람들이
보는 유일한 성경은 '그리스도인의 삶'입니다. 이스라엘이 하나님의 성품
을 반영하며 삶의 모든 영역에서 열방과 다른 삶, 즉 거룩한 삶을 살아갈 때
하나님은 자연스럽게 증거 되실 것입니다. 인도에서 선교했던 스티븐 니일
(Stephen Neill)의 말도 이러한 사실을 잘 증명해 줍니다.

> 그리스도인의 과업은 타인의 눈앞에서 예수 그리스도의 삶을 살아내는
>
> 것입니다. 그들은 그분을 볼 수 없습니다. 그리고 그분을 따르는 자들의

삶 속에서 그 분을 볼 수 없다면 그분을 결코 볼 수 없을 것입니다. 만일 그리스도인이 마땅히 요구되는 만큼 다른 이들과 **차별성** 있게 살아간다면, 그를 바라보는 그들의 마음에는 **의문**이 떠오르게 될 것입니다. 이는 그리스도인이 그런 의문들을 예리하게 다듬어 줄 수 있는 기회가 됩니다. 그리고 그와 같은 의문에 대해 힌두교가 제공하는 대답이 아주 만족스럽지 않다는 것을 제시하게 하며, 기꺼이 듣고자 하는 이들에게 인간의 모든 의문에 대해 흡족한 대답을 얻을 수 있는 유일한 분, 곧 주 예수 그리스도를 가리킬 수 있게 해 줄 것입니다.[23]

탈교육과 재교육

뷰포인트
레위기 18:1~5

이스라엘 백성이 애굽에서 나온 것은 그들 자신만 구원의 기쁨을 누리기 위함이 아니었습니다. 그들은 출애굽 과정에서 경험한 하나님의 사랑과 능력을 온 세상에 전해야 했습니다. 이것이 열방에 하나님의 복을 전하는 제사장 나라로서의 사명이었습니다. 그 축복의 핵심은 하나님과의 특별한 관계입니다. 하나님과 친밀하고 밀접하며 깊은 관계를 누리는 것입니다. 결국 이스라엘에게 주어진 사명은 하나님과의 관계를 주변으로 계속 확장해 나가는 것이라고 할 수 있습니다. 이러한 관계 형성을 위해 하나님은 이스라엘 백성에게 행동하시고 말씀하시면서 당신의 성품을 드러내셨습니다.

> 네가 있기 전 하나님이 사람을 세상에 창조하신 날부터 지금까지 지나간 날을 상고하여 보라 하늘 이 끝에서 저 끝까지 이런 큰 일이 있었느냐 이런 일을 들은 적이 있었느냐 어떤 국민이 불 가운데서 말씀하시는 하나님의 음성을 너처럼 듣고 생존하셨느냐 어떤 신이 와서 시험과 이적과 기사와 전쟁과 강한 손과 편 팔과 크게 두려운 일로 한 민족을 다른 민족에게서 인도하여 낸 일이 있느냐 이는 다 너희의 하나님 여호와께서 애굽에서 너희를 위하여 너희의 목전에서 행하신 일이라 이것을 네게 나타내심은 여호와는 하나님이시오 그 외에는 다른 신이 없음을 네게 **알게** 하려 하심이니라 (신 4:32~35)

이 세상에서 이스라엘만큼 하나님을 깊이 경험한 민족은 없습니다. 이스라엘은 하나님의 행위와 말씀을 통해 그분이 어떤 분이신지를 알게 되었습니다. 이 앎을 토대로 하나님을 신뢰했고, 그 신뢰는 언약 관계로 이어졌습니다(출 19~24장). 이제 하나님은 다시 인간들 안에 거하실 수 있게 되셨고, 그것이 바로 성막입니다(출 25~40장). 이스라엘은 하나님의 임재 속에서 살면서 삶의 모든 영역에서 하나님의 성품을 반영해야 했습니다. 그렇다면 이런 변화된 삶은 구체적으로 어떻게 살아갈 수 있습니까? 레위기 18장 1~5절은 그 방법을 제시해 줍니다.

탈교육과 재교육

먼저 3절의 말씀을 보겠습니다. "너희는 너희가 거주하던 애굽 땅의 풍속을 따르지 말며 내가 너희를 인도할 가나안 땅의 풍속과 규례도 행하지 말고." 이 말씀에 따르면 이스라엘 백성은 두 가지를 해야 했습니다. 첫째, 애굽 땅의 풍속을 따르면 안 되었습니다. 둘째, 그들이 들어갈 가나안 땅의 풍속과 규례도 행해서는 안 되었습니다. 여기에서 애굽과 가나안은 지명과 위치는 달라도 하나님이 없는 '세상'이라는 점에서는 같습니다. 그 세상의 공통된 특징은 두 가지, 우상숭배와 성적 타락입니다.

우리가 어떤 신을 섬기느냐는 매우 중요합니다. 왜냐하면 그것이 우리의 습관과 사고방식, 더 나아가 문화를 형성하기 때문입니다. 당시 가나안 땅에서는 자녀를 불 속에 던져 몰렉신에게 바치는 풍습이 있었습니다(레 18:21). 그뿐 아니라 자녀가 부모를, 부모가 자녀를, 남자가 남자를, 여자가 여자를 성폭행했고 심지어 짐승과 교합하는 일까지 벌어졌습니다(6~23절). 이처럼 성적으로 난잡하고 비인간적인 일들이 왜 비일비재하게 일어났습니까? 하나님을 모르고 인간의 존엄성을 몰랐기 때문입니다. 우상과 문화는 불가분의 관계입니다. 이것을 그림으로 나타내면 다음과 같습니다.

"애굽 땅의 풍속을 따르지 말라"는 말씀은 다른 표현으로 하면 탈교육(un-learning)이라 할 수 있습니다. 탈교육은 배우지 않는다는 뜻이 아니라, 지금까지 배워 온 잘못된 삶의 방식을 하나씩 지워나가는 과정을 의미합니다. 영어에서 접두어 'un-'은 '반대'의 뜻을 지니는 경우가 있습니다.

예를 들어, 영어로 '잠그다'는 동사는 lock입니다. 그렇다면 '잠근 것을 열다'라고 할 때 **unlock**이라고 하죠. 하나 예를 더 들어볼까요? '공책이나 책을 접다'라고 할 때, fold라는 동사를 사용합니다. 그렇다면 반대일 경우는 **unfold**이죠.

이처럼 소극적으로는 잘못된 사고와 언행을 점차 털어내야 할 뿐만 아니라, 적극적으로는 새로운 사고방식과 언행을 습득해 나가야 합니다. 이것을 재교육(re-learning)이라고 합니다. 그렇다면 이스라엘 백성에게 있어 재교육은 무엇을 통해 이루어져야 했습니까? 4절 말씀을 보죠. "너희는 내 법도를 따르며 내 규례를 지켜 그대로 행하라" 이 말씀에서 "규례와 법도"는 서로 바꾸어 쓸 수 있는 표현입니다. 한마디로 율법 곧 하나님의 말씀이 매개되어야 한다는 것입니다.

이 사실을 신약성경에서는 다음과 같이 설명합니다. "모든 성경은 하나님의 감동으로 된 것으로 교훈과 책망과 바르게 함과 의로 교육하기에 유익하니 이는 하나님의 사람으로 온전하게 하며 모든 선한 일을 행할 능력을 갖추게 하려 함이라"(딤후 3:16~17). 이 말씀을 보면 죄를 용서받고 예수님을 믿어 구원받은 사람이라도 당장은 온전하지 못합니다. 왜냐하면 예수님을 믿기 이전에 잘못된 삶의 방식과 언행의 습관이 여전히 남아 있기 때문입니다. 그 여파는 한동안 지속되며 삶에 영향을 미칩니다.

그러나 그들은 온전한 사람이 되어 모든 선한 일을 행하는 데까지 나아가야 했습니다. 우리가 온전한 사람이 되기 위해서는 하나님의 말씀에 자신을 비추어 보아야 합니다. 다시 말해 성경이라는 거울에 자신을 비출 수 있어야 합니다. 그렇게 할 때 우리는 성경 말씀을 통해 마땅히 나아가야 할 방향을 알게 되고, 잘못된 것에 대해서는 책망을 받으며, 본래의 자리로 돌아와 계속해서 올바른 삶을 살 수 있게 됩니다. 이렇게 변화된 사람은 주변 사람들에게 선한 영향력을 끼치며 살아갑니다.

이스라엘 백성도 마찬가지였습니다. 그들은 하나님의 말씀을 통해 애굽과 가나안의 삶의 방식을 찾아내어 뿌리 뽑아 버려야 했습니다. 그리고 그 자리에 성경적인 사고방식과 언행을 채워 넣어야 했습니다. 이것은 결코 단기간에 이루어질 일이 아니었습니다. 이스라엘 백성도 430년 동안이나 애굽에 살면서 조금씩 형성된 삶의 방식이 있었기 때문입니다. 하나의 습관이 새롭게 형성되는 데에는 보통 3개월 이상이 걸린다고 합니다. 따라서 이스라엘 백성도 개념이 바뀌고 습관이 형성되기까지는 시간이 필요했습니다.

탈교육과 재교육의 중요성에 대한 실제적인 예를 들어보겠습니다. 어떤 탈북자가 생사를 넘나들면서 자유 대한의 품으로 돌아왔다고 해봅시다. 그렇다고 그가 곧바로 사회 속으로 들어가 우리와 똑같은 삶을 살 수는 없습니다. 왜냐하면 너무나 다른 사회 속에서 살아왔기 때문입니다. 그는 먼저 '하나원'이라는 곳에 들어가야 합니다. 거기에서 그는 일정기간 동안 지내며 과거의 삶의 방식을 하나씩 지워나가고(탈교육), 새로운 삶의 방식을 새롭게 배워야 합니다(재교육). 그가 이 과정을 생략한다면 틀림없이 수많은 시행착오를 겪어야 하고 어쩌면 큰 위험에 처할 수도 있습니다. 그리스도인도 마찬가지입니다. 그 나름대로 '시내산 경험'이 필요합니다. 제자훈련이 선택이 아닌 필수인 이유가 바로 여기에 있습니다. 지금까지 내용을 그림으로 표현해 보겠습니다.

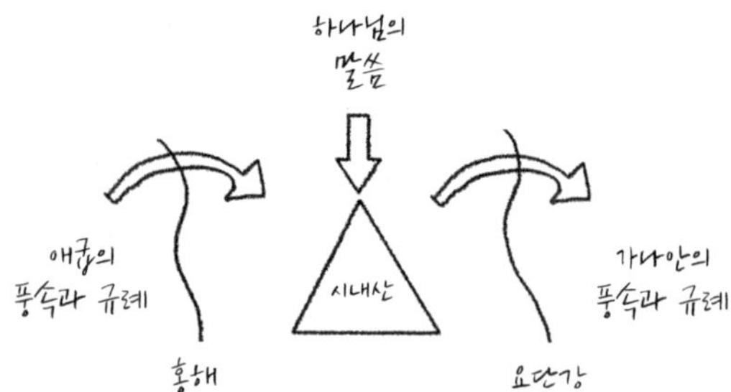

우리는 여기에서 교회와 연관하여 몇 가지 중요한 원리를 찾아낼 수 있습니다. 먼저, 교회란 구원받은 사람들의 모임입니다. 이 말은 교회가 건물이나 제도 또는 어떤 기관이 아니라는 뜻입니다. "광야 교회"는 출애굽한 이스라엘 백성이었습니다(행 7:38). 그들은 유월절과 홍해 사건을 통해 예수 그리스도의 십자가 죽음과 부활을 경험한 사람들입니다. 교회는 절대로 성막이나 성전이 아니었습니다. 교회 역사 속에서 교회를 사람으로 여길 때는 언제든지 갱신과 부흥이 일어났지만, 반대로 건물이나 제도나 기관으로 여길 때는 언제나 타락했습니다.

또한 교회는 세상에서 **부름 받은** 공동체이면서 동시에 세상을 향해 **파송 받은** 공동체입니다. 사도행전 7장에서 스데반이 출애굽한 이스라엘을 가리켜 "광야 교회"라고 부른 것은 바로 이러한 의미를 강조하기 위함입니다. 광야 교회는 신약성경이 묘사하는 교회의 모델입니다(벧전 2:9~10). 그 광야 교회가 애굽이라는 세상에서 불러냄을 받았고, 가나안이라는 세상을 향해 파송 받은 것처럼 오늘의 교회도 마찬가지입니다. 교회는 구원 역사가 완성되어 가는 과정에서 한시적으로 존재하기 때문에, 불러냄을 받고 보냄 받은 사명이 중요합니다.

다음으로, 부름 받은 교회는 탈교육과 재교육이라는 교육과 훈련을 거쳐 다시 세상으로 파송되어야 합니다. 제자훈련의 중요성이 바로 여기에 있습니다! 세상을 닮아온 과거의 잘못된 삶의 방식을 말씀에 비추어 하나씩 제거해 나가야 합니다. 동시에 성경적인 삶의 방식으로 바꾸어 가야 합니다. 이것이 제자의 삶입니다! 마지막으로 교육과 훈련의 핵심은 하나님의 성품을 닮는 것입니다. 시내산에서 하나님을 닮은 만큼 세상에서 다름을 보여줄 수 있습니다.

닮음과 다름

하나님을 '닮는다'는 것은 구체적으로 무엇을 의미합니까? 내적으로 하나님의 성품을 닮는 것입니다. 그리고 그것이 외적인 삶으로 표현될 때, '다름'이라고 할 수 있습니다. 닮음과 다름이 실제적으로 일어나기 위해서는 반드시 다음과 같은 과정이 필요합니다.

첫째, 구원받아서 생명을 누리고 있어야 합니다. 시냇가에서 널빤지와 송사리의 차이가 무엇입니까? 둘 다 물의 흐름을 따라 내려가지만, 송사리는 그 흐름을 거슬러 다시 위쪽으로 올라갈 수 있습니다. 생명이 있기 때문입니다. 변화된 삶의 출발은 반드시 예수의 생명을 지닌 사람이어야 합니다.

둘째, 매개는 말씀입니다. 오해하지 말아야 할 것은 이스라엘 백성이 구원받기 위해 율법을 지켜야 했던 것은 아니라는 점입니다. 그들이 하나님의 은혜로 구원받았기 때문에 감사함으로 하나님의 말씀에 순종했던 것입니다. 출애굽기 20장에서 십계명이 주어지기 전의 상황이 이 사실을 잘 말해줍니다. "나는 너를 애굽 땅, 종 되었던 집에서 인도하여 낸 네 하나님 여호와니라"(출 20:2). 율법에 순종하는 동기는 구원의 은혜였습니다! 이스라엘은 20장의 십계명과 21~23장에 이어지는 확대된 법을 통해 탈교육과 재교육의 과정을 거쳐야 했습니다.

셋째, 성경적인 삶의 방식이 몸에 밴 지도자가 있어야 합니다. 모세는 지난 80년 동안 탈교육과 재교육을 거치면서 하나님의 사람으로 준비되었습니다. 그가 애굽에서 익힌 지혜나 광야에서 체득한 경험을 의지하지 않고, '해안길'이 아닌 '광야길'로 이스라엘을 인도한 것이 그 단적인 예입니다. 하나님은 그러한 모세에게 당신을 계시하시며 이스라엘 백성을 훈련하셨습니다. 결국 변화된 삶은 듣고 배우는 것이 아니라, 보고 배우는 것입니다. 지도자가 보여주는 성경적인 사고방식과 언행을 통해 성경적인 삶이 전수되는 것입니다.

넷째, 소그룹 환경입니다. 회중은 예배 때 선포된 말씀을 통해 성경적인 원리가 무엇인지를 배우고 올바른 방향을 제시받을 수 있습니다. 그러나 그들이 말씀을 소그룹 환경에서 나누며 연습해 보지 않는다면 삶의 변화는 요원합니다. 이것은 마치 새가 양쪽의 날개를(예배와 소그룹) 모두 사용해서 날아오를 때 높고 멀리 갈 수 있는 이치와 같습니다. 만일 새가 한쪽 날개로만 푸드덕 거린다면 제자리만 맴돌고 말지요. 안타깝게도 많은 그리스도인들의 모습이 이와 같습니다.

우리가 소그룹 모임에서 예배 때 들은 말씀을 나누고, 기도 제목도 나누며, 눈물도 함께 나누고, 삶도 함께 나누는 가운데 비로소 말씀을 삶에 실제적으로 적용하기 시작합니다. 앞서 말씀을 경험한 동료들의 간증을 들으면서 격려를 얻고 실천할 수 있는 용기도 생깁니다. 존 웨슬리의 사역에 능력이 있었던 것도 다양한 소그룹 환경에서 제자훈련이 이루어졌기 때문이었습니다.[24] 저는 석사 학위(Th. M.) 논문에서 소그룹과 영적 부흥과의 상관관계에 대해 연구했는데, 놀라운 사실은 수많은 영적 부흥의 사례들을 살펴보면 소그룹 모임이 영적 부흥의 도화선이 되거나 확산시키는데 지대한 역할을 했다는 것입니다.

다섯째, 성령의 임재와 역사입니다. 성령의 도우심이 없이는 그 누구도 구원받을 수 없고, 영적으로 성숙할 수 없습니다. 구원이란 무엇입니까? 우리가 죄를 회개하고 예수님을 믿을 때 떠나갔던 성령께서 우리 안에 다시 들어오시는 것입니다. 이것을 중생이라고 합니다. 거룩하신 성령께서는 우리 안에서 변화를 일으키십니다. 이것을 초기 성화라고 합니다. 구원받았지만 죄성의 문제 때문에 육체의 소욕과 성령의 소욕 사이에서 갈등을 경험합니다. 그 갈등에서 승리하는 상태를 '성령 충만'이라고 합니다. 변화된 삶은 오직 성령의 역사입니다. 성령의 임재와 역사만이 우리로 하여금 성결한 공동체를 만들어서 대안 공동체와 대조 사회가 되게 합니다.

율법의 의미

우리는 탈교육과 재교육의 매개가 하나님의 말씀이라고 했습니다. 이스라엘 백성에게는 율법이었죠. 흔히 '율법'이라고 하면 우리에게는 부정적인 이미지가 먼저 떠오릅니다. 뭔가 내가 하고 싶은 것을 하지 못하게 얽

어매는 족쇄, 나의 자유를 방해하거나 빼앗는 수단으로 여겨지죠. 그러나 이러한 생각은 율법의 의미를 오해한 데서 비롯된 것입니다. 앞서 강조했듯이 율법에는 하나님의 성품이 드러나 있습니다. 하나님은 이스라엘에게 행동하시고 말씀하셨습니다. 말과 행동을 통해 한 사람의 인격이 드러나듯이 말입니다.

그뿐만 아니라 율법은 하나님의 기준을 제시합니다. 하나님께서 임재하시면 인간 편에서는 죄가 드러나는 것입니다. 선과 악의 절대적인 기준이 하나님께 있기 때문입니다. 더 나아가 율법은 구원의 조건으로 주어진 것이 아니라, 이미 구원받은 자들로 하여금 구원에 합당한 삶을 살도록 돕기 위해 주어졌습니다. 이런 의미에서 율법을 가리키는 '토라'(Torah)는 '법령'이라기보다 '가르침'과 '교훈'(instruction)이라는 의미에 더 가깝습니다. 쉽게 말해 하나님의 백성이 살아가는 데 필요한 매뉴얼(manual)이라고 할 수 있습니다.

비싼 물건일수록 매뉴얼을 잘 활용해야 합니다. 예를 들어 최고급 차량을 소유했다고 해봅시다. 최신 사양에 최고 기능을 탑재하고 있다면 매뉴얼을 잘 숙지해서 그 기능을 최대한 활용하는 것이 맞을 겁니다. 자동차도 그런데 하물며 만물의 영장이라 불리는 인간에게 매뉴얼이 없다는 것은 말이 되지 않습니다. 하나님께서는 성경 말씀을 통해 인간이 창조된 의도를 최대한 구현할 수 있도록 해주셨습니다. 그러므로 율법은 인간의 자유를 제한하기 위한 것이 아니라, 인간의 행복을 최대한 보장해 주기 위한 장치입니다.

이스라엘아 네 하나님 여호와께서 네게 요구하시는 것이 무엇이냐 곧 네 하나님 여호와를 경외하여 그의 모든 도를 행하고 그를 사랑하며 마음을 다하고 뜻을 다하여 네 하나님 여호와를 섬기고 내가 오늘 네 **행복**을 위하여 네게 명하는 여호와의 명령과 규례를 지킬 것이 아니냐 (신 10:12~13)

　　마지막으로 율법이 자리하고 있는 위치의 중요성을 볼 수 있어야 합니다. 우리가 성경에서 율법을 만나기까지는 창세기 전체와 출애굽기 18장까지를 지나야 합니다. 잠시 멈추어서 우리가 아홉 번째 에피소드에 이르기까지 그동안 어떤 내용들이 전개되었는지 생각해보세요. 온 인류를 구원하고 회복하시기 위한 하나님의 열심이 곳곳에 스며들어 있지 않았나요? 창조주이시며 구원자이신 하나님을 향한 감사의 응답이 율법에 대한 순종으로 나타나야 했습니다. 그러므로 이스라엘의 부모들은 자녀들이 율법이 무엇이냐고 물을 때 다음과 같이 대답해 주어야 했습니다.

후일에 네 아들이 네게 묻기를 우리 하나님 여호와께서 명령하신 증거와 규례와 법도가 무슨 뜻이냐 하거든 너는 네 아들에게 이르기를 우리가 옛적에 애굽에서 바로의 종이 되었더니 여호와께서 권능의 손으로 우리를 애굽에서 인도하여 내셨나니 곧 여호와께서 우리의 목전에서 크고 두려운 이적과 기사를 애굽과 바로와 그의 온 집에 베푸시고 우리 조상들에게 맹세하신 땅을 우리에게 주어 들어가게 하시려고 우리를 거기서 인도하여 내시고 여호와께서 우리에게 이 모든 규례를 지키라 명령하셨으니 이는 우리가 우리 하나님 여호와를 경외하여 항상 복을 누리게 하기 위하심이며 또 여호와께서 우리를 오늘과 같이 살게 하려 하심이라 우리가 그 명령하신 대로 이 모든 명령을 우리 하나님 여호와 앞에서 삼가 지키면 그것이 곧 우리의 의로움이니라 할지니라

(신 6:20~25)

선택의 문제: 인격적 결단!

변화는 결국 선택의 문제입니다. 그 선택을 가능하게 하는 것은 사고의 변화이지요. 사고의 변화를 위해 우리는 언제든지 성경으로 깊이 들어가야 합니다. 인간은 본질적으로 '자기중심적'입니다. 죄의 결과입니다. 그러나 성경은 위로 하나님을 사랑하고 아래로 사람을 사랑하라고 말합니다. 여

기에 충돌이 일어납니다. 나 중심적인 삶과 성경 중심적인 삶은 필연적으로 부딪힐 수밖에 없습니다. 그렇다면 어떻게 해야 '나 중심적인 사고'에서 벗어날 수 있을까요?

성경 말씀이 나에게 부딪혀 올 때 인격적으로 결단해야 합니다. 우리의 인격은 지·정·의로 구성되어 있습니다. 인격적인 결단이 되기 위해 가장 중요한 것은 지적인 반응입니다. 예를 들어 성경은 "원수를 사랑하라"고 명령합니다. 인간적으로 이 명령에 순종할 수 있는 사람은 없습니다. 감정적으로 도저히 응할 수가 없는 것이죠. 그러나 인격적인 반응은 이렇게 하는 것입니다. "하나님! 제 마음은 도저히 사랑할 수 없습니다. 하지만 하나님께서 명령하시는 것이니 사랑하겠습니다. 도와주십시오!" 이것을 절대로 위선이라고 부르지 마십시오. 앎에 기초한 의지적인 결단입니다.

그렇게 할 때 하나님께서 성령의 임재와 역사를 통해 사랑할 수 있는 감정까지도 부어 주십니다. 이렇듯 그리스도인의 삶은 끊임없는 선택의 과정입니다. 육체의 소욕을 좇을 것인가 아니면 성령의 소욕을 좇을 것인가 하는 갈등이지요(갈 5:16~17; 롬 8:4~8). 그러나 아무리 성경 말씀을 통해 사고의 변화가 일어나고, 인격적으로 결단하여 구체적인 행동으로 옮긴다 해도 우리는 언제나 한계에 부딪힙니다. 그 한계를 돌파하기 위해 우리는 주님의 도우심을 구하며 기도해야 합니다. 이런 과정이 반복되면서 우리는 점점 더 성경적인 지도자로 세워져 갑니다.

닮음 → 다름 → 따름(세상을 닮음)

다시 레위기 18장으로 돌아가 보겠습니다. 하나님께서는 이스라엘이 가나안 땅에 들어가기 전에 그곳에서 횡행하고 있는 우상숭배와 성적 타락에 대해 강하게 경고하셨습니다. 가나안 땅에 살고 있는 자들의 죄악은 이미 창세기 15장에 예고되었습니다. "네 자손은 사대 만에 이 땅으로 돌아오리니 이는 아모리 족속의 죄악이 아직 가득 차지 아니함이니라 하시더니"(16

절) 그러니까 하나님께서는 적어도 430년 동안 가나안 땅의 죄악을 유예해
주신 것입니다. 그들이 죄로부터 돌이킬 기회를 주셨던 것입니다.

그러나 그들의 죄악은 시간이 지날수록 더 대담하고 악해져 갔습니다.
오죽했으면 그 땅조차 그들의 악행을 역겨워하여 그 주민을 토해냈다고 성
경은 말했겠습니까?(25절) 하나님은 이제 이스라엘을 대리인(agent)으로
삼아 가나안 땅의 죄악을 심판하실 때가 된 것입니다. 많은 사람이 생각하
듯, 구약의 하나님을 잔인하고 잘 살고 있는 사람들을 내쫓는 비정한 분으
로 오해해서는 안 됩니다. 하나님의 경고와 인내, 진노와 심판의 엄위함을
함께 보아야 합니다.

우리가 이 부분에서 놓치지 말아야 할 중요한 사실이 하나 있습니다.
바로 하나님의 공의입니다. 이스라엘도 똑같은 죄를 범하면 그들 역시 동
일하게 심판받는다는 것입니다. 그 땅이 가나안 사람들을 토해낸 것처럼,
이스라엘이 가증한 일을 행할 때에도 마찬가지로 역겨워하며 그들을 토해
낼 것입니다. 사실 이 말씀은 이스라엘의 먼 미래를 내다보신 말씀이었습
니다. 나중에 이스라엘 백성은 그 땅에서 우상을 숭배하고 성적으로 타락
했습니다. 그 결과 하나님은 앗시리아와 바벨론을 대리인으로 삼아 이스
라엘을 심판하셨습니다.

너희는 이 모든 일로 스스로 더럽히지 말라 내가 너희 앞에서 쫓아내는
족속들이 이 모든 일로 말미암아 더러워졌고 그 땅도 더러워졌으므로 내가 그
악으로 말미암아 벌하고 그 땅도 스스로 그 주민을 토하여 내느니라 그러므로
너희 곧 너희의 동족이나 혹은 너희 중에 거류하는 거류민이나 내 규례와 내
법도를 지키고 이런 가증한 일의 하나라도 행하지 말라 너희가 전에 있던 그
땅 주민이 이 모든 가증한 일을 행하였고 그 땅도 더러워졌느니라 너희도
더럽히면 그 땅이 너희가 있기 전 주민을 토함 같이 **너희를 토할까 하노라**

(레 18:24~28)

이때 하나님께서 경고하신 중요한 말씀이 30절에 이어집니다. "그러므로 너희는 내 명령을 지키고 너희가 들어가기 전에 행하던 가증한 풍속을 하나라도 **따름**으로 스스로 더럽히지 말라 나는 너희의 하나님 여호와이니라." 하나님은 이스라엘을 시내산에서 약 11개월 15일 동안 말씀으로 훈련하셨습니다. 훈련의 핵심은 행동하시고 말씀하신 하나님의 성품을 닮는 것입니다. 시내산에서 하나님을 **닮은** 만큼(거룩한 백성), 세상 속에서 **다름**을 보여 줄 수 있습니다(제사장 나라). 문제는 다름이 아니라, 세상을 따를 위험이 있었다는 사실입니다.

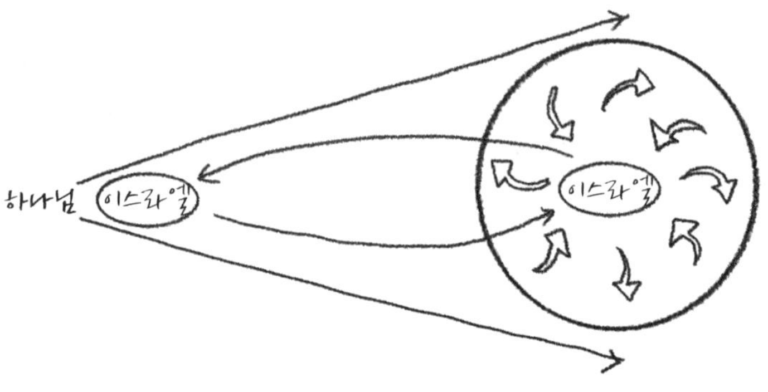

이스라엘은 하나님을 떠나 죄악된 삶을 살고 있는 세상 사람들에게 대안 공동체로서, 또한 대조 사회가 되어야 했습니다. 이질적인 문화의 교차로에서 다름의 모습을 보여주어야 했습니다. 그럼으로써 에덴동산에서 하나님의 형상과 모양대로 창조된 첫 인간들이 피조물들을 다스리며 하나님의 성품을 드러내야 했던 그 목적을 재현해야 했습니다. 그러나 이스라엘은 주변 나라들에게 매력을 풍기고 이목을 집중시키며 질문을 받기보다는, 오히려 가나안 문화에 동화되면서 조금씩 변질되어갔습니다. 결국 시내산에서 하나님과 맺은 언약에 불충실해지며 세상을 닮아 버렸습니다.

그러한 상황은 생각보다 빨리 이스라엘에 불어닥쳤습니다. 여호수아와 그 시대의 지도자들이 생존해 있는 동안은 이스라엘이 여호와를 잘 섬겼습니다(삿 2:7). 하지만 그들이 사라지자 이스라엘은 조금씩 가나안 문화에 동화되어 갔습니다. "그 세대의 사람도 다 그 조상들에게로 돌아갔고 그 후에 일어난 다른 세대는 여호와를 알지 못하며 여호와께서 이스라엘을 위하여 행하신 일도 알지 못하였더라"(삿 2:10). 가나안 땅에 정착하기 시작한 이스라엘 백성은 가나안 백성과의 혼합 결혼이 성행하면서 이방신들을 섬기기 시작한 것입니다(삿 3:6).

하나님은 이러한 문제를 미리 아시고 이스라엘 백성에게 심각하게 경고하셨습니다. 신명기 4장 10절을 보겠습니다. "네가 호렙 산에서 네 하나님 여호와 앞에 섰던 날에 여호와께서 내게 이르시기를 나에게 백성을 모으라 내가 그들에게 내 말을 들려주어 그들이 세상에 사는 날 동안 나를 경외함을 배우게 하며 그 자녀에게 가르치게 하리라 하시매" 다음 세대를 가르칠 책임은 일차적으로 부모에게 있었습니다. 또한 레위인들이 가나안 땅에 정착한 각 지파와 함께 거하면서 그들에게 말씀을 가르쳐야 했습니다(신 33:10).

룻기는 동일한 시대 배경 속에서 하나님 없는 가족의 비극을 다룹니다. 엘리멜렉이 흉년을 피하려고 가족들을 모압 땅으로 데리고 갔습니다. 재밌는 것은 그의 이름의 뜻이 '하나님은 나의 왕이시다'라는 점입니다. 얼마나 아이러니합니까? 결국 그는 모압 여인들을 며느리로 맞았고 집안의 모든 남자가 죽게 되었습니다. 사사 시대를 요약해 주는 말씀은 "그 때에 이스라엘에 왕이 없으므로 사람이 각기 자기의 소견에 옳은 대로 행하였더라"입니다(삿 17:6; 21:25). 흥미로운 점은 그 출발점이 레위인의 일탈과 연관되어 있다는 사실입니다(삿 17:6; 18:1; 19:1).

이러한 실례들은 사사 시대의 부모와 레위인들이 다음 세대를 향한 영적인 책임을 올바로 감당하지 못했다는 명백한 증거입니다. 물론 그 가운데서도 하나님은 긍휼을 베푸셔서 나오미와 모압 여인 룻의 회개를 받으셨고[25] 그들을 유대 땅 베들레헴으로 인도하셨습니다. 그곳에서 하나님의 섭리 가운데 보아스를 만나 결혼도 하게 하셨습니다. 룻기는 왕이 없어 자기 소견에 옳은 대로 하던 혼탁한 사사 시대에 대하여 하나님께서 주신 해답이었고, 참된 왕 다윗의 등장을 알리는 서곡이 되었습니다.

이스라엘이 주변 문화를 따라 닮아간 대표적인 경우는 왕정의 시작이었습니다. 이스라엘의 역사를 좌지우지하는 세 인물이 제사장, 왕, 선지자입니다. 그렇기 때문에 이 세 종류의 사람들을 세울 때는 반드시 기름을 부었습니다. 제사장이 처음으로 세워지는 장면이 출애굽기 29장과 레위기 8~9장입니다. 왕정 제도가 시작된 것은 한참 후인 사무엘상 8장입니다. 이 두 부분은 성경의 흐름에 있어서 너무나 중요하기 때문에 반드시 잘 기억해 두어야 합니다.

> 사무엘이 왕을 요구하는 백성에게 여호와의 모든 말씀을 말하여 이르되 너희를 다스릴 왕의 제도는 이러하니라 그가 **너희 아들들**을 데려다가 그의 병거와 말을 어거하게 하리니 그들이 그 병거 앞에서 달릴 것이며 그가 또 **너희의 아들들**을 천부장과 오십부장을 삼을 것이며 **자기 밭**을 갈게 하고 **자기 추수**를 하게 할 것이며 **자기 무기**와 병거의 장비도 만들게 할 것이며 그가 또 **너희의 딸들**을 데려다가 향료 만드는 자와 요리하는 자와 떡 굽는 자로 삼을 것이며 그가 또 **너희의 밭과 포도원과 감람원**에서 제일 좋은 것을 가져다가 **자기의 신하들**에게 줄 것이며 그가 또 **너희의 곡식과 포도원 소산의 십일조**를 거두어 **자기의 관리와 신하**에게 줄 것이며 그가 또 **너희의 노비와 가장 아름다운 소년과 나귀들**을 끌어다가 **자기 일**을 시킬 것이며 **너희의 양 떼의 십분의 일**을 거두어 가리니 너희가 **그의 종**이 될 것이라 (삼상 8:10~17)

사무엘상 8장은 이스라엘의 역사에서 대전환점이 되는 부분입니다. 사사 시대에서 왕정 시대로 넘어가는 지점이기 때문입니다. 무엇보다도 "모든 나라와 같이" 인간 왕을 세워 이스라엘의 참된 왕이신 하나님을 버린 것이라 그 심각성이 큽니다(삼상 8:5). 사무엘도 이 사건을 가리켜 "너희가 왕을 구한 일 곧 여호와의 목전에서 범한 죄악이 크다"라고 하였습니다(삼상 12:17). 그 후 이스라엘의 역사는 500여 년 동안 왕들의 통치를 받으며 역사의 격랑을 따라 부침을 겪었습니다.

그러니 이 말씀이 얼마나 중요하겠습니까? 하나님은 주변 문화에 동화되어 "다른 나라들 같이" 왕을 달라는 요구를 승인하시지는 않고 허용하시면서 왕정의 위험성에 대해 경고하십니다. 이 말씀에서 쓰인 대명사를 자세히 보면 왕정 제도에 대한 왕과 백성 사이의 온도차가 얼마나 큰지를 금방 알 수 있습니다. 왕은 자신과 권력 유지를 위해 백성의 아들과 딸, 재산을 몽땅 거두어 갈 것이고, 결국 백성은 "그의 종"으로 전락하고 말 것입니다! 부와 토지의 독점은 착취와 압제 그리고 속박이 불가피합니다. 반면에 백성은 어떤 기대를 합니까?

> 아니로소이다 **우리도 우리의 왕**이 있어야 하리니 **우리도** 다른 나라들 같이
> 되어 **우리의 왕이 우리를 다스리며 우리 앞에** 나가서 **우리의 싸움**을 싸워야 할
> 것이니이다 하는지라 (삼상 8:19~20)

백성은 왕이 자신들을 섬겨 주면서 생명과 재산을 안전하게 보호해 줄 것이라고 기대했습니다. 서로 동상이몽을 하고 있는 모습입니다. 정치권력과 사회 조직이 한 곳에 집중될 때 얼마나 무서운 일이 일어날 수 있는지 그들은 아직 깨닫지 못했습니다. 집단이 개인보다 더 부패하기 쉽다는 바벨탑 사건의 교훈을 너무 빨리 잊어버렸습니다. 그 후 왕정 제도는 다윗과 솔로몬 시대를 정점으로 내리막길을 걸었습니다. 나라는 둘로 쪼개지고 세상을 따라 세상을 닮아간 결과, 성경의 예언대로 두 나라 모두 망하고 말았습니다(레 26장; 신 28장).

에피소드 10
새 언약

뷰포인트
예레미야 31:31~34; 에스겔 36~37장

구약성경을 잘 볼 수 있는 안경이 있다고 한다면, 그 양쪽 안경알에 해당하는 것은 창세기 12장 1~3절과 출애굽기 19장 1~6절일 것입니다. 창세기 12장은 성경의 흐름이 보편적 역사에서 특수 역사로 전환되는 분기점이고, 출애굽기 19장은 애굽을 탈출한 이스라엘 백성에게 온 세상과 연관하여 정체성과 사명이 주어진 장면이기 때문입니다. 그럼 안경의 양쪽 테는 창세기 1장 26~28절과 '새 언약'에 대하여 예언하는 예레미야 31장 31~34절, 그리고 에스겔 36~37장이라고 할 수 있습니다. 이 다섯 본문은 구약성경의 흐름을 파악하는 데 큰 도움을 줍니다.

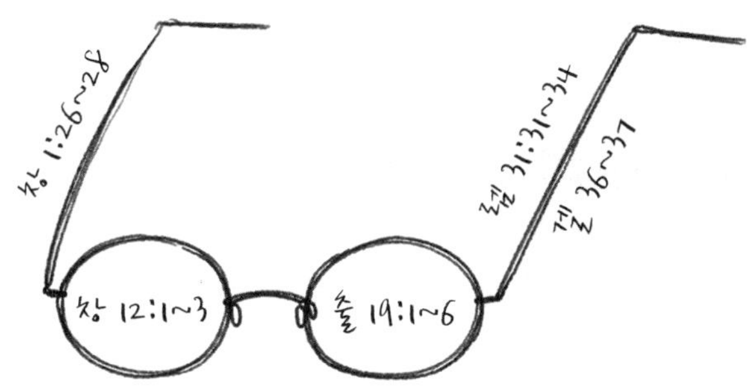

아! 의인 한 사람이여!

위에서 언급한 다섯 본문 중 세 곳(창 1, 12장; 출 19장)은 이미 우리가 자세하게 다뤘습니다. 이 시간에는 새 언약과 연관하여 두 곳(렘 31장; 겔 36장)을 집중해서 살펴보려고 합니다. 가나안 땅에서 다름을 보여주지 못하고, 오히려 가나안을 닮아간 이스라엘은 하나님의 경고를 따라 두 나라로 갈라졌습니다. 열 지파로 구성된 '북이스라엘'과 유다 지파와 베냐민 지파로 구성된 '남유다'입니다. 서로 비슷한 수의 왕들이 다스렸지만 북이스라엘은 남유다보다 약 130년 먼저 멸망했습니다. 끊임없는 정변과 쿠데타가 반복되었기 때문입니다.

비록 북이스라엘이 남유다에 비해 나라가 컸음에도 하나님의 시야에서는 나라가 아니었습니다. 왜냐하면 정통이 아니었기 때문입니다. 정통의 유무는 성소, 제사장, 절기와 연관됩니다. 하나님께서 정해 주신 곳에서만 예배를 드려야 했지만, 북이스라엘은 단과 벧엘에 금송아지를 두었습니다(신 16장; 왕상 12:28~29). 그뿐만 아니라 성소를 섬길 제사장으로 아론의 후손이 아닌 일반인을 세웠고 절기도 마음대로 정했습니다(왕상 12:31~33). 사실 절기는 하나님께서 베푸신 은혜를 이스라엘의 삶의 중심에 두게 하는 은혜의 수단이었습니다.

북이스라엘에 비해 남유다는 정통이라고 자부할 수 있었을 겁니다. 그러나 그들은 마음을 하나님께 드리지는 않았습니다. 겉으로는 하나님을 섬겼지만 실제로는 가나안 사람들처럼 우상숭배와 성적 타락에 깊이 물들어 있었습니다. 이러한 모습을 잘 묘사해 주는 책이 에스겔서입니다. 비록 거대한 성전은 예루살렘성에 존재했지만 그 곳에서는 각종 우상을 섬기고 있었습니다. 그 결과 하나님께서 점차적으로 성전을 떠나가셨습니다(겔 6~11장). 북이스라엘이 망하고, 바벨론 왕이 두 차례 침공했지만 백성들은 성전이 건재해 있는 한 하나님께서 계시므로 안전하다고 여겼습니다.

> 이 땅을 위하여 성을 쌓으며 성 무너진 데를 막아서서 나로 하여금 멸하지
> 못하게 할 사람을 내가 그 가운데에서 찾다가 찾지 못하였으므로 (겔 22:30)

이것이 하나님의 안타까운 마음이었습니다. 우상을 숭배하고 성적으로 타락한 남유다의 모습은 위아래를 막론하고 총체적으로 부패해 있었습니다(겔 22장). 남쪽 유다는 심판과 최후 판결만이 기다리고 있는 상황이었습니다. 앞의 21장은 이른바 '칼의 노래'로 '칼'이라는 단어가 14개 구절에 걸쳐 등장합니다. 이는 바벨론 왕 느부갓네살 왕의 칼 앞에서 유다 나라가 풍전등화의 상태에 놓여 있음을 강조하는 표현입니다. 이러한 상황에서 어느 모로 보나 하나님은 심판을 위해 칼집에서 칼을 높이 빼어 드실 수

밖에 없으셨습니다.

그러나 30절의 말씀에서는 그 심판의 칼을 다시 칼집에 넣도록 하나님의 마음을 돌이킬 한 사람을 찾고 계십니다. 여기에 놀라운 반전이 있습니다. "나로 멸하지 못하게 할 사람"을 하나님께서 찾으셨다고 했는데, 많은 사람입니까? 아닙니다! 그럼 여러 사람입니까? 아닙니다! 한 사람입니다! 하나님께서 찾으시는 사람은 단 한 사람이었습니다! 둘도 아니고 '의인 한 사람'을 찾으셨던 것입니다. 이 사실은 우리에게 중요한 점을 상기시켜 줍니다. 예루살렘 성의 멸망은 악인이 너무 많아서라기보다는 의인 한 사람이 없었기 때문입니다.

새 언약: 예레미야 31장

인간의 근본적인 문제는 뒤틀린 마음이었습니다. 악하고 음란한 마음의 문제가 해결되지 않고서는 인간이 하나님의 뜻을 온전히 행할 수 없습니다. 비록 이스라엘이 하나님과 맺은 언약을 저버리고 율법을 무시했지만, 하나님은 그들을 포기하시지 않으셨습니다. 예레미야는 북이스라엘과 같이 남유다도 하나님의 심판을 받아 멸망할 것을 예언했습니다. 당시 이스라엘은 하나님께서 언제나 자신들을 구원하시고 회복시켜 주실 것이라 믿고 있었습니다. 그런 그들에게 심판에 관해 예언해야 했으니 그는 안타까움에 눈물 없이는 그 메시지를 전할 수 없었습니다.

> 어찌하면 내 머리는 물이 되고 내 눈은 눈물 근원이 될꼬 죽임을 당한 딸 내
>
> 백성을 위하여 주야로 울리로다 (렘 9:1)

이러한 예언 때문에 예레미야는 동포들로부터 매국노라는 비난을 감수해야 했습니다. 예레미야의 눈물은 사실 하나님의 눈물이었습니다. 자식의 잘못을 바로잡기 위해서 회초리를 들어야 하는 부모의 마음인 것이죠.

그러나 하나님께서는 유다 나라에게 심판의 메시지만을 주신 것이 아니었습니다. 심판 후에 회복이 있을 것도 말씀하셨습니다. 비록 남유다가 범죄하여 바벨론에 사로잡혀 가게 되지만 칠십 년이 지나면, 그들을 다시 돌아오도록 하시겠다는 놀라운 예언을 주셨습니다.

> 이 모든 땅이 폐허가 되어 놀랄 일이 될 것이며 이 민족들은 **칠십 년 동안** 바벨론의 왕을 섬기리라 여호와의 말씀이니라 **칠십 년이 끝나면** 내가 바벨론의 왕과 그의 나라와 갈대아인의 땅을 그 죄악으로 말미암아 벌하여 영원히 폐허가 되게 하되 (렘 25:11~12)

> 여호와께서 이와 같이 말씀하시니라 바벨론에서 **칠십 년이 차면** 내가 너희를 돌보고 나의 선한 말을 너희에게 성취하여 너희를 이 곳으로 돌아오게 하리라 여호와의 말씀이니라 너희를 향한 나의 생각을 내가 아나니 평안이요 재앙이 아니니라 너희에게 미래와 희망을 주는 것이니라 너희가 내게 부르짖으며 내게 와서 기도하면 내가 너희들의 기도를 들을 것이요 너희가 온 마음으로 나를 구하면 나를 찾을 것이요 나를 만나리라 이것은 여호와의 말씀이니라 나는 너희들을 다시 돌아오게 하되 내가 쫓아 보내었던 나라들과 모든 곳에서 모아 사로잡혀 떠났던 그 곳으로 돌아오게 하리라 이것은 여호와의 말씀이니라 (렘 29:10~14)

바벨론의 1차 침공 때 사로잡혀 간 자들 중에 다니엘이 있었습니다. 어느 날 다니엘은 예레미야 25장과 29장에서 예언한 말씀을 읽다가 칠십 년의 기한을 깨달으면서 가슴이 뜨거워졌습니다. 그리고 베옷을 입고 재를 덮어쓰며 민족을 위한 금식 기도에 들어갔습니다(단 9장). 이 기도는 민족을 구하는 위대한 회개 기도였습니다. 인간 편에서 회개의 기도가 하나님께 올려 졌을 때, 하나님 편에서 에스겔 선지자에게 예레미야 31장에서 주어진 것을 보완하는 새 언약을 주셨던 것입니다(겔 36~37장). 그렇다면 예레미야가 먼저 받은 새 언약의 내용은 무엇입니까?

> 여호와의 말씀이니라 보라 날이 이르리니 내가 이스라엘 집과 유다 집에 **새 언약**을 맺으리라 이 언약은 내가 그들의 조상들의 손을 잡고 애굽 땅에서 인도하여 내던 날에 맺은 것과 같지 아니할 것은 내가 그들의 남편이 되었어도 그들이 내 언약을 깨뜨렸음이라 여호와의 말씀이니라 그러나 **그 날 후에 내가 이스라엘 집과 맺을 언약은 이러하니 곧 내가 나의 법을 그들의 속에 두며 그들의 마음에 기록하여 나는 그들의 하나님이 되고 그들은 내 백성이 될 것이라** 여호와의 말씀이니라 그들이 다시는 각기 이웃과 형제를 가리켜 이르기를 너는 여호와를 알라 하지 아니하리니 이는 작은 자로부터 큰 자까지 다 나를 알기 때문이라 내가 그들의 악행을 사하고 다시는 그 죄를 기억하지 아니하리라 여호와의 말씀이니라 (렘 31:31~34)

이 말씀에 따르면, 하나님께서 이스라엘과 "새 언약"을 맺을 것이라고 예언하셨습니다. "새 언약"은 헌 언약, 곧 옛 언약을 전제합니다. 그렇다면 옛 언약은 무엇인가요? "내가 그들의 조상들의 손을 잡고 애굽 땅에서 인도하여 내던 날에 맺은 것"입니다. 즉 시내산 언약을 가리킵니다. 문제는 그 언약을 이스라엘이 깨뜨렸다는 데 있습니다. 시내산에서 언약을 맺는 날 이스라엘 백성은 두 번에 걸쳐 "다 행하겠다"고까지 맹세했습니다(출 19:8; 24:7). 그러나 엄밀히 말하면 이스라엘에게는 마음의 원함과는 달리 그것을 지킬 능력이 없었습니다.

옛 언약의 특징은 한마디로 외적 노력을 통해 내적 변화를 이루려는 것입니다. 신명기 6장 25절은 이를 잘 설명해 줍니다. "우리가 그 명령하신 대로 이 모든 명령을 우리 하나님 여호와 앞에서 삼가 지키면 그것이 곧 **우리의 의로움이니라 할지니라.**" 반대로 새 언약의 특징은 내적으로 변화되어 외적인 순종을 이루는 것입니다. 이것이 어떻게 가능합니까? "그 날 후에"입니다. 바로 성령께서 강림하셔서 우리 안에 들어오시고 우리 속에서 역사하실 때부터입니다. 이 약속은 사도행전 2장 1~4절에서 성취되었습니다.

예레미야 31장 32~33절은 하나님과 관계를 맺는 방식이 어떻게 다른지 말씀합니다. 32절에서는 두 돌판에 기록된 말씀이 중심이었다면, 33절에서는 하나님의 법이 마음에 기록된다는 겁니다. 시내산에서 율법이 수여되었다면 사도행전 2장에서 성령이 강림하실 때는 그 율법이 우리 마음에 새겨지게 됩니다. 여기서 중요한 점은 언약의 내용 자체는 바뀌지 않지만 그 언약을 이룰 수 있는 능력이 부여된다는 사실입니다. 하나님께서는 우리의 마음을 바꾸셔서 언약을 지킬 수 있게 하십니다. 마음의 변화 없이 행위로는 율법을 지킬 수 없기 때문입니다.

> 사람이 의롭게 되는 것은 율법의 행위로 말미암음이 아니요 오직 예수 그리스도를 믿음으로 말미암는 줄 알므로 우리도 그리스도 예수를 믿나니 이는 우리가 율법의 행위로써가 아니고 그리스도를 믿음으로써 의롭다 함을 얻으려 함이라 율법의 행위로는 의롭다 함을 얻을 육체가 없느니라 (갈 2:16)

> 무릇 율법 행위에 속한 자들은 저주 아래에 있나니 기록된 바 누구든지 율법책에 기록된 대로 모든 일을 항상 행하지 아니하는 자는 저주 아래에 있는 자라 하였음이라 (갈 3:10)

마지막으로 새 언약의 결과는 무엇입니까? 34절은 두 가지를 말씀합니다. 하나는 하나님을 알게 되는 것이고 다른 하나는 죄를 용서받는 것입니다. 왜 예수님이 영생을 "유일하신 참 하나님과 그가 보내신 자 예수 그리스도를 아는 것"이라고 정의했는지 이해됩니다(요 17:3). 모든 죄를 기억하지도 않을 만큼 철저하게 용서하시고 성령께서 우리 마음에 들어오심으로 말미암아, 하나님과의 교제가 회복되는 것입니다. 이것은 첫 인간이 타락하기 전처럼 친밀하고 밀접하며 깊이 있는 교제입니다. 예레미야가 받은 새 언약은 에스겔에 이르러 더 분명하게 드러납니다.

새 언약: 에스겔 36~37장

이스라엘은 시내 산에서 하나님과 맺은 언약에 충실하지 못했습니다. 가나안 문화에 동화되어 우상을 숭배하고 성적으로 타락했습니다(겔 6~11장; 사 65:3). 그 결과 하나님께서 앞서 경고하신 대로 세계 열강을 대리인으로 삼아 이스라엘을 심판하셨습니다(레 18:28; 겔 36:16~19). 하나님의 성품을 닮아 다름을 제대로 보여 주었다면, 세상으로부터 "이 큰 나라 사람은 과연 지혜와 지식이 있는 백성이로다"라는 평가를 받았을 것입니다(신 4:6). 그러나 바벨론에 포로로 잡혀가서는 "이들은 여호와의 백성이라도 여호와의 땅에서 떠난 자라"라는 비난을 받고 말았습니다(겔 36:20).

　이 말은 "여호와가 대단한 신 인줄 알았는데, 별거 아니네! 역시 우리 바벨론의 신, 마르둑이 최고야!"라고 할 수 있습니다. 성경 시대에 두 나라가 싸워서 어느 한 나라가 승리하면 그 나라의 신이 더 위대하다고 여겼습니다. 결국 하나님의 거룩한 이름이 이스라엘로 말미암아 땅에 떨어진 것입니다. 이처럼 율법을 어기고 우상을 숭배하며 성적으로 타락했던 이스라엘이 바벨론의 포로로 잡혀갔을 때에도, 하나님께서는 그들을 포기하시지 않고 다시 긍휼을 베풀어 주셨습니다. 그것이 바로 에스겔 선지자를 통해 주신 "새 언약"이었습니다.

> 내가 너희를 여러 나라 가운데에서 인도하여 내고 여러 민족 가운데에서 모아
>
> 데리고 고국 땅에 들어가서 **맑은 물**로 너희에게 뿌려서 너희로 정결하게 하되
>
> 곧 너희 모든 더러운 것에서와 모든 우상 숭배에서 너희를 정결하게 할

것이며 또 **새 영**을 너희 속에 두고 **새 마음**을 너희에게 주되 너희 육신에서

굳은 마음을 제거하고 부드러운 마음을 줄 것이며 또 **내 영**을 너희 속에 두어

너희로 내 율례를 행하게 하리니 너희가 내 규례를 지켜 행할지라 내가 너희

조상들에게 준 땅에서 너희가 거주하면서 내 백성이 되고 나는 너희 하나님이

되리라 (겔 36:24~31)

새 언약의 특징은 무엇입니까? 첫째, 하나님께서 이스라엘을 포로로 잡혀간 곳에서 구해 내실 것입니다. 과거에 이스라엘이 애굽에서 속박되었을 때 하나님의 능력과 사랑으로 그들을 구해 내신 것처럼 말입니다. 이 예언은 칠십 년이 지난 뒤 고레스 칙령에 따라 이스라엘이 고국으로 귀환했을 때 일차적으로 성취되었습니다(스 1:1~5). 그러나 궁극적으로는 하나님께서 죄, 죽음, 세상, 사탄에게 포로 된 자들을 예수 그리스도의 십자가 죽음과 부활을 통해 영원히 자유케 하실 것입니다.

둘째, 하나님께서 "맑은 물"로 이스라엘의 모든 더러운 죄와 우상 숭배의 죄를 깨끗하게 씻어 주실 것입니다. 하나님의 능력으로 포로에서 자유케 되었더라도 과거에 지은 죄의 문제가 해결되어야 했습니다. 이 부분에서 이스라엘 백성은 대속죄일을 떠올렸을 것입니다. 그러나 새 언약의 말씀은 그 이상의 의미를 지니고 있습니다. 바로 예수 그리스도의 대속적 희생을 통해 주어질 영원한 속죄입니다(요 1:29; 히 10:1, 14). 이 때문에 신약 성경의 의미로 바꾸면 "맑은 물"은 회개입니다.

예수님께서 니고데모에게 "물과 성령으로 나지 아니하면 하나님의 나라에 들어갈 수 없다"라고 하셨을 때, 그 "물"은 바로 "맑은 물"을 가리킨 것입니다(요 3:5). 즉, 거룩한 영이신 성령께서 우리 안에 들어오시기 위해서는 먼저 죄 사함이 선행되어야 합니다. 민수기 19장에서도 보면 부정케 된 자들이 정결케 되기 위해 특별한 물이 사용되었습니다(민 19:1~9). 죄를 용서받는 것이 중요하지만 하나님께서 이스라엘 백성에게 주신 사명, 곧 "거

룩한 백성, 제사장 나라"가 되기 위해서는 그 이상의 조치가 필요했습니다.

셋째, 하나님께서는 "새 영"(a new spirit)과 "새 마음"을 주실 것입니다. 과거에 지은 죄들이 맑은 물로 씻겨 정결케 되더라도 근본적인 문제는 해결되지 않습니다. 인간의 마음 그 자체가 비뚤어지고 뒤틀려 있기 때문입니다. 호세아는 이러한 인간의 상태를 "음란한 영"(a spirit of prostitution)으로 묘사했습니다(호 4:12). 여기에 하나님의 딜레마가 존재합니다. 인간들이 하나님의 뜻을 온전히 지키지 못하니 율법의 내용을 바꾸실 것인지, 아니면 그것을 온전히 지킬 수 있는 마음으로 새롭게 바꾸어 주실 것인지 하는 문제입니다.

만일 하나님께서 율법의 수준을 낮춘다면 문제는 더 심각해집니다. 왜냐하면 하나님이 하나님 되시지 못하기 때문입니다. 죄를 조장하고 허용하는 분이 하나님이실 수는 없습니다! 그래서 하나님께서는 인간의 악한 정신과 마음을 새롭게 바꾸시기로 하셨습니다. 다시 말해 하나님을 대적하고, 하나님을 중심에 두지 않는 '헌 영'을 대체해서, 하나님을 사랑하고 하나님의 뜻에 순종하며 하나님을 섬기고자 하는 새로운 정신과 마음을 주시겠다는 것입니다. 비유하자면 음식점에서 고기를 구워 먹다가 "이모, 여기 불판 갈아 주세요"라고 하듯이 우리 마음판을 새롭게 교체하는 것입니다. 하나님께서 우리에게 율법을 지킬 수 있는 능력을 부여해 주시는 것입니다.

앞서 예레미야 31장 33절에서는 새 언약의 특징을 "내가 나의 법을 그들의 속에 두며 그들의 마음에 기록하여"라고 했습니다. 그렇게 되려면 우리의 굳은 마음이 제거되고 부드러워져야 합니다(겔 36:26). 이는 '하나님을 향하여 열려 있고, 특히 하나님의 말씀에 경청하는 마음이며, 성령의 인도하심에 민감하게 반응하여 순종하고, 이웃을 향해 열려 있는 마음'을 의미합니다.[26] 이것은 특정한 사람에게만 주어지는 것이 아니라 장차 모든 사람에게 주어질 것입니다(욜 2:28~29; 행 2장). 그렇다면 어떻게 새 영과 새 마음을 소유할 수 있을까요?

넷째, 하나님께서 만민에게 성령을 부어주실 때 새 영과 새 마음을 소유하게 됩니다. 에스겔 36장 27절은 이렇게 말합니다. "또 내 영(My Spirit)을 너희 속에 두어 너희로 내 율례를 행하게 하리니 너희가 내 규례를 지켜 행할지라." "내 영"은 26절의 "새 영"(new spirit)과 구분해야 합니다. "내 영"은 성령을 의미합니다. 성령께서 우리 안에 계셔서 역사하시기 때문에 우리는 하나님의 규례 즉 하나님의 말씀에 순종하는 거룩한 백성이 될 수 있습니다. 새로운 차원에서 우리는 하나님의 백성이 되고, 하나님은 우리의 하나님이 되십니다(28절).

이 약속은 사도행전 2장 1~4절에서 실제로 성취되었습니다. 구약 시대에는 특별한 사람에게, 특별한 목적을 위해, 특별한 기간 동안만 성령이 주어졌습니다. 그러나 이제는 남녀노소 모든 사람에게 성령이 주어지게 되었습니다. 그리고 그 성령은 임무를 마치시고 떠나시는 분이 아니라 우리 안에 계셔서 내주하십니다. 그로 말미암아 우리는 하나님의 뜻에 온전하게 순종하며 하나님의 성품을 드러내고 "거룩한 백성, 제사장 나라"로서의 사명을 감당할 수 있게 되었습니다.

마른 뼈 환상으로 유명한 37장은 36장에서 예언된 새 언약의 그림입니다.[27] 동일한 사건을 입체적으로 보여주는 장면입니다. 하나님께서는 에스겔 선지자에게 마른 뼈들로 가득한 골짜기를 보여주십니다. 그런데 갑자기 그 마른 뼈들이 서로 만나 그 위에 힘줄이 생기며 살이 입혀졌습니다. 그러나 한 가지 문제가 있습니다. "생기가 없었습니다"(겔 37:8). 주님께서 "생기야 사방에서부터 와서 이 죽음을 당한 자에게 불어서 살아나게 하라"라고 하셨을 때, 그들은 지극히 큰 군대가 되었습니다(9~10절). 마른 뼈 환상은 바로 이스라엘의 모습을 보여 주는 것입니다!

또 내게 이르시되 인자야 이 뼈들은 이스라엘 온 족속이라 그들이 이르기를

우리의 뼈들이 말랐고 우리의 소망이 없어졌으니 우리는 다 멸절되었다 하느니라 그러므로 너는 대언하여 그들에게 이르기를 주 여호와께서 이같이 말씀하시기를 내 백성들아 내가 너희 무덤을 열고 너희로 거기에서 나오게 하고 이스라엘 땅으로 들어가게 하리라 내 백성들아 내가 너희 무덤을 열고 너희로 거기에서 나오게 한즉 너희는 내가 여호와인 줄을 알리라 내가 또 **내 영(my Spirit)**을 너희 속에 두어 너희가 살아나게 하고 내가 또 너희를 너희 고국 땅에 두리니 나 여호와가 이 일을 말하고 이룬 줄을 너희가 알리라 여호와의 말씀이니라 (겔 37:11~14)

그래도!

옛 언약에 비할 때 새 언약은 혁명적인 약속이었습니다. 구약성경과 이스라엘의 역사에 있어서 그 흐름을 완전히 바꾸는 말씀입니다. 새 언약 때문에 신약성경이 필요하게 되었습니다. 새 언약이 성취되기 위해서 예수님은 오셔야 했고 십자가에서 죽으시고 부활하셔야 했습니다. 죄 문제에 대한 근본적인 해결책이 제시된 것입니다. 그뿐만 아니라 부활하시고 승천하신 주님께서 하나님께 성령을 받아 부어 주심으로 "새 영과 새 마음"도 주어지게 될 것입니다(행 2:33, 38). 새 언약은 하나님과 새로운 차원에서 언약을 맺게 할 것입니다.

사람이 이르기를 **'이 땅이 황폐하더니 이제는 에덴동산 같이 되었고 황량하고 적막하고 무너진 성읍들에 성벽과 주민이 있다'** 하리니 (겔 36:35)

만군의 여호와가 이와 같이 말하노라 그 날에는 말이 다른 이방 백성 열 명이 유다 사람 하나의 옷자락을 잡을 것이라 곧 잡고 말하기를 **'하나님이 너희와 함께 하심을 들었나니 우리가 너희와 함께 가려 하노라'** 하리라 하시니라 (슥 8:23)

이 얼마나 놀라운 약속입니까? 사람들의 평판도 완전히 바뀌었습니다 (20절). 땅에 떨어졌던 하나님의 거룩하신 이름도 다시 영광을 얻게 되었습니다. 그러나 이 모든 일은 저절로 성취되지 않습니다. 하나님 편에서는 어마어마한 희생이 치러질 것입니다. 세상을 위해 당신의 사랑하는 독생자 예수 그리스도를 십자가에 내어 줄 것이기 때문입니다. 그렇다면 우리 편에서 해야 할 일이 무엇입니까? 기도입니다! 기도만이 새 언약의 예언을 우리가 경험할 수 있게 합니다. 사도행전이 '성령행전'이면서 동시에 '기도행전'으로 불리는 이유가 바로 여기에 있습니다.

> 주 여호와께서 이같이 말씀하셨느니라 **그래도 이스라엘 족속이 자기들에게 이루어 주기를 내게 구하여야 할지라** 내가 그들의 수효를 양떼 같이 많아지게 하되 (겔 36:37)

Season 2

구약과 신약 사이에서

뷰포인트
마태복음 1:1~17

많은 사람이 성경 일독을 목표로 성경을 펼쳤다가 족보를 만나면 큰 좌절 감을 느낍니다. 마태복음 1장의 족보도 그 대표적인 경우이지요. 하지만 이 족보는 구약성경과 신약성경을 연결해 주는 아주 중요한 내용을 담고 있습니다. 특별히 구약성경을 아브라함과 다윗, 이 두 사람으로 요약할 뿐 만 아니라 그 두 사람을 예수 그리스도와 연결시키고 있습니다. 이는 아 브라함에게 약속된 온 세상의 구원과 회복, 그리고 다윗을 통해 주어진 영 원한 하나님 나라가 예수님을 통해 성취되고 있음을 알려 주는 강력한 선 포입니다.

믿음, 소망, 사랑

아브라함은 보편 역사에서 특수 역사로 전환되는 터닝 포인트의 인물로서 믿음(신뢰)의 조상입니다. 하나님께서 온 세상과 관계를 맺는 방법은 믿음 이었고, 장차 그 믿음을 통해 사람들을 의롭다고 여겨 주실 것이었습니다. 그 출발점이 아브라함입니다(갈 3:8). 그러므로 아브라함의 삶은 어떻게 점 진적으로 하나님을 신뢰하는 사람이 되어 갔는지를 잘 보여줍니다. 특별히 사랑하는 독자 이삭을 번제물로 바치는 과정에서 그의 믿음은 절정에 이르 렀죠. 야고보서는 이 장면을 강조하면서 아브라함의 믿음이 행함으로 완성 되었다고 말합니다(약 2:21~22).

　　다윗은 한마디로 소망의 사람입니다. 사무엘상 13장에서 사울을 버리 신 하나님은 그를 대체할 자로 당신의 마음에 합한 자 다윗을 선택하셨습 니다. 그리고 16장에서 다윗은 사무엘을 통해 기름부음을 받습니다. 물맷 돌 하나로 골리앗을 쓰러뜨리며 국가적 영웅으로 등극하기도 했습니다. 그 러나 왕이 되기까지 그는 상당히 오랫동안 생사의 고비를 넘나드는 고난의 삶을 살았습니다. 때로는 미친 척도 불사하며 블레셋으로 망명하기도 했습 니다. 무엇보다도 다윗은 대부분의 시간을 광야에서 보냈습니다. 소망이 없이는 결단코 견딜 수 없는 시간이었습니다. 그러나 그 모든 과정을 다 통과한 후 다윗은 이스라엘의 가장 위대한 왕이 되었습니다. 더 나아가 하나님으로부터 장차 다윗의 씨에서 영원한 왕위를 견고하게 해주시겠다는 언약도 받았습니다(삼하 7:12~16).

예수 그리스도는 사랑의 사람입니다. 성경은 "하나님은 사랑이시라"라고 말씀합니다(요일 4:8, 16). 그 하나님의 사랑을 보여 주신 분이 바로 예수 그리스도이셨습니다. "우리가 아직 죄인 되었을 때에 그리스도께서 우리를 위하여 죽으심으로 하나님께서 우리에 대한 자기의 사랑을 확증하셨느니라"(롬 5:8). 하나님은 우리를 말로만 사랑한다고 하시지 않고 그것을 확인할 수 있도록 보여 주셨습니다. 예수 그리스도의 십자가 죽음을 통해서입니다. 십자가는 사랑의 절정이었습니다(요일 4:10).

믿음, 소망, 사랑은 기독교를 대표하는 핵심 가치입니다. 그러나 결코 추상적인 개념에 머물지 않고 세 사람을 통해 구체적으로 설명되고 입증되었습니다. 여기에 기독교의 능력이 있습니다. 바울 사도는 이 세 가지와 연관하여 다음과 같이 말씀했습니다. "그런즉 믿음, 소망, 사랑, 이 세 가지는 항상 있을 것인데 그 중의 제일은 사랑이라"(고전 13:13). 사랑이 제일인 이유는 믿음은 과거 지향적이고 소망은 미래 지향적이지만, 사랑은 현재의 삶을 강조하기 때문입니다. 무엇보다도 그리스도께서 재림하실 때에도 사랑만은 영원히 지속될 것입니다.[28]

족보의 의미

이제 마태복음 1장에 나타난 족보의 의미를 좀 더 파고들어 보겠습니다. 족보를 요약해 주는 17절은 우리의 이해에 큰 도움을 줍니다. 이 말씀에 따르면 족보는 세 시기로 구분됩니다. 먼저 아브라함부터 다윗까지 14대로 1세대라고 할 수 있습니다. 다음 2세대는 다윗부터 바벨론으로 사로잡혀 갈 때까지의 14대입니다. 마지막 3세대는 바벨론으로 사로잡혀 간 후부터 그리스도까지 14대입니다. 이러한 성경의 구분은 지금까지 전개해 온 구원역사의 드라마를 잘 요약해 줍니다. 구약성경의 역사가 이 족보에 모두 담겨 있죠.

간단히 그림으로 표현해 보면 그 의미가 더욱 입체적으로 살아나는 것을 확인할 수 있습니다.

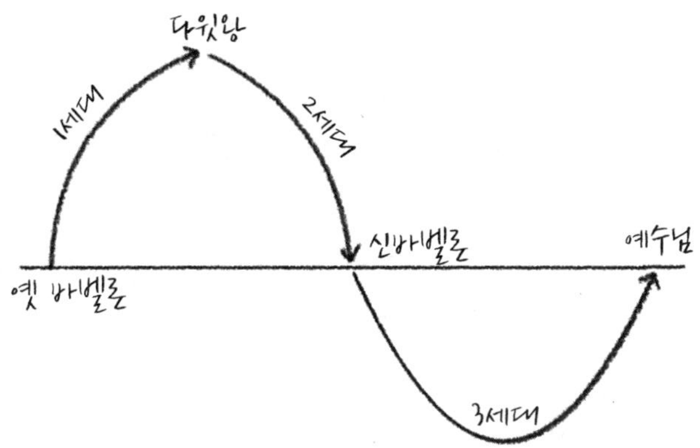

이 족보는 바벨론에서 나와 다시 바벨론으로 들어가는 이야기입니다. 애굽과 바벨론은 흔히 '세상'에 비유됩니다. 그러므로 이는 세상에서 불러 냄을 받았지만 죄로 인해 심판을 받아 다시 세상으로 끌려 들어가는 이야기라고도 할 수 있습니다. 이것은 우리의 신앙과도 비슷합니다. 우리 각자에게도 바벨론이 있습니다. 하나님께서 바벨론에 있던 아브라함을 불러내신 것처럼 어느 날 우리도 바벨론에서 구원해 내셨습니다. 그 이후 가나안을 향해 가는 사람들이 있는가 하면 다시 바벨론으로 향하는 사람들도 있습니다. 여러분은 어디에 속해 계십니까?

1세대의 사람들

이제 각 세대의 특징을 살펴보겠습니다. 1세대에 속한 인물들을 보십시오. 아브라함-이삭-야곱-유다-다말에게서 베레스-헤스론-람-아미나답-나손-살몬-라합에게서 보아스-룻에게서 오벳-이새-다윗 왕까지 이어집니다. 대단한 사람은 한 사람도 없습니다. 아브라함은 바벨탑이 세워졌던 지역 출신에 부친은 우상 장수였고 무자(無子)한 노인이었습니다. 아내를 두 번이나 누이라고 속인 일은 그의 인간 됨됨이를 보여 주는 단적인 예입니다. 무엇보다도 아브라함은 하나님의 약속을 자신의 방법으로 이루려고 했던 사람임을 우리는 이미 자세하게 보았습니다.

그럼 이삭은 좀 나았을까요? 이삭의 이야기는 아브라함과 야곱에 비하면 다소 미미합니다. 존재감이 희미했던 사람이었죠. 부전자전이라고 역시 아내를 누이라고 속입니다. 이삭과 리브가는 각각 자녀들을 편애했습니다. 그러니 가정이 온전할 리가 없었겠죠. 그러면 야곱은 어땠습니까? 아버지를 속여 장자권을 가로챘고, 외삼촌 라반의 집으로 도망해 네 여인을 거느리며 부자가 되었습니다. 하지만 남을 속인 자는 다시 속임을 당한다는 인과응보의 법칙을 뼈저리게 깨달아야 했습니다. 하여간 잔머리의 황제 야곱은 우리와 여러 면에서 친숙한 인물입니다.

이제 유다와 다말이 등장합니다. 유다는 첫째 아들 엘을 위해 다말을 며느리로 삼았습니다. 그런데 엘과 둘째 아들 오난이 모두 하나님의 심판으로 죽습니다. 다말은 유다의 셋째 아들인 셀라가 성장할 때까지 친정에 돌아갔고, 셀라가 장성했음에도 부름을 받지 못하자 앙심을 품었습니다. 그리고 매춘부 행색을 하여 시아버지와의 사이에서 아들 베레스를 낳습니다. 성경에는 이런 충격적인 이야기도 적나라하게 기록되어 있습니다. 이런 점을 보면 성경은 참으로 위대한 책입니다. 지저분한 인간사를 그대로 옮겨 놓았으니까요. 다른 종교의 경전들은 좋은 이야기, 미화된 이야기들로 채색되는 것이 보통인데 말이죠.

또 다른 여인 라합은 여리고성의 매춘부였습니다. 여호수아가 여리고성을 정탐하라고 보낸 두 사람 중 하나가 살몬입니다. 살몬이 라합과 눈이 맞아 그 사이에서 보아스가 태어났죠. 천한 출생 때문이었는지 보아스는 결혼하지 못 하고 노총각으로 늙어갔습니다. 그러다가 모압 여인 룻을 만나게 되었고, 그 후손에서 다윗의 할아버지와 아버지가 나왔습니다. 다말,

라합, 룻! 이방인인 세 여자가 신성한 족보에 당당히 이름을 올렸습니다.

결국 정리하면, 1세대의 인물들은 인간적 조건으로 보면 미약하고 부족하며 천한 사람들이었습니다. 그렇기 때문에 그들은 하나님을 의지할 수밖에 없었습니다. 자신들의 낮음을 알고 크신 하나님께 매달린 것이죠. 그렇게 했을 때 하나님은 그들은 받아주셨고 그들의 신분도 높여 주셨습니다. 어느 정도까지 높여주셨나요? 다윗 왕이 나올 정도까지입니다. 다윗은 이스라엘에서 가장 위대한 왕이고, 사무엘하 7장을 보면 '다윗 언약'을 통해 예수 그리스도께서 영원한 왕위를 이으실 것이 예언되었습니다.

2세대의 사람들

이제 두 번째 세대의 사람들을 살펴볼 차례입니다. 2세대의 사람들은 모두 왕들이었습니다. 1세대를 구성한 사람들과는 달리 유명한 사람들이죠. 게다가 전부 정통 유다 지파 출신이었습니다. 그러나 그들의 특징은 무엇입니까? 교만입니다![29] 다윗을 언급하면서 또다시 한 여성을 족보에 등장시킵니다. "우리아의 아내" 밧세바와 다윗의 이야기는 그가 얼마나 교만했는지를 잘 보여 줍니다. 그의 아들 솔로몬은 처음에는 겸손하게 시작했지만 나중에는 정략결혼으로 아내를 많이 두면서 우상이 들끓게 만들었습니다.

르호보암은 또 어떠했습니까? 나라를 두 개로 쪼개지게 한 장본인이었습니다. 그래도 아사, 여호사밧, 히스기야, 요시야 같은 왕들은 종교 개혁을 주도한 선한 왕들이었습니다. 반면 아하스, 므낫세, 여고냐는 우상을 숭배했고, 그중에서도 므낫세는 어린 나이에 왕위에 올라 일월성신을 섬기며 성전을 우상으로 꽉 채운 유다 최악의 왕이었습니다. 2세대의 특징은 하나님을 의지하지 않아도 된다고 생각했던 사람들이라는 점입니다. 자신의 방법과 지혜를 더 의지했죠. 우상숭배와 성적 타락으로 인해 그들은 하나님의 심판을 받아 결국 바벨론으로 끌려갔습니다.

3세대의 사람들

세 번째 세대의 사람들은 바벨론에 사로잡혀 간 후부터 그리스도까지 14대입니다. 바벨론이 두 번 언급되어 헷갈릴 수 있으므로 설명이 조금 필요합니다. 아브라함이 부름을 받은 곳은 옛바벨론입니다. 그리고 나중에 남유다가 사로잡혀 간 곳은 신바벨론이죠. 그러니까 신바벨론은 옛바벨론을 이은 나라입니다. 바벨론은 오래전부터 강국이었습니다. 오늘날로 치면 이라크에 해당합니다. 1990년대 초반에 있었던 이라크 전쟁은 사담 후세인이 바벨론의 영광을 회복하려고 일으킨 전쟁이었지요.

이 세대 구성원들의 특징은 무엇입니까? 낮아짐과 정결입니다. 교만했던 그들은 우상숭배와 성적 타락으로 나라가 멸망하고 다른 나라에 포로로 잡혀갔습니다. 종과 노예로 살면서 얼마나 힘들고 비참한 삶을 살았겠습니까? 그러면서 그들의 마음은 겸손해졌을 것이고 자신들이 범했던 두 가지 죄를 떠올리며 이를 갈았을 것입니다. 또한 그 세대의 사람들은 이름만 기록되어 있을 뿐, 그들이 무엇을 하며 지냈는지 정확하게 알 수 없습니다. 한마디로 무명의 사람들이라고 할 수 있죠.

무엇보다도 그 세대는 성전도 없고 제사장도 없었으며 왕도 없었습니다. 하나님께서 간간이 선지자들을 일으키셔서 당신의 뜻을 알려 주셨습니다. 그러나 그것도 말라기 선지자까지였습니다. 더 이상 하나님의 임재와 말씀이 주어지지 않았던 그 시기를 '영적인 암흑기'라고 합니다. 바로 그때! 영적 암흑기를 뚫고 새로운 시대를 알리기 위하여 혜성같이 등장한 사람이 세례 요한이었습니다. 그가 광야에 외치는 소리로 길을 예비하는 사역을 마쳤을 때, 가시밭의 백합화처럼 등장하신 분이 곧 왕으로, 선지자로, 제사장으로 오신 예수 그리스도이셨습니다.

예수님의 사역 모델

뷰포인트
마태복음 3~10장

이스라엘은 시내산에서 하나님으로부터 부여받은 정체성과 사명에 충실하지 못했습니다. 결국 나라가 두 개로 갈라졌고 급기야 앗수르와 바벨론에게 멸망당했습니다. 그 과정에서 하나님은 긍휼을 베풀어 주셔서 이스라엘과 새 언약을 맺기로 약속하셨습니다. 새 언약이 성취되기 위해서는 반드시 예수님께서 십자가에서 죽으시고 부활하시는 구속 사역이 완성되어야 했습니다. 또한 승천하셔서 아버지 하나님께 성령을 받아 우리에게 부어주셔야 했습니다(행 2:33). 그래야 교회가 탄생되어 이스라엘의 정체성과 사명을 이어받을 수 있습니다.

세례요한: 길을 예비하는 사역

마태복음 1~2장에서는 예수님을 왕으로 소개합니다(마 2:2). 그런데 왕이 행차하기 전에 반드시 사신들이 먼저 가서 왕이 오실 길을 예비합니다. 예를 들어 한국의 대통령이 미국을 방문할 때 적어도 몇 달 전에 보좌진들이 미리 가서 준비를 마쳐 놓는 것과 같습니다. 그렇기 때문에 예수님께서 공식적으로 사역에 들어가시기 전에 앞서가서 길을 예비하는 사람이 필요했습니다. 마태복음 3장에서 세례 요한이 등장하는 것은 바로 그런 이유에서입니다. 이사야와 말라기 선지자는 세례 요한이 어떤 사역을 해야 할지를 미리 예언했습니다.

외치는 자의 소리여 이르되 너희는 광야에서 여호와의 **길을 예비하라** 사막에서 우리 하나님의 **대로를 평탄하게 하라** 골짜기마다 돋우어지며 산마다, 언덕마다 낮아지며 고르지 아니한 곳이 평탄하게 되며 험한 곳이 평지가 될 것이요 여호와의 영광이 나타나고 모든 육체가 그것을 함께 보리라 이는 여호와의 입이 말씀하셨느니라 (사 40:3~5; 눅 3:4~6)

만군의 여호와가 이르노라 보라 내가 내 사자를 보내리니 그가 내 앞에서 **길을**

준비할 것이요 또 너희가 구하는 바 주가 갑자기 그의 성전에 임하시리니 곧
너희가 사모하는바 언약의 사자가 임하실 것이라 (말 3:1)

보라 여호와의 크고 두려운 날이 이르기 전에 내가 선지자 엘리야를 너희에게
보내리니 그가 아버지의 마음을 자녀에게로 **돌이키게** 하고 자녀들의 마음을
그들의 아버지에게로 **돌이키게** 하리라 **돌이키지** 아니하면 두렵건대 내가
와서 저주로 그 땅을 칠까 하노라 하시니라 (말 4:5; 마 11:14; 눅 1:16~17)

이상의 말씀을 보면 세례 요한은 주님께서 오시는 길을 예비해야 했는
데 구체적으로 사람들의 마음을 준비시키는 것이었습니다. 그 사역은 한
마디로 회개시키는 것이었습니다. 그가 선포한 회개의 메시지는 신약성경
최초의 메시지였습니다. 다시 말해서 400년 만에 하나님께서 침묵을 멈추
시고 인간들에게 찾아오셔서 주신 메시지가 "회개하라 천국이 가까이 왔
느니라"입니다(마 3:2). 회개란 지금까지의 삶의 방식이 잘못 되었기 때문
에 바꾸라는 것입니다.

언뜻 생각하면 회개하라는 메시지는 부정적으로 비칠 수 있지만, 회개
하기만 하면 하나님께서 받아주시겠다는 긍정적인 약속이 담겨 있습니다.
이는 하나님께서 인간을 포기하시지 않으셨다는 뜻이고, 여전히 관심을 갖
고 관계가 개선되기를 바라며 만나 주시겠다는 의미입니다. 더 나아가 회
개하기만 하면 하나님께서 그들을 통해 '하나님의 나라'를 이루시겠다고 하
십니다. 초반 에피소드에서 살펴봤듯 하나님의 나라는 '하나님의 통치'입
니다. 결국 회개하는 사람들을 통해 하나님께서 통치하시는 나라를 이루어
내시겠다는 선포입니다. 얼마나 큰 하나님의 사랑입니까?

예수님의 준비 1: 세례

요한의 사역은 수많은 사람에게 영향을 미쳤습니다. 예루살렘과 온 유대

와 요단 사방에서 사람들이 그에게 나아와 죄를 자복하고 세례를 받았습니다. 심지어 예수님도 세례를 받으셨습니다. 사실 예수님은 죄가 없는 분이셨기 때문에 세례 받으실 필요가 없었습니다. 그렇다면 왜 예수님께서 세례를 받으셨을까요? 먼저, 예수님은 세례를 필요로 하는 인간들과 자신을 동일시하셨습니다. 또한 세례를 통해 예수님께서 구약에서 예언된 메시아이심이 확인되었습니다. 세례 후에 성령이 비둘기같이 임하시고 하늘로부터 소리가 있었던 것이 그 증거였습니다.

내가 여호와의 명령을 전하노라 여호와께서 내게 이르시되 너는 내 아들이라

오늘 내가 너를 낳았도다 (시 2:7)

내가 붙드는 나의 종, 내 마음에 기뻐하는 자 곧 내가 택한 사람을 보라 내가

나의 영을 그에게 주었은즉 그가 이방에 정의를 베풀리라 (사 42:1)

더 나아가 예수님께서 세례를 받으실 때 성령께서 비둘기같이 내려 그 위에 임하셨다는 것은 앞으로 그가 하실 대제사장의 사역을 위한 기름 부음이었습니다. 마태복음 1~2장에서는 예수님을 왕으로 소개했고, 이제부터는 대제사장으로 소개하겠다는 것입니다. 나중에 마태복음 5~7장의 산상수훈은 예수님을 선지자로 묘사합니다. 이로써 구약 시대의 기름 부음 받은 삼중직인 왕, 대제사장, 선지자가 예수님께로 통합됩니다. 마지막으로 예수님께서 요한에게 세례를 받으신 가장 중요한 이유는 장차 공생애 사역을 통하여 죽음을 향해 가시겠다는 결연한 의지의 표현이었습니다.

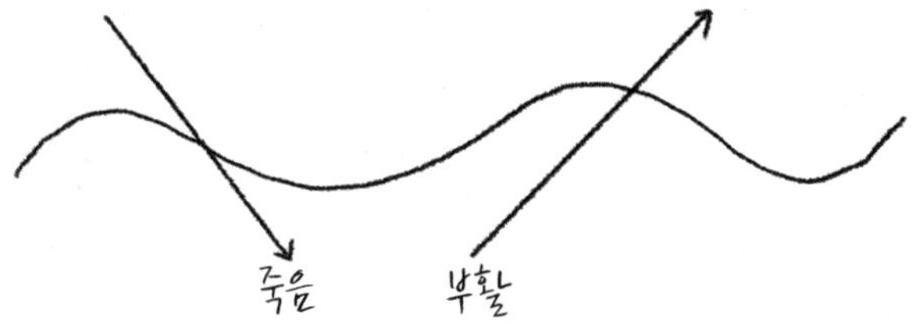

예수님의 준비 2: 시험

그런데 예수님께서 십자가의 사역으로 향하시기 전에 마귀에게 시험을 받으셨습니다. 사실 하늘로부터 "내 사랑하는 아들이요 내 기뻐하는 자라"라는 음성을 들으시고 곧바로 공적인 사역으로 들어가실 수도 있었습니다. 그러나 예수님께서는 마귀가 주는 시험에서 승리하심으로 새로운 족속을 만들어 내는 마지막 아담임을 증명하셔야 했습니다. 첫 사람 아담의 불순종으로 말미암아 온 인류는 죄인으로 구성된 족속이 되었습니다(롬 5:12). 그러나 마지막 아담이신 예수님의 순종으로 말마임아 의인으로 구성된 족속이 나오게 된 것입니다(고전 15:45).

그렇다면 예수님께서 시험받으신 세 가지는 무엇이었습니까? 우선 마귀는 40일 동안 금식하신 예수님께 돌을 떡으로 만들어 보라고 유혹했습니다. 사실 온 우주 만물의 창조주이신 예수님께서는 충분히 돌을 떡으로 만드실 수 있었습니다. 그러나 예수님은 신명기 8장 3절의 말씀을 인용하시며 거부하셨습니다. "사람이 떡으로만 살 것이 아니요 하나님의 입으로부터 나오는 모든 말씀으로 살 것이니라"(마 4:4). 만일 예수님께서 돌을 떡으로 만드셨다면 그 즉시로 사람들로부터 경제 대통령으로 추앙되셨을 겁니다(요 6:15).

마귀가 두 번째로 유혹한 것은 성전 꼭대기에서 뛰어내리라는 것이었습니다. 첫 번째 유혹이 굶주림에 대한 육신적인 시험이었다면, 두 번째 유혹은 종교적인 시험이었습니다. 만일 예수님께서 높은 성전 꼭대기에서 뛰어내리셨는데 손끝 하나 발끝 하나 다친 곳이 없으셨다면 수많은 사람에게 박수갈채를 받으시며 단숨에 슈퍼스타가 되셨을 겁니다. 하지만 예수님께서는 신명기 6장 16절의 말씀을 인용하시며 거부하셨습니다. "주 너의 하나님을 시험하지 말라 하였느니라"(마 4:7).

이제 마귀의 마지막 유혹입니다. 천하만국과 그 영광을 보여 주며 자신에게 엎드려 경배하면 다 주겠다는 겁니다. 이 시험은 상당히 교묘하고 무서운 것이었습니다. 십자가 고난과 죽음 없이 영광을 얻으라는 유혹이 있기 때문입니다. 그러나 예수님은 이 세상 나라를 세우러 오신 분이 아니라 하나님의 나라를 이룩하시기 위해 오신 분이었습니다. 그렇기 위해서는 한 알의 밀이 땅에 떨어져 죽어야 했습니다. 예수님은 역시 말씀으로 이 유혹을 물리치셨습니다. "주 너의 하나님께 경배하고 다만 그를 섬기라" (마 4:10; 신 6:16).

첫 번째 아담은 에덴동산에서 사탄에게 시험을 받아 넘어갔습니다. 그러나 예수님은 광야에서 시험을 받아 승리하셨습니다. 마지막 아담이심을 증명하신 겁니다. 사실 첫 번째 아담이나 마지막 아담이 받은 시험은 동일한 유형이었습니다. "먹음직한" 것은 돌을 떡으로 만들라는 시험과 같고, "보암직한" 것은 천하만국과 영광을 보여주며 절하고 경배하라는 시험과 같으며, "지혜롭게 할 만큼 탐스러운" 것은 성전 꼭대기에서 뛰어내리라는 시험과 비슷합니다(창 3:6).

이러한 시험은 첫 번째 아담과 마지막 아담이신 예수님에게만 있었던 것은 아니었습니다. 출애굽한 이스라엘 백성들도 광야를 지나면서 똑같은 시험에 봉착했습니다. 민수기 11장부터 20장까지를 보면 이스라엘 백성들이 여러 번 하나님을 원망한 장면이 나옵니다. 대표적으로 세 가지입니다. 민수기 11장에서 이스라엘 백성들은 '먹는 문제'로 하나님께 불평했습니다. 민수기 13~14장의 가나안 정탐꾼 사건은 '보는 문제'와 연관됩니다. 민수기 16장에서 고라, 다단, 그리고 온이 당을 만들어서 하나님께 대항했는데 이것은 '지혜의 문제'였습니다.

"먹음직도 하고 보암직도 하고 지혜롭게 할 만큼 탐스럽기도 한" 이 세 가지는 성경 전체에 깔려 있는 근본적인 문제입니다. 결국 인간이 당하는 유혹도 이 세 가지 범주를 벗어나지 않습니다. 이것을 깊이 깨닫고 묵상한 사람이 사도 요한이었습니다. "이 세상이나 세상에 있는 것을 사랑하지 말라 누구든지 세상을 사랑하면 아버지의 사랑이 그 안에 있지 아니하니

이는 세상에 있는 모든 것이 육신의 정욕과 안목의 정욕과 이생의 자랑이니 다 아버지께로 온 것이 아니요 세상으로부터 온 것이라"(요일 2:15~16).

첫 인간 아담과 광야에서 이스라엘 백성들이 넘어간 유혹에 예수님께서는 똑같이 반응하지 않으셨습니다. 예수님은 세 번 모두 말씀으로 이기셨고 끝까지 하나님 아버지를 신뢰하셨습니다. 이로써 예수님은 마귀가 제시한 십자가 없이 메시아가 되라는 달콤한 유혹에서 승리하셨습니다. 이 사건을 통해 그분의 신분과 사역이 분명하게 드러났습니다. 신분으로서는 예수님께서 메시아요 구원자라는 것이고, 사역으로서는 그가 우리 죄를 위해 죽으시고 부활하셔서 우리 죄 문제를 해결하실 수 있는 분임이 증명되었습니다.

예수님의 준비 3: 세 시기 후

예수님께서 공적인 사역에 들어가시면서 전하신 메시지가 "회개하라 천국이 가까이 왔느니라"입니다. 그런데 마태복음 4장 17절은 "이 때부터"라는 어떤 시점을 강조하고 있습니다. 그렇다면 어느 때부터입니까? 12~16절은 세 가지의 시점을 밝혀 줍니다. 첫 번째는 세례 요한이 잡힌 후부터입니다. 이 사건이 예수님의 공생애와 연관성이 있는 것은 요한이 길을 예비하는 사역을 마쳐야 메시아가 사역할 수 있기 때문입니다. 이제 예수님은 요한의 사역을 물려받으실 차례가 되셨습니다.

두 번째는 예수님께서 사역의 전진 기지를 나사렛에서 가버나움으로 옮기신 후부터입니다(13절). 예수님은 베들레헴에서 태어나셨지만, 헤롯의 영아 학살로 애굽으로 피신하셨다가 돌아오신 후부터 나사렛에서 사셨습니다. 그곳에서 유년 시절을 보내셨고, 아버지의 가업을 이어 목수로 가족의 생계를 잇기도 하셨습니다. 고향은 익숙하고 편안하며 울타리가 되어 주는 정든 곳입니다. 그러나 예수님은 사적인 삶에 머무르지 않으시고 온 세상의 구원을 위해 공인의 삶을 사셔야 했습니다. 복음을 위해 정(情)으로 묶여 있는 관계에서 떠나셨습니다.

마지막, 세 번째는 예수님께서 빛으로 소개되신 때부터입니다. 16절은 다음과 같이 말씀합니다. "흑암에 앉은 백성이 큰 빛을 보았고 사망의 땅과 그늘에 앉은 자들에게 빛이 비치었도다." 마태복음에서 예수님이 처음으로 빛으로 소개되신 것입니다. 그전에는 "임마누엘, 유대인의 왕, 그리스도, 다스리는 자, 이스라엘의 목자, 내 아들"로 소개되셨습니다(마 1:23; 2:2, 4, 6, 15). "큰 빛"이 갈릴리를 비출 것이라는 말씀은 이사야 선지자의 예언이기도 했습니다(사 9:1~2). 이러한 점에서 예수님은 하나님의 계획대로 오신 분이었습니다.

요한복음에서도 예수님은 태초부터 하나님과 함께 계신 말씀으로 소개될 뿐만 아니라, 그 말씀이 "참 빛"이라고 말합니다(요 1:1, 9). 창세기 1장의 서두와 요한복음 1장의 서두가 비슷하다는 점을 염두에 둔다면, 사도 요한은 예수님께서 "참 빛"으로 오시기 전의 세상과 사람들의 상태가 깊은 어둠 가운데 있음을 강조하고 싶었던 것 같습니다. 마치 창세기 1장 3절에서 빛이 생기기 전에 "땅이 혼돈하고 공허하며 흑암이 깊었던"것과 같습니다. 이 세상과 세상에 있는 사람들은 빛을 절실히 필요로 하는 상황이었습니다.

이처럼 빛은 어둠을 물리지고 생명을 부여하는 역할을 할 뿐 아니라, 보냄을 받는다는 의미도 있습니다. 빛은 결단코 빛의 근원에만 머물러 있지 않습니다. 태양이 빛을 비추어 지구가 그 빛을 받는 것처럼, 빛이 비치면 반드시 주변으로 퍼져 나갑니다. 그렇다면 예수님은 빛의 근원이신 하나님으로부터 보냄을 받아 어둠을 향해 비추기 시작하셨다는 뜻입니다. 이 빛을 통해 영적으로 죽어 있는 자들이 살아나고, 그늘에 앉은 자들에게는 소망이 불어 넣어집니다.

예수님의 사역 모델 1: 복음전도

이제 모든 준비가 끝났습니다! 예수님은 본격적으로 공적인 사역을 시작하셨습니다. 그렇다면 예수님의 일성(一聲)은 무엇이었습니까? 누구나 처음 하는 말은 중요합니다. 설교자에게 첫 설교는 그의 신앙과 신학 그리고 사역의 방향을 제시하는 중요한 메시지입니다. 예수님의 첫 번째 메시지는 "회개하라 천국이 가까이 왔느니라"였습니다. 같은 상황을 마가는 이렇게 표현했습니다. "예수께서 갈릴리에 오셔서 하나님의 복음을 전파하여 이르시되 때가 찼고 하나님의 나라가 가까이 왔으니 회개하고 복음을 믿으라"(막 1:14~15).

예수님이 전한 첫 메시지는 복음이었습니다. 이 메시지는 예수님께서 무엇을 위해 이 땅에 오셨는지를 분명하게 드러냅니다. 예수님은 잃은 영혼들의 구원을 위해 이 땅에 오셨습니다(눅 19:10). 곧 세상을 복음화하는 것이 그의 삶의 목표였습니다. 예수님께서 전하신 천국 복음에 사람들은 두 가지로 반응해야 했습니다. 그것은 회개와 믿음입니다! 마음을 돌이켜 삶의 방식을 바꿀 때 하나님의 통치, 즉 하나님의 나라를 경험할 수 있습니다. 하나님의 통치는 객관적으로는 말씀을 통해, 주관적으로는 성령을 통해 인도를 받는다는 뜻입니다.

이 메시지가 의미 있는 것은 세례 요한의 첫 메시지를 그대로 이어받았다는 점이고, 다시 이 메시지는 사도들이 전한 첫 메시지가 되었습니다(마 3:2; 10:7). 이것은 마치 400m 계주에 비유할 수 있습니다. 계주 경기는 바통을 중심으로 네 사람이 혼연일체가 되어 주어진 거리를 완주해야 하는 팀플레이입니다. 세례 요한은 첫 번째 주자였습니다(행 13:25). 그가 바통을 들고 첫 코스를 끝까지 완주했습니다. 이제 두 번째 주자인 예수님께서 그 바통을 이어받아 달리십니다. 세 번째 주자는 사도들, 마지막 주자는 초대 교회였습니다(행 2:38; 20:24; 딤후 4:7).

예수님의 사역 모델 2: 제자 삼는 사역

예수님께서 이 땅에 오신 목적은 잃어버린 영혼들을 구원하기 위해서라고 했습니다. 그 사명을 위해 예수님은 십자가에 못 박혀 죽으시고 부활하셨습니다. 그런데 그 잃어버린 영혼들은 어디에 있습니까? 온 세상 여기저기에 퍼져 있습니다. 여기서 중요한 질문이 생깁니다. 도대체 어떻게 세계 곳곳에 퍼져 있는 영혼들을 구원해 낼 수 있다는 말입니까? 그 방법을 마태는 4장 18~22절에서 소개합니다. 복음이 온 세상에 전해지는 방법은 바로 사람들이었습니다. 다시 말해, 제자 삼는 사역입니다.

예수님은 첫 메시지로 천국 복음을 전파하시고 곧바로 제자들을 부르셨습니다. 예수님의 삶의 목표가 이루어지느냐 마느냐는 이 제자들에게 달려 있었습니다. 세상 복음화의 열쇠는 제자들이었습니다. 그래서 예수님께서는 제자들과 함께하시며 그들을 훈련하는 일에 공생애 기간의 약 75%를 할애하셨습니다. 물론 예수님은 대중의 필요를 채우는 사역도 하셨습니다. 그러나 대중은 조연이었습니다. 예수님의 주된 관심은 제자들이었습니다.

우리는 지난 에피소드에서 빌리 그래함과 멜빈 그래함의 예를 통해 배가의 법칙이 무엇인지 살펴보았습니다. 제자 삼는 사역은 기하급수적으로 늘어나는 배가의 사역입니다. 내가 다른 사람에게 복음을 전할 뿐만 아니라, 그 복음을 듣고 거듭난 사람이 나의 양육과 훈련을 통해 내가 하고 있는 사역을 전수받아 나와 같은 사역을 감당하는 것입니다. 예수님께서 "너희는 온 천하에 다니며 만민에게 복음을 전파하라"는 말씀과 함께, 그 복음이 온 천하에 전해지도록 "제자를 삼으라"는 지상명령을 주신 이유가 바로 여기에 있습니다(막 16:15; 마 28:19~20).

따름 → 닮음 → 다름

그런데 예수님께서 제자들을 부르실 때 놀라운 말씀을 하셨습니다. "말씀하시되 나를 따라오라 내가 너희를 사람을 낚는 어부가 되게 하리라 하시니"(마 4:19). 즉, 예수님을 따르라는 것입니다. 이 '따름'에 주목해 보십시오. 출애굽한 이스라엘 백성들은 시내산에서 하나님의 성품을 '닮은' 만큼(거룩한 백성) 세상에 '다름'을 보여 줄 수(제사장 나라) 있었습니다(출 19:6). 그렇기 때문에 애굽과 가나안 땅의 풍습과 규례를 따르지 말고(탈교육), 하나님의 성품이 반영된 율법을 따라야(재교육) 했습니다.

이스라엘 백성들은 그들을 구원해 내시고 젖과 꿀이 흐르는 땅으로 인도하시는 하나님이 어떤 분이신지를 주변 사람들에게 보여 주고 전해야 할 사명을 부여받았습니다. 그러나 그들은 가나안 땅에 들어가서 '다름'을 보여 주기보다 가나안의 문화를 '닮아' 버렸습니다. 다시 말해 그들의 삶의 방식을 '따라' 버린 것입니다(레 18:30; 삿 3:6; 삼상 8:5, 20; 호 4:12). 그 따름의 결과는 참혹했습니다. 이스라엘은 나라가 두 개로 갈라지고 온갖 우상 숭배와 성적 타락으로 인해 결국 주변 나라들에 의해 멸망했습니다.

이처럼 세상 문화와 가치관을 따라버린 이스라엘을 하나님은 포기하지 않으셨습니다. 과거에는 하나님께서 기적과 말씀을 통해 자신의 성품을 드러내시며 이스라엘로 하여금 닮으라고 하셨습니다. 그러나 이제는 그 하나님께서 육신을 입고 이 땅에 오셔서 사람들과 함께 거하시며, 그들이 직접 보고 음성을 들으며 삶의 전수가 이루어지게 하셨습니다. 다시 말해, 세상을 따라버린 그들에게 친히 나타나셔서 하나님 자신을 따르라고 하신 것입니다. 제자들은 예수님과 함께 지내면서 그분의 일거수일투족을 관찰하며 따를 수 있었습니다.

> 이에 열둘을 세우셨으니 이는 자기와 함께 있게 하시고 또 보내사 전도도 하며
>
> 귀신을 내쫓는 권능도 가지게 하려 하심이러라 (막 3:14~15)

이스라엘: 닮음 → 다름 → 따름

열두 제자: 따름 → 닮음 → 다름

예수님의 제자들은 그분을 따르면서 그분을 닮아 세상 사람들에게 다름을 보여 주어야 했습니다. 이것이 제자의 삶입니다. 제자란 스승으로부터 삶의 전수가 이루어진 사람입니다. 한마디로 예수님의 제자란 '작은 예수'입니다. 이렇게 예수님을 닮은 '작은 예수'를 주변 사람들은 '그리스도인'이라 불렀습니다(행 11:26). 예수님은 어떤 조직이나 교리, 프로그램 등이 아니라 자신을 쏙 빼닮은 제자들을 통해 세상을 복음화하길 원하셨습니다. 그렇기 때문에 그들이 예수님을 따르는 목적은 "사람을 낚는 어부"가 되는 것이었습니다(마 4:19). 사람이 곧 전략입니다!

두 종류의 "나"

예수님께서 제자들에게 "나를 따라오라"고 말씀하셨습니다. 예수님 자신이 교과서이고 삶의 현장은 교실이었습니다. 이것은 예수님의 목적이 제자들의 목적이 되고, 예수님의 삶이 제자들의 삶이 되며, 예수님의 방법이 제자들의 방법이 되어야 함을 의미합니다. 결국 예수님의 오신 목적은 두 가지입니다. 복음전도와 제자 삼는 사역. 그런데 여기에 문제가 있습니다. 예수님께서 말씀하신 "나"와 제자들이 생각하는 "나"가 서로 달랐다는 것입니다. 예수님은 십자가 죽음을 통과하는 메시아를 말씀하신 반면, 제자들은 정치적 메시아를 기대했습니다.

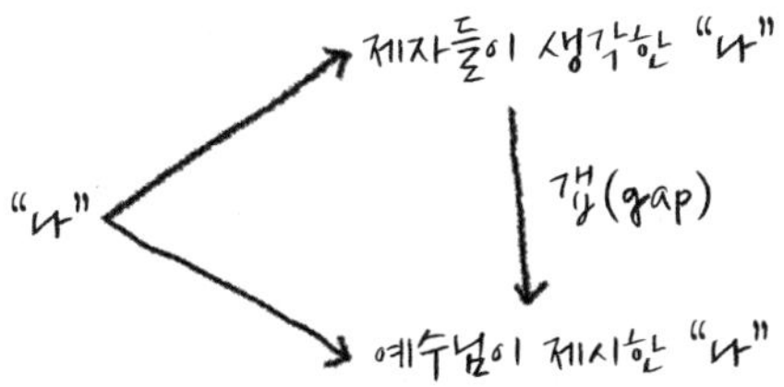

두 종류의 "나" 사이에는 상당한 간극(gap)이 존재했습니다. 앞으로 예수님의 사역은 제자들이 생각하는 "나"를 예수님께서 제시하신 "나"로 일치시키는 데 초점을 맞추실 것입니다. 이를 위해 예수님은 세 가지 사역을 하셨습니다. 마태복음 4장 23절을 보겠습니다. "예수께서 온 갈릴리에 두루 다니사 그들의 회당에서 가르치시며, 천국 복음을 전파하시며, 백성 중의 모든 병과 모든 약한 것을 고치시니." 제자들은 앞으로 예수님의 놀라운 가르침을 듣고 기적을 경험하게 될 것입니다. 무엇보다도 예수님께서 능력 있게 복음을 전하시는 모습을 보게 될 것입니다.

기적을 베푸시고 치유 사역을 하시는 것은 예수님의 행하심이며, 가르치시고 천국 복음을 전파하시는 것은 예수님의 말씀하심입니다. 사도행전 1장 1절에서 누가는 예수님의 사역을 이 두 가지로 요약했습니다. "데오빌로여 내가 먼저 쓴 글에는 무릇 예수께서 행하시며 가르치시기를 시작하심부터." 출애굽한 이스라엘에게도 하나님은 행동(works)하시고 말씀(words)하시며 그 성품을 드러내셨습니다. 예수님도 마찬가지였습니다. 그 목적은 따르는 자들로 하여금 예수님의 성품을 닮게 하는 것입니다. 내적인 닮음은 외적인 따름으로 이어져야 합니다.

전인적인 사역

마태복음의 구조를 조금만 살펴보면 흥미로운 부분이 있습니다. 마태복음 4장 23과 9장 35절은 같은 내용입니다. 다시 말해서 예수님의 3대 사역, 즉 가르치심(teaching), 전파하심(preaching), 고치심(healing)이 나옵니다. 따라서 4장 23절과 9장 35절은 한 묶음 안에 있음을 알 수 있습니다.[30] 마태복음 10장부터는 새로운 단락이 시작됩니다.

10장에서는 열두 제자를 부르시고 훈련하신 다음, 파송하시기 전에 가르침을 주시는 장면이 나옵니다. 따라서 9장 35절에서는 파송을 앞둔 제자들에게 예수님께서 어떻게 사역하셨는지에 대한 요약이 나오면서, 동시에 그들 역시 똑같은 사역을 해야 한다는 점을 강조하고 있습니다. 처음 듣고 본 것은 학습자에 상당히 인상적으로 남습니다. 제자들도 마찬가지였을 겁니다. 실제로 제자들은 예수님의 세 가지 사역을 그대로 이어받았습니다.

예수님께서 하신 세 가지 사역은 오늘날 우리가 하는 사역에도 많은 시사점을 던져 줍니다. 예수님께서 가르치신 내용은 지적, 영적, 육적인 면을 모두 강조합니다. 결국 예수님께서는 영, 혼, 육의 전인적인 필요를 채우신 것입니다. 인간은 영과 혼과 육으로 구성되어 있습니다. 그 어느 하나라도 깨지면 모두 무너집니다. 아무리 영적인 것을 추구하더라도 육체가 병들면 상당한 제약이 따르는 것처럼 말이죠. 로잔세계복음화대회에서도 이 점을 강조하며 온전한 복음(whole gospel)을 온 교회(whole church)가 온 세계(whole world)에 전하자고 했습니다.

특별히 예수님의 사역을 보면 가르침이 중요했습니다. 가르침을 통해 사람들의 영적 무지를 깨우쳐 주시고, 그다음에 천국 복음을 전파하셨습니다. 에베소서 4장 11절에서 등장하는 은사 중 하나인 목사는 목양자이면서 동시에 가르치는 자였습니다. 즉, 목사는 양떼들에게 좋은 꼴을 먹이기 위해 말씀을 잘 준비해서 설교와 가르침으로 섬겨야 했습니다. 만일 어떤 교회가 설교 사역은 강한데 성도들에게 성경을 가르치는 사역이 약하다면, 그것은 목사로서의 직무유기입니다. 목사는 예배 때뿐 아니라 시시때때로 성경을 가르쳐야 합니다.

제자들의 사역을 보아도 역시 가르침이 중요했습니다. 오순절 날 베드로가 복음을 진했을 때 삼천 명의 사람들이 주님께 돌아왔습니다. 회심한 그들에게 가장 먼저 이루어진 사역도 가르침이었습니다(행 2:42). 스데반의 일로 박해가 일어났을 때 흩어진 몇 사람이 안디옥에 가서 복음을 전했고, 안디옥 교회가 탄생했습니다. 예루살렘 교회는 어떻게 반응했습니까? 사도들로부터 직접 훈련 받은[31] 바나바를 파송했고, 바나바는 사울을 데려다가 일 년 동안 큰 무리를 가르쳤습니다(행 11:19~26).

안타까운 것은 많은 교회를 볼 때 성도들에게 성경을 체계적으로 가르치는 과정이 상당히 미흡하다는 점입니다. 작은 교회들뿐 아니라 큰 교회들도 대동소이하니 문제가 심각합니다. 게다가 공예배 때 선포되는 메시지

가운데 성경을 잘게 풀어 선포하는 강해 설교의 비중이 점점 낮아지고 있습니다. 그 결과 교인들의 성경 문맹률은 상상을 초월합니다.

매일 성경을 읽고 기도하는 것은 신앙생활의 기본인데도 이것이 잘 되지 않는 경우가 허다합니다. 저에게 성경을 가르쳐 주신 분은 "No Bible, No Breakfast! No Bible, No Bed!"이라는 모토를 몸소 실천하신 분이었습니다. 얼마나 도전이 됩니까? 저는 대학 시절 거듭난 후 네비게이토 선교회에서 제자훈련을 받으며 매일 성경 읽고 기도하는 거룩한 습관(holy habits)이 형성되었는데 얼마나 감사한지 모릅니다. 전도와 제자훈련의 석학인 로버트 콜만은 예수님께서 제자들에게 성경, 기도, 전도의 세 가지를 시범 보이셨다고 강조했습니다. [32]

교회에 나오는 사람들은 세상 이야기가 아닌, 하나님께서 성경을 통해 무엇을 말씀하시는지 듣고 싶어 합니다. 성경을 알고자 하는 갈증이 대단합니다. 오죽했으면 성도들이 성경을 배우고 싶어서 신천지가 운영하는 '성경방' 같은 곳을 기웃거리겠습니까? 과거에는 교회에서 부흥회를 할 때 '사경회'라고 하여 오전에는 집중적인 성경 공부가 있었습니다. 사실 우리 민족만큼 성경에 대한 애착을 가진 민족도 드물 것입니다. 선교사가 들어와 활동하기 전에 이미 성경이 번역되었으니까요. 평양대부흥도 사경회로부터 시작되지 않았습니까?

예수님의 치유사역에 대해서도 생각해 보겠습니다. 병이 났을 때 낫게 해주는 것도 중요하지만, 병이 나지 않도록 예방 교육을 하는 것이 어떤 의미에서는 더 중요합니다. 흔히 제자훈련에서 육체와 관련된 훈련이 제외되는 경우가 많습니다. 하지만 삶의 기본이 되는 음식, 수면, 운동에 대해서도 훈련자가 본을 보이며 훈련생을 가르쳐야 합니다. 예를 들어, 아침을 습관적으로 거르는 사람들이라든지 저녁 식사 후 야식을 즐기는 사람들은 하나님의 창조 질서를 깨트리는 것이므로 결국 몸의 보복을 당하게 될 것입니다.

예수님의 말씀하심: 산상수훈

처음 부르신 네 명의 제자들은 어부였습니다. 그들의 인생은 평범했습니다. 그러나 그들의 보잘것없는 인생을 위대하신 주님께 맡겼을 때, 그들은 인류 역사상 위대한 인물로 변화되었습니다. 위대하신 분의 성품을 보고 배우며 닮았기 때문입니다. 말과 행위를 통해 그 사람이 누구이며 성품의 어떠한지가 드러나듯, 예수님은 제자들에게 말씀하시고 기적을 보이셨습니다. 예수님의 말씀은 산상수훈으로 유명한 마태복음 5~7장에서 집중적으로 나타났고, 예수님의 기적은 뒤이어 마태복음 8~9장에 묘사되어 있습니다.

마태복음 1~2장에서는 예수님이 왕으로, 3장에서는 세례 후 대제사장으로서의 직분이 묘사되었습니다. 이제 5~7장에서 예수님은 선지자로서 산에 올라 무리들과 제자들에게 말씀을 가르치십니다. 마치 하나님께서 시내산에서 모세를 통해 출애굽한 이스라엘 백성에게 율법을 주신 것처럼 말입니다. 성경의 처음 다섯 권을 '모세오경'이라고 부르듯, 마태는 다섯 묶음의 가르침을 제시합니다(마 5~7장, 10장, 13장, 18장, 24~25장). 지상명령에서 "내가 너희에게 분부한 모든 것을 가르쳐 지키게 하라"는 말씀도 이 흐름과 무관하지 않습니다(마 28:20).

우리가 반드시 기억할 것이 한 가지 있습니다. 산상수훈은 구원을 얻기 위한 조건이 결코 아니라는 사실입니다. 이는 이스라엘이 구원받은 이후 시내산에서 십계명을 비롯한 율법을 받은 것과 같은 원리입니다. 그들은 애굽에서 구원받고 광야를 지나면서 하나님께서 지켜 보호해 주신 은혜에 너무나 감사해서 순종을 약속했습니다. 마찬가지로 산상수훈은 구원받은 사람들이 천국 백성답게 살아가는 삶의 방식을 제시한 것입니다. 은혜에 대한 반응으로 순종해야 할 삶의 윤리입니다.

천국 백성은 하나님의 통치를 받는 사람들이므로, 산상수훈은 영적이고 종교적인 삶만을 말하지 않습니다. 우리 삶의 모든 영역을 아우릅니다.

하나님의 통치가 종교적인 영역에만 머무르지 않기 때문입니다. 산상수훈은 10개의 주제로 구성되어 있습니다. 팔복(5:3~12), 소금과 빛(5:13~16), 참된 의(5:17~48), 거짓 없는 실천(6:1~18), 그리스도인의 최우선 순위(6:19~34), 판단과 분별(7:1~6), 기도(7:7~12), 두 종류의 길(7:13~14), 나무와 열매(7:15~20), 실천의 중요성(7:21~29).

팔 복

모든 부분을 다룰 수는 없고, 가장 유명한 팔복만 살펴보겠습니다. 처음 네 가지 복은 하나님과의 관계와 연관되고, 다음 네 가지 복은 인간관계와 연관됩니다. 먼저 심령이 가난한 자는 복이 있다고 했는데, 이 말씀은 누가 하나님의 통치를 받으며 사는지를 알려줍니다. 심령이 가난한 자는 자신을 하나님 앞에 끌고 나와서 하나님이 보시는 나를 볼 줄 아는 사람입니다. 하나님이 보시는 나를 바라볼 때 심령이 가난해지지 않을 사람은 없습니다. 그러나 내가 나를 볼 때, 세상의 관점으로 본다면 심령의 가난함을 깨닫지 못합니다.

두 번째, 애통하는 자는 복이 있다고 하셨습니다. 자신을 하나님 앞에 끌고 나와 하나님이 보시는 나를 바라볼 때 사람은 애통하게 됩니다. 왜 그렇습니까? 내 안의 죄성을 보고, 내 주변 사람들과 나를 둘러싼 환경을 하나님의 안목에서 볼 때 애통할 수밖에 없기 때문입니다. 예수님께서도 십자가를 지고 골고다 언덕으로 가시면서 자신을 위해 가슴을 치며 슬피 우는 여인들에게 이렇게 말씀하셨습니다. "예루살렘의 딸들아 나를 위하여 울지 말고 너희와 너희 자녀를 위하여 울라"(눅 23:27~28).

세 번째, 온유한 자는 복이 있다고 했습니다. 여기서 온유함은 겉으로 드러난 예의 바름이나 공손함을 말하는 것이 아닙니다. 왜냐하면 겉과 속은 다를 수 있기 때문입니다. 성경이 말하는 온유함은 주님과 동행하면서 성령의 임재 속에서 말씀을 통해 길들여진 성품을 말합니다. 그렇기 때문에 온유한 자는 각자의 성품과 기질이 어떠하든지 상관없이 하나님의 말씀 앞에 굴복할 줄 아는 사람을 가리킵니다. 대표적인 사람이 바로 모세입니다. 모세는 탈교육과 재교육의 과정을 거치면서 그의 온유함이 지면의 모든 사람보다 더하다고 인정받게 되었습니다(민 12:3).

네 번째는 의에 주리고 목마른 자입니다. 성경이 말하는 '의'는 마음과 생각과 행동으로 한 번도 죄를 짓지 않는 상태를 의미합니다. 더 나아가 하나님을 닮아 가는 거룩한 삶을 가리킵니다. 따라서 우리가 하나님 앞에 나아가 하나님이 보시는 자신을 바라 볼 때, 의에 대해 목마르고 주릴 수밖에 없습니다. 기준이 하나님이시기 때문에 신앙적으로 이 정도면 족하다고 말할 수 있는 사람은 없습니다. 우리가 영적으로 아무리 깊이 들어가도 주님의 채워 주심이 여전히 필요합니다. 또 내가 의에 주리고 목말라 있으면, 다른 사람을 비난하고 욕할 겨를이 없습니다.

지금까지는 하나님과의 관계를 말했습니다. 기독교는 언제나 먼저 우리의 속사람이 먼저 변화되고 강건해져야 합니다. 하나님과의 관계가 올바를 때 그것이 외적으로 드러나기 마련입니다. 특별히 인간관계에서 그렇습니다! 다섯 번째는 긍휼히 여기는 자입니다. 하나님과 관계를 맺고 속사람이 변화된 사람은 하나님의 마음을 갖게 됩니다. 그러한 마음으로 세상과 죄인들을 대할 때 그에 따른 결과들을 보게 됩니다. 그러면서 감정 이입이 되고 더 나아가 그들의 필요를 채워 주게 됩니다. 하나님의 긍휼을 먼저 입었기 때문에 긍휼을 베풀 수 있는 것입니다.

여섯 번째는 마음이 청결한 자입니다. 마음은 인격의 중심부입니다. 마음에서 선한 것과 악한 것이 나온다고 했습니다. 그 마음에 예수님을 모실 때 청결한 삶을 살게 됩니다. 마음이 청결하다는 것은 겉과 속이 같음을 의미합니다. 비기독교의 특징은 거짓입니다. 그러나 기독교의 특징은 투명한 삶입니다. 왜냐하면 하나님이 모든 것을 보고 계신다는 믿음이 있기 때문입니다. 그러므로 청결의 반대는 위선입니다. 겉과 속이 다른 것을 뜻합니다. 마음이 청결한 자는 말씀과 기도를 통해, 또 다른 사람들과 환경을 통해 하나님을 볼 수 있습니다.

일곱 번째는 화평케 하는 자입니다. 평화를 좋아하지 않는 사람은 없습니다. 그러나 그 평화를 만들기 위해 노력하는 사람들은 많지 않습니다. 여기에서 화평은 먼저 하나님과의 관계가 올바른 상태를 말합니다. 하나님과 조화로운 관계를 유지할 때 내적인 평화가 옵니다. 이 평화는 반드시 다른 사람과의 조화로운 관계로 드러나야 합니다. 그 과정에서 대가가 따르기도 합니다. 예수님께서 하나님과 원수 되었던 우리 사이의 막힌 담을 허무시기 위해 십자가에 못 박혀 죽으신 것처럼 말입니다. 화평케 하는 일이야말로 예수님을 가장 닮은 사역입니다.

마지막, 여덟 번째는 의를 위하여 박해를 받는 자입니다. 화평을 이루려고 애쓰다 보면 때로는 핍박을 받을 수도 있습니다. 의를 추구하는 사람은 그리스도를 만났고, 성령의 인도를 받으며, 말씀의 원리대로 살아가는 사람입니다. 그렇기 때문에 세상 사람들과는 가치관과 삶의 방식에서 차이가 납니다. 이러한 다름은 세상 사람들에게 매력을 주고 관심을 불러일으키며 도전을 줄 수도 있지만, 많은 경우는 비난과 핍박을 받게 됩니다. 그러면서 심령이 가난해집니다. 심령이 가난한 자와 의를 위하여 박해를 받는 자는 모두 천국을 누리며 드러내는 사람입니다.

지금까지 구원역사의 드라마를 제대로 시청한 분들이라면, 산상수훈을 보면서 출애굽기 19~24장에 기록된 시내산에서 이스라엘 백성들이 율법을 받은 사건을 떠올릴 수 있어야 합니다. 동시에 율법을 통한 탈교육과 재교육이 생각나야 합니다. 시내산에서 하나님이 자신의 성품을 이스라엘에게 계시하시고 신정 국가의 통치 원리들을 제시하신 것처럼, 산상수훈에서도 예수님의 성품이 제자들에게 계시되고 하나님의 백성의 삶이 이상적으로 제시됩니다. 예수님은 율법을 새로운 차원에서 해석하시고 완성하셨기 때문에 모세를 능가하시는 분입니다.

또한 이러한 삶은 결코 외적인 노력으로 이룰 수 없습니다. 십자가를 통해 죄를 용서받고 성령께서 내주하시는 사람만이 하나님의 통치를 받으며, 그 통치를 외적으로 드러낼 수 있습니다. 그런 면에서 산상수훈은 새 언약이 성취된 모습입니다(렘 31장; 겔 36~37장). 예수님께서 십자가에서 흘리신 피, 곧 언약의 피를 통해 맺어진 새로운 관계 안에서 누릴 수 있는 영적이고 인격적이며 관계적인 복입니다(마 26:28). 팔복의 가르침 후 "세상의 소금과 빛"을 말씀하시는 것을 볼 때, 천국 백성의 여덟 가지 특성은 세상 속에서 드러나는 삶을 의미합니다(마 5:13~16).

예수님의 행동하심: 기적

예수님께서 제자들을 부르신 후 산상수훈이라는 탁월한 가르침을 주셨습니다. 그리고 산을 내려오신 후 마태복음 8~9장에서는 그 가르침을 입증하는 기적을 베푸셨습니다. 놀라운 것은 그 기적 역시 열 가지라는 사실입니다. 나병 환자 치유(8:1~4), 백부장의 하인 치유(8:5~13), 베드로의 장모 치유(8:14~15), 바람과 바다를 잔잔케 하심(8:23~27), 귀신 들린 두 사람을 고치심(8:28~34), 중풍병자 치유(9:1~8), 한 관리의 딸을 고치심(8:18~26), 혈루증 앓던 여인 치유(9:20~22), 두 맹인 치유(9:27~31), 귀신 들려 말 못하는 자 치유(9:32~34).

산상수훈이 열 가지 주제의 가르침인 것 같이, 기적 역시 열 가지였습니다. 이것은 우연이 아닙니다. 예수님께서 가르침과 기적을 통해 자신이 누구신지를 증명하신 겁니다. 성경은 언제나 말과 행위가 함께 갑니다. 이러한 예수님의 가르침과 기적은 누구를 위한 것입니까? 물론 가르침을 필요로 하고 기적을 필요로 하는 당사자들을 위한 것입니다. 그러나 궁극적으로는 제자들에게 예수님이 누구신지를 증명하신 겁니다. "나를 따라오라"에서 그 "나"가 누구인지를 제대로 깨닫게 하기 위해 가르치시고 기적을 일으키신 것입니다.

　그 결과 제자들이 예수님에 대한 관점이 어떻게 달라졌습니까? 14장
에 보면 예수님께서 제자들이 탄 배가 거센 풍랑을 만나 위기에 처했을 때
물 위로 걸어오셨습니다. 그것을 본 베드로는 "주여 만일 주님이시거든 나
를 명하사 물 위로 오라 하소서"라고 대담하게 요청했습니다(마 14:22~28).
예수님은 베드로를 향해 "오라"라고 하셨고, 베드로는 물 위를 걸어가다가
바람을 보고 무서워 빠지고 말았습니다. 주님은 손을 내밀어 베드로를 건
져주셨고 바람은 곧 그쳤습니다. 그 모든 과정을 지켜본 제자들은 예수님
에 대해 어떠한 고백을 했습니까?

> 배에 있는 사람들이 예수께 절하며 이르되 진실로 하나님의 아들이로소이다
>
> 하더라 (마 14:33)

　이 고백은 놀라운 것입니다. 제자들이 예수님께 절했다는 것은, 물 위
를 걸으신 일과 바람과 풍랑이 갑자기 멈춘 사건에 압도된 나머지 행동으
로 "당신은 하나님이십니다"라고 고백한 것과 다름없습니다. 그뿐만 아니
라 "진실로 하나님의 아들이로소이다"라며 말로도 고백했습니다. 이 사건
은 마태복음 16장 16절로 이어졌습니다. 베드로는 예수님에 대해 "주는 그
리스도시오 살아 계신 하나님의 아들이시니이다"라고 고백했습니다. 이제
제자들은 예수님이 어떤 분이신지를 분명히 깨닫고 고백하게 되었습니다.

　그 고백을 들으시며 지난 3년여 동안 제자들을 훈련해 오신 예수님은
너무나 기뻤습니다. 이후 예수님께서는 비로소 십자가 죽음과 부활의 사역
에 대해 제자들에게 말씀하셨습니다. 이 고백이 얼마나 중요한 전환점인
지를 잘 보여줍니다. 이 고백 전까지는 계속해서 기적의 연속이었지만, 그
후에는 예수님께서 특별한 기적을 일으키지 않으시고 제자들을 집중적으
로 가르치십니다. 왜입니까? 예수님이 누구신지에 대한 고백을 제자들로
부터 이미 받으셨기 때문입니다.

나를 따르라!

지금까지 예수님은 가르치시고 기적을 베푸셨습니다. 제자들은 가까이에서 예수님이 어떤 일들을 하시는지 자세히 지켜보았습니다. 그들은 보고 배우는 학생의 입장이었지만, 이제 제자들은 직접 사역하러 나갈 차례였습니다. 예수님께서 왜 세 가지 사역, 즉 가르치시고 천국 복음을 전파하시며 병자들을 고치셨는지 그 이유를 알 필요가 있었습니다. 겉으로 드러난 사역뿐만 아니라 그 사역을 하도록 만드는 마음의 동기까지 깨우쳐 주시기 원하셨습니다. 그러면서 주신 말씀이 이것입니다.

> 무리를 보시고 민망히 여기시니 이는 그들이 목자 없는 양과 같이 고생하며
> 기진함이라 이에 제자들에게 이르시되 추수할 것은 많되 일꾼이 적으니
> 그러므로 추수하는 주인에게 청하여 추수할 일꾼들을 보내 주소서 하라
> 하시니라 (마 9:36~38)

이 말씀은 예수님의 마음에서 사역의 동기를 불러일으키는 원동력이었습니다. 예수님께서는 제자들이 지금까지 세상을 바라보던 관점과는 달라야 함을 아셨습니다. 그래서 두 가지의 이미지를 소개하신 겁니다. 하나는 목자 없이 방황하며 유리하는 양들의 피폐한 상태를 불쌍히 여기는 마음입니다. 양들에게 목자가 없다는 것은 무기력하고 절망적인 상황을 의미합니다. 그러므로 제자들은 그 시대의 목자가 되어야 했습니다. 비록 종교 지도자들과 정치 지도자들은 많았을지 모르지만 주님의 마음과 심정을 가진 목자는 어디에도 없었습니다.

목자 없이 고생하며 기진한 양의 모습을 생각하면 저는 1994년 퓰리처상 수상작 〈독수리와 소녀〉가 떠오릅니다. 그 사진에는 기아에 허덕이며 많은 사람이 죽어가는 아프리카 대륙에서 세 살쯤 된 여자아이가 뼈만 앙상한 모습으로 쪼그리고 앉아 울고 있습니다. 그 뒤에는 큰 독수리가 그 아

이를 쪼아 먹으려는 듯 노려보고 있는 모습이구요. 영혼의 참 목자이신 예수님을 주인으로 모시지 못한 모든 사람은 목자 없는 양의 상태에 놓여 있습니다. 그들은 사탄에게 도적질 당하고 죽임 당하며 결국 영원한 멸망에 이르게 될 것입니다.

다른 하나는 추수할 것은 많은데 일꾼이 부족한 상황입니다. 36절이 눈과 마음의 내면적인 준비라면, 37절은 손과 발의 실제적인 역할을 강조합니다. 주님은 지금 사역의 현장이 어떠한 상황에 처해 있는지 잘 묘사해 주셨습니다. 주님께서는 직접 추수 현장에서 일하신 분이시기 때문에 그 절박한 필요를 알고 계셨습니다. 해야 할 일은 산더미처럼 많은데, 그 일을 이루기 위한 자원은 턱없이 부족하다는 것이죠. 이 '많고'와 '적고'의 대조를 심각하게 느낄 수 있어야 합니다. 추수에는 때가 있습니다. 때를 놓치면 열매를 얻을 수 없습니다.

37절의 상황은 상당히 심각하고 절박합니다. 이때 예수님께서는 제자들에게 "추수할 것은 많되 일꾼이 적으니 그러므로 가라!"고 하시지 않았습니다. "가라"가 아니라 "기도하라"입니다. 정말로 "추수할 것은 많고 일꾼이 적으니"의 이 대조를 깊이 깨달은 사람이라면 기도할 수밖에 없습니다. 우리가 언제 기도합니까? 많은 경우 절박한 상황에서입니다. "주여!" "주님!" "아버지!" 많은 말이 필요 없습니다. 자기 능력의 한계를 절감할 때 우리는 무릎을 꿇게 되지요.

추수의 문제는 인간적으로 해결할 수 있는 영역을 초월합니다. 게다가 추수를 감당할 자원이 추수할 일꾼이라면 기도의 문제는 더 심각합니다. 실제로 예수님도 이 말씀 후에 열두 제자를 선발하시는데, 마태복음 10장에는 안 나와 있지만 누가복음 6장 12절에 보면 "밤이 새도록 하나님께 기도하셨다"고 나옵니다. 결국 추수의 유일한 대안은 추수할 일꾼입니다. 왜 기도해야 하나요? 추수를 위해서입니다. 무엇을 기도해야 합니까? 추수할 일꾼을 더 많이 보내달라고 기도해야 합니다.

예수님이 가르치시고, 천국 복음을 전파하시며 고치실 때 무엇이 그분의 사역을 가장 방해했을까요? 종교 지도자들이었을까요? 아닙니다! 추수할 일꾼이 부족한 상황이 가장 큰 문제였습니다. 그것은 오늘날도 마찬가지입니다. 추수할 것은 많은데 추수할 일꾼은 너무나 적습니다! 언제 어디서든 누구에게나 복음을 전할 수 있도록 전도 훈련을 받은 사람, 양육과 훈련을 통해 그러한 전도자를 만들어 낼 수 있는 제자 삼는 사역자가 더 많아지도록 기도해야 합니다. 이런 기도를 계속하다 보면 어느새 그 사람 역시 추수하는 일꾼이 되어 있을 것입니다.

심각성과 절박성은 사람으로 하여금 행동하게 만듭니다. 예수님은 지성에 호소하는 왼쪽 뇌와 감성에 호소하는 오른쪽 뇌 접근법을 정확하게 사용하셔서 제자들의 마음에 그림을 그려 넣어주셨습니다. 잘 가르치는 사람이란 그림 언어를 사용하여 듣는 자의 귀가 눈이 되게 해서 진리를 볼 수 있게 해 주는 사람입니다. 예수님은 확실히 교육의 대가이셨습니다. "목자 없는 양! 추수할 것은 많되 일꾼이 적으니"라는 이 두 이미지는 틀림없이 제자들의 마음속에 딱 박혔을 것입니다.

시대의 필요는 추수하는 일꾼이고, 그러한 일꾼들이 더 많아지도록 우리는 기도해야 합니다. 예수님께서도 이러한 필요를 위해 기도하셨고, 열두 제자를 부르시고 훈련하시며 파송하셨습니다. 그 장면이 10장에 나옵니다. 5~7장까지는 예수님께서 가르치셨고 제자들은 들었습니다. 8~9장에서는 그들에게 기적을 보여주셨습니다. 이제 10장에서는 훈련하신 제자들을 사역 현장으로 보내십니다. 쉽게 말하면 "들었지?", "봤지?", "이제해 봐!"라고 할 수 있을 겁니다. 이러한 모델이 우리의 사역 모델이 되어야 하지 않을까요?

예수님은 제자들을 부르실 때도 "나를 따라오라"라고 말씀하셨고, 부활하신 후에도 "나를 따르라"라고 초청하셨습니다. 마태복음 4장 19절에서의 "나를 따라오라"는 그들을 훈련으로 부르시는 초청이었습니다. 반면

요한복음 21장 19절과 22절에서 "나를 따르라"는 그들을 사역으로 초청하시는 말씀이었습니다. 다시 말해서 "내가 비록 승천하지만 너희는 내가 누구인지를 깨달아 제자가 되었으니, 지금까지 내가 해 온 사역을 계속해서 성실히 수행하라"는 의미였습니다. 결국 제자 삼는 사역의 관건은 예수님을 닮은 사람들을 재생산하는 데 있습니다.

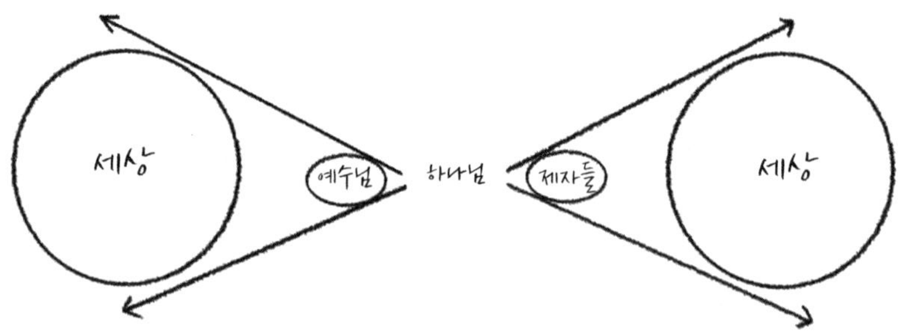

십자가

뷰포인트
요한복음 3:14~16

요한복음 3장 16절! 성경 전체의 요약입니다. 성경 중의 성경이지요. 그래서 많은 사람들이 이 구절을 알고, 심지어 암송까지 합니다. 그런데 이 말씀이 어떤 맥락 안에 있는지 물어보면 의외로 답하지 못하는 사람이 많습니다. 바로 예수님과 니고데모와의 대화 속에서 등장하는 말씀입니다. 예수님은 니고데모에게 어떻게 거듭날 수 있는지 그 의미와 방법을 소개하십니다. 거듭남은 기독교의 관문입니다. 물과 성령으로 거듭나지 않고서는 그리스도인이 될 수 없습니다. 무엇보다 거듭남의 중심에는 십자가가 자리하고 있습니다.

전체의 도입

요한복음 3~5장은 예수님의 개인 전도를 담고 있습니다. 그 대상은 3장에서는 니고데모, 4장에서는 사마리아 여인, 5장에서는 38년 된 중풍병자입니다. 니고데모는 종교인을, 사마리아 여인은 이방인을, 38년 된 병자는 도덕인을 각각 대표한다고 볼 수 있습니다. 종교인은 예수님을 찾아왔습니다. 유대인과 상종할 수 없는 혼혈인 사마리아 여인에게는 예수님이 찾아가셨고요. 움직일 수 없는 38년 된 병자에게도 예수님은 찾아가셨습니다. 이 세 종류의 사람은 결국 모든 사람을 말합니다. 다시 말해 예수님의 관심은 세상 모든 사람입니다.

> 유월절에 예수께서 예루살렘에 계시니 많은 사람이 그의 행하시는 표적을
>
> 보고 그의 이름을 믿었으나 예수는 그의 몸을 그들에게 의탁하지 아니하셨으니
>
> 이는 친히 모든 사람을 아심이요 또 사람에 대하여 누구의 증언도 받으실
>
> 필요가 없었으니 이는 그가 친히 사람의 속에 있는 것을 아셨음이니라
>
> (요 2:23~25)

위의 성경구절은 3~5장의 도입부입니다. 유월절에 예수님께서 예루

살렘에서 많은 기적을 일으키셨습니다. 그 기적 때문에 사람들이 관심을 가졌고 예수님을 믿었다고 했습니다. 그런데 24절을 보면 예수님은 자신의 몸을 그들에게 의탁하지 않으셨다고 합니다. 여기서 "의탁하다"는 말과 23절의 "믿었으나"는 같은 단어입니다. 따라서 사람들은 기적을 보고 예수님을 믿었는데, 예수님은 그들을 믿지 않았다는 뜻이죠. 예수님은 각 사람의 마음을 꿰뚫어 보시며 기적에 의한 피상적인 믿음임을 간파하셨던 겁니다.

거듭나지 못한 교인

니고데모는 그 실제적인 사례였습니다. 자신은 믿는다고 했지만, 예수님은 그 믿음을 받아 인정하지 않으셨습니다. 니고데모는 한마디로 거듭나지 못한 교인이었습니다. 교회 안에 있지만 거듭나지 못한 사람의 대표적인 모습입니다. 이러한 사람을 '명목상 교인'이라고 합니다. 실제로는 거듭나지 않은, 이름뿐인 신자라는 말입니다. 이런 부류의 사람들이 교회 안에 생각보다 많습니다.

전도학에서는 이 상황을 굉장히 심각하게 받아들입니다. 그래서 E0라는 개념도 나왔습니다. E1은 같은 문화권에서 복음을 전하는 경우입니다. E2는 자국 내에서 타문화권 사람에게 복음을 전하는 경우입니다. E3는 자국이 아닌 타문화권에서 그 나라의 언어로 복음을 전하는 것입니다. 그렇다면 E0는 무엇일까요? 명목상의 교인을 위한 복음전도입니다.[33] 여기에서 쓰인 E는 복음전도를 뜻하는 영단어 이밴젤리즘(Evangelism)의 첫 글자입니다. 교회 안에 있다고 해서 다 신자는 아닙니다. 또 전도는 교회 바깥에 있는 사람에게만 하는 것도 아니지요.

제 경우만 해도 그렇습니다. 저는 할아버지가 목사님, 아버지도 목사님, 작은 아버지와 외삼촌도 목사님입니다. 가까운 친척만 언급했을 뿐이지 좀 더 나아가면 훨씬 많습니다. 그런데 제가 언제 거듭났는지 아세요?

대학교 1학년 때였습니다. 교회가 집이었고, 교회가 놀이터였으며, 교회에서 받은 상품으로 학용품을 조달했습니다. 한 번도 교회를 빠진 적도 없었고 특별히 심각한 잘못을 저지른 일도 없었습니다. 문제는 신앙의 '성숙'과는 상관없이 그냥 교회 문화에 '익숙'했던 것이죠. 그러다가 대학교 1학년 때 인격적으로 예수님을 만났습니다.

존 웨슬리의 사례

그 이후로 저는 명목상 교인에 대한 관심이 커졌습니다. 많은 사람을 만나 복음을 전하면서 저와 비슷한 사람이 너무나 많다는 것을 알게 되었습니다. 존 웨슬리(John Wesley) 역시 오랜 시간을 명목상 교인으로 지냈습니다. 웨슬리가 누구입니까? 감리교의 창시자일 뿐 아니라 전 세계에서 가장 많은 신앙인들이 그의 신앙과 신학이라는 우산 아래에 있습니다. 그는 기독교계의 대단한 인물입니다. 그의 할아버지, 아버지, 형, 동생 심지어 자신까지 모두 목회자였습니다. 게다가 옥스퍼드 대학교 교수요, 미국 조지아주의 선교사로 지낸 사람이었습니다.

그런 그가 선교사역에서 돌아와 1738년 5월 24일! 서른다섯의 나이에 올더스게이트 거리에서 예수님을 인격적으로 만나면서 감리교 운동이 시작되었습니다. 인접 국가인 프랑스는 피의 혁명으로 수많은 사람이 죽었습니다. 하지만 영국은 예수 그리스도의 보혈로 인해 수많은 사람이 생명을 얻었고, 전 세계 기독교에 엄청난 영향력을 미치게 되었습니다. 웨슬리는 1746년경 처치(Church) 목사가 두 번째로 보낸 편지에 답하면서 자신의 설교가 어떠한 변천 과정을 거쳤는지 소상하게 설명한 적이 있습니다.

(1) 1725년부터 1729년까지 나는 많은 설교를 하였다. 그러나 나의 수고에도 불구하고 어떠한 열매도 보지 못했다. 실제로 내가 열매를 맺어야 할 이유가 없었다. 왜냐하면 내가 말씀을 선포한 대상들이 당연히 믿는 자들(believers)

이라고 생각했고, 게다가 그들 중의 많은 사람들이 회개가 전혀 필요하지 (needed no repentance) 않다고 여겼기 때문에, 나는 회개(repentance) 와 복음을 믿는 것(believing the gospel)에 기초를 두지 않았다. (2) 1729 년부터 1734년까지, 회개에 관하여 보다 깊은 기초를 두었기 때문에, 나는 약간의 열매를 보았다. 그러나 그것은 단지 약간이었다; 그리 놀라울만한 것은 아니었다. 왜냐하면 나는 언약의 피에 대한 믿음을 전하지 않았기 때문이었다. (3) 1734년부터 1738년까지, 그리스도를 믿는 믿음을 더 많이 전하였기 때문에, 나는 내 설교와 전에 내가 해왔던 것보다 집과 집을 방문하면서 많은 열매를 보았다. 비록 겉으로 변화된 사람들 중 어떤 사람들이 내적으로나 그리고 철저하게 하나님께 돌아섰는지 모르지 만 말이다. (4) 1738년부터 지금까지, 계속해서 예수 그리스도를 전했는데, 오로지 그를 온전한 건물의 토대에 두었으며, 그분을 매사에 처음이요 마지막으로 인정하였다; '하나님의 나라가 가까웠으니, 회개하고 복음을 믿으라'는 말씀을 따라서만 전파하였다. 그루터기에 불이 붙듯이 '하나님의 말씀이 퍼져나가'; 그것이 점점 더 '영광스럽게 되고'; 수많은 사람들이 '우리가 무엇을 하여야 구원을 받을 수 있는가' 라고 울부짖었다. 그런 후에 '오직 은혜에 의해 믿음으로만 구원을 얻는다'고 증거하였다. [34]

이 내용은 몇 가지 중요한 사실을 우리에게 말해 줍니다. 첫째, 영국은 기독교가 국가종교였기 때문에 사람들은 태어나면서부터 교인입니다. 문제는 교회의 정회원이면서도 인격적으로 예수님을 만난 적이 없다는 것이죠. 둘째, 웨슬리 역시 그러한 분위기에 익숙했고, 목사가 되었음에도 회개에 대하여, 그리스도의 피에 대하여, 복음을 심각하게 전하지 않았다는 사실입니다. 셋째, 1738년 회심을 계기로 그는 명목상 신자에 대한 개념을 깨달으면서 삶과 사역에 대전환점을 맞이했다는 점입니다. 그 후로 그의 관심은 죄의 회개, 구원 얻는 믿음, 성결이 되었습니다. [35]

니고데모

이제 니고데모에 대해 좀 더 자세하게 살펴보겠습니다. 니고데모라는 이름은 두 명사, '니카오'(승리자)와 '데모'(백성)의 합성어로서 '백성의 승리자'라는 뜻을 지니고 있습니다. 어쩌면 이 이름 안에는 앗수르, 바벨론, 페르시아, 로마로 이어진 오랜 외세의 침략 속에서 살아온 유대인들의 애환이 깃들어 있을지 모릅니다. 그의 부모가 이름을 지으면서 백성의 승리자가 되기를 바랐던 것이죠. 그 이름 때문이었는지 니고데모는 누구보다 열심히 살았고 이름 그대로 백성의 승리자가 되었습니다. 그렇다면 어떤 면에서 백성의 승리자였나요?

먼저 그는 유대인의 지도자였습니다. 당시 유대에는 산헤드린이라는 공의회가 있었습니다. 사형 집행에 대해서만 로마 총독의 재가가 필요했을 뿐, 그 밖의 모든 권한이 집중된 유대 최고 의결 기관이었습니다. 게다가 그 자격을 얻으려면 유대의 전통과 랍비 문학에 정통해야 했습니다. 외적으로도 중년 이상에 키가 크고 잘생겨야 했으며 자녀가 있어야 했습니다. 지적으로는 외국어와 의학, 수학, 천문학 등을 두루 섭렵해야 했습니다. 인격적으로도 겸손하고 신중하며 죄를 두려워하고 사람들로부터 존경을 받아야 했습니다. [36]

다음으로 그는 바리새인이었습니다. 바리새인은 유대에 약 육천 명밖에 없는 소수정예집단으로 율법에 철저한 사람들이었습니다. 사도 바울도 자신을 바리새인으로 소개하면서 유대교의 "가장 엄한 파"라고 설명한 적이 있습니다(행 26:5). 세 번째로, 그는 "이스라엘의 선생"이었습니다(10절). 우리나라의 경우로 말하면 어려운 시국에 조만식 선생이나 안창호 선생과 같은 대학자요 민족의 정신적 지주와 같은 사람이라고 할 수 있습니다. 마지막으로 그는 부자였습니다. 예수님의 장사를 지내기 위해 몰약을 백 근이나 가져왔습니다(요 19:39).

그는 진정으로 백성의 승리자였고 인간 행복의 조건을 두루 갖춘 거의 완벽에 가까운 사람이었습니다. 인간적으로 뭔가 아쉬울 것이 없는 사람입니다. 그런 그가 예수님을 찾아왔습니다. 사실 종교적으로, 정치적으로, 학문적으로 거물급에 해당하는 사람이 예수님께 이끌렸다는 것 자체가 기적입니다. 그에 비해 예수님은 목수 출신이었고 정규 학교라고는 구경도 못한 무식한 사람으로 비쳐졌으니까요(요 7:15). 어쨌든 그가 예수님과 시국을 논하려고 했는지, 낮에 공무가 바빠서였는지, 아니면 남들의 이목을 의식해서였는지는 모르지만 밤에 찾아왔습니다.

니고데모는 예수님을 보자마자 대뜸 이렇게 말했습니다. "랍비여 우리가 당신은 하나님께로부터 오신 선생인 줄 아나이다 하나님이 함께 하시지 아니하시면 당신이 행하시는 이 표적을 아무도 할 수 없음이니이다"(요 3:2). 니고데모는 "랍비여"라고 부르며 예수님을 높였습니다. 나이가 최소한 자기보다 열 살 이상 아래인데도 말입니다. 어쨌든 이 말씀에 보면, 니고데모는 예수님을 찾아온 이유가 기적 때문이라고 말합니다. 그러나 그것은 표면적인 이유였고 그의 마음속 깊은 곳에서는 영적 갈등이 자리하고 있었습니다.

그가 "아나이다"(오이다, οἶδα)라고 말한 것이 그 단적인 증거입니다. 이 말에는 피상적이고 지적인 앎이라는 뜻이 담겨 있습니다. 예를 들어 거북선을 만든 사람이 누구냐고 물어보면 저는 '이순신 장군'이라고 답합니다. 그러나 이순신 장군은 저를 알지 못하죠. 바로 이런 식의 앎입니다. 한마디로 니고데모는 하나님과 인격적인 관계를 맺지 못한 종교인이었던 겁니다. 그런데 '기노스코'(γινώσκω)를 사용했다면, 의미가 완전히 달라집니다. 이것은 관계적이고 지속적인 앎을 뜻하기 때문입니다. 예를 들어 제가 제 아내를 안다고 말할 때가 그런 경우입니다.

예수님의 반응

니고데모의 방문에 대해 예수님의 반응은 어떠했습니까? 예수님은 단도직

입적으로 "진실로 진실로 네게 이르노니 사람이 거듭나지 아니하면 하나님의 나라를 볼 수 없느니라"라고 말씀하셨습니다(요 3:3). 언뜻 보면 예수님이 다소 예의가 없어 보입니다. 만약에 이런 거물급의 사람이 저를 찾아왔다면 저는 이렇게 말했을 것 같습니다. "뭐 이렇게 누추한 곳에 친히 찾아오셨어요. 그냥 절 부르시지" 그리고는 허둥지둥 집 안으로 안내하고 접대 준비에 정신이 없었을 것 같습니다. 하지만 예수님은 그의 내면의 문제를 꿰뚫어 보셨습니다.

사람들은 보통 상대방의 배경에 따라 대하는 방식을 달리합니다. 하지만 예수님은 인간적 조건보다 니고데모의 영적인 헐벗음과 굶주림을 직시하셨습니다. 그의 가장 절실한 필요를 보셨던 겁니다. 예수님의 이러한 안목을 우리가 배워야 하지 않을까요? 내 앞에 있는 사람이 어떠하든 "그가 정말 거듭났을까? 예수님과 인격적인 관계를 맺고 있을까?" 하는 관심을 가져야 합니다. 만일 예수님께서 명목상 교인이었던 니고데모에게 이러한 영적인 관심을 가지고 개인적으로 복음을 전하지 않으셨다면, 오늘날 요한복음 3장 16절은 우리에게 주어지지 않았을 겁니다.

한편 니고데모는 예수님께서 하시는 말씀을 전혀 이해하지 못했습니다. 그는 거듭남이 다시 엄마 뱃속에 들어갔다 나오는 것이냐고 되물었으니까요. 그러자 예수님은 거듭남의 의미와 방법을 더 구체적으로 말씀해 주셨습니다. "진실로 진실로 네게 이르노니 사람이 물과 성령으로 나지 아니하면 하나님의 나라에 들어갈 수 없느니라"(5절). 거듭남은 아래로부터 나는 것이 아니라 위로부터 나는 것입니다. 청교도 격언에 유명한 말이 있죠. "한 번 태어나면 두 번 죽지만, 두 번 태어나면 한 번 죽는다!"

하나님의 나라

예수님은 니고데모에게 거듭남에 대해 두 번 말씀하시면서 "하나님의 나라"를 언급하셨습니다. 거듭남과 하나님의 나라는 불가분의 관계에 있음을 의미하겠죠. 이미 다루었듯이 하나님의 나라는 한마디로, 하나님의 통치입니다. 결코 지리적 개념이 아닙니다. 그렇다면 누가 하나님의 통치를 경험합니까? 죄를 용서받고 예수 그리스도를 믿음으로 그 마음속에 성령을 모신 사람입니다. 그래서 예수님도 "하나님의 나라가 가까이 왔으니 회개하고 복음을 믿으라"고 말씀하셨습니다(막 1:15). 회개와 믿음으로 하나님의 통치를 경험하는 것입니다.

따라서 3절에서 예수님께서 언급하신 하나님의 나라는 현재적 의미가 강조된 것이고, 5절에서는 미래적 의미가 강조된 것입니다. 다시 말해 거듭날 때 하나님의 나라를 "본다"는 것은 이 땅에서 하나님의 나라를 경험하고 누리는 것을 의미합니다. 그리고 하나님의 나라에 "들어간다"는 것은 미래에 하나님께서 거하시는 영원한 천국에서 완전한 교제를 누리는 것을 의미합니다. 그렇다면 어떻게 하나님의 나라를 현재 경험하고 누릴 수 있을까요? 바울 사도가 하나님의 나라에 대해 놀라운 말씀을 남겼습니다.

> 하나님의 나라는 먹는 것과 마시는 것이 아니요 오직 성령 안에 있는 의와
> 평강과 희락이라 (롬 14:17)

이 말씀에 의하면 하나님의 나라는 먹고 마시는 것처럼 육적이고 가시적인 것이 아니라 영적이고 내적인 것임을 알 수 있습니다. 왜냐하면 하나님의 통치의 결과가 "성령 안에 있는 의와 평강과 희락"이라고 했기 때문입니다. 의는 하나님께만 해당되는 것입니다. 그러나 우리가 회개하고 믿음으로 "하나님의 의"가 "나의 의"가 됩니다(롬 1:17). 물론 이것은 성령의 역사로만 가능합니다. 평강은 위로는 하나님과, 옆으로는 사람들과, 아래로는 자연과 누리는 올바른 관계를 말합니다. 희락은 상황과 환경을 초월하여 누리는 기쁨입니다.

이처럼 의와 평강과 희락은 현재 우리가 누릴 수 있는 하나님의 나라

입니다. 물론 이것을 제한 없이 완전히 누리게 되는 것은 영원한 하나님의 나라에 들어가서이겠죠. 결국 니고데모는 현재적으로 임하는 하나님의 나라를 경험하지도 누리지도 못하고 있었고, 미래에 임할 하나님의 나라에 들어갈 확신이 없었습니다. 왜 그렇습니까? 그가 거듭나지 못했기 때문입니다. 성경에 관해서는 잘 알았을지 모르지만, 성경의 하나님을 인격적으로 만나지는 못했습니다.

이제 니고데모가 하나님의 나라를 보고 들어가기 위해서는 "물과 성령으로 다시 태어나야" 합니다. 물은 정결을 위해 더러운 부분을 씻어 내는 것으로서 회개를 의미합니다. 죄를 용서받는 것이죠. 다만 구약 시대에서 정결함은 일 년 동안의 죄를 용서받는 대속죄일 그 이상의 의미를 넘어서지 못했습니다. 하지만 예수님께서 말씀하신 물은 장차 자신의 몸을 통해 영원한 속죄를 이루실 것을 의미했습니다(히 10:14). 예수님의 피로 죄 씻음 받을 때, 거룩하신 성령께서 우리 속에 들어오셔서 우리를 거듭나게 하십니다.

놋뱀

모세가 광야에서 뱀을 든 것 같이 인자도 들려야 하리니 (요 3:14)

거듭나기 위한 우리의 역할이 있다면, 하나님의 역할도 있습니다. 우리의 노력으로는 결단코 거듭날 수 없기 때문입니다. 인간적인 방법으로는 어떠한 죄도 용서받을 수 없고, 따라서 성령을 우리 안에 모실 수도 없습니다. 그렇다면 하나님의 역할은 구체적으로 무엇입니까? 죄에 대한 심판과 함께 죄인에 대한 용서가 동시에 충족되어야 합니다. 거룩하신 하나님께서는 죄를 결코 간과하실 수 없습니다. 동시에 그분은 사랑의 하나님이시기에 죄인을 용서하셔야 했습니다. 그리고 그 일이 바로 십자가에서 성취된 것입니다!

예수님께서는 니고데모가 구약성경에 정통해 있음을 아시고, 민수기 21장의 놋뱀 사건을 예로 드시며 십자가의 의미로 인도하셨습니다. 구약성경에서 십자가를 예표하는 말씀들이 많이 있지만, 놋뱀 사건은 그중 가장 대표적입니다. 출애굽한 이스라엘 백성들은 시내산에서의 말씀 훈련을 마치고 가나안 땅을 향해 나아가고 있었습니다. 그들은 시내산에 도착하기 전에도 이미 세 번이나 하나님께 원망과 불평을 쏟아 놓았습니다. 그러나 시내산 이후에는 일곱 번의 원망과 불평이 있을 때마다 하나님께서 단호하게 심판하셨습니다.

민 11:1~3	악한 말로 원망	여호와의 불이 진영 끝을 사름
민 11:4~35	먹을 것에 대한 원망	여호와께서 진노하심
민 12장	모세가 구스 여인을 취하자 미리암과 아론이 비방	미리암이 나병에 걸림
민 13~14장	가나안 땅 정탐 후 원망	40년간 광야를 방황함
민 16:1~40	고라, 다단, 온과 지휘관 250명이 모세와 아론을 거스름	땅이 갈라져 그들을 삼킴
민 16:41~50	그 일로 모세와 아론을 원망	염병으로 14,700명이 죽음
민 20:1~13	물이 없어 모세와 아론을 원망	거룩함을 나타내지 못해 모세가 징계를 받음

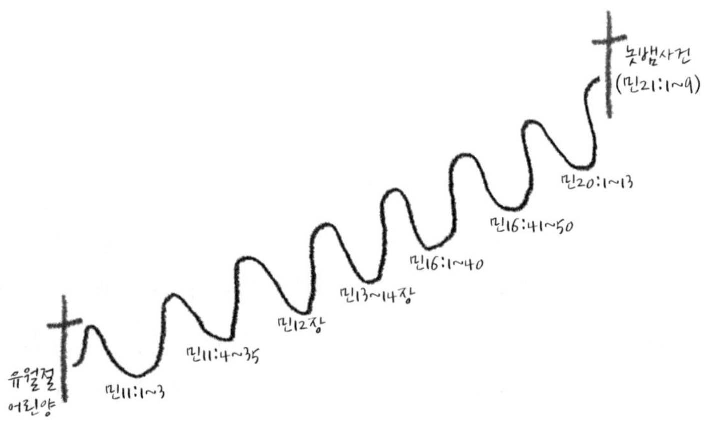

시내산에서 11개월 15일 동안 하나님께 직접 훈련을 받았지만, 이스라엘 백성들은 배운 대로 되지 않는다는 사실을 삶의 현장에서 뼈저리게 경험했습니다. 이러한 일들을 겪은 후에 등장하는 사건이 민수기 21장입니다. 백성들이 호르산에서 출발하여 홍해 길을 따라 에돔 땅을 우회하려 했습니다. 그런데 길이 험했는지 백성들의 마음이 상했습니다. 직행해도 시원찮을 판에 돌아가야 했고, 광야는 낮에는 덥고 밤에 추우며 마실 물도 없는 척박한 땅이었기에 그 고통은 충분히 이해가 갑니다.

백성이 하나님과 모세를 향하여 원망하되 어찌하여 우리를 애굽에서 인도해
내어 이 광야에서 죽게 하는가 이곳에는 먹을 것도 없고 물도 없도다 우리
마음이 이 하찮은 음식을 싫어 하노라 (민 21:5)

백성들의 원망과 불평이 극에 달했고 마침내 폭발했습니다. 모세뿐만 아니라 지도자를 세우신 하나님을 향해서도 원망을 퍼부었습니다. 지금까지 광야를 지나오면서 구름기둥과 불기둥으로 인도해 주시고, 물과 먹을 것도 주시며, 대적으로부터 보호해 주셨건만, 언제 그랬냐는 듯 모든 것이 무시되었습니다. 이때 하나님께서는 어떻게 반응하셨습니까? "여호와께서 불뱀들을 백성 중에 보내어 백성을 물게 하시므로 이스라엘 백성 중에 죽은 자가 많은지라"(6절). 하나님은 백성들에게 진노하셨고 불뱀을 보내 심판하셨습니다.

한번 상상해 보십시오. 뱀들이 우글거렸을 것이고, 사람들은 뱀을 피해 난리법석이었을 겁니다. 여기저기에서 뱀에 물린 사람들이 고통을 호소하며, 무서운 독이 온몸에 퍼지면서 픽픽 쓰러져 갔을 것입니다. 열이 불같이 올랐고, 사람들은 죽음의 공포에 벌벌 떨어야 했습니다. 딸이 죽고, 아내가 죽고, 아버지가 죽고, 할아버지가 죽고, 친척이 죽고, 친구가 죽고, 이웃이 죽어가면서 온통 아수라장이 되었을 겁니다. 이보다 더 처참

하고 참혹한 장면이 있을까요? 하나님의 진노와 심판을 피할 수 있는 사람이 있었을까요?

그런데 한 가지 생각해 볼 점이 있습니다. 왜 하필 뱀이었을까요? 사자 떼를 보내시거나 아니면 무서운 열병으로 심판하실 수도 있으셨을 텐데요. 여기에 놀라운 비밀이 있습니다. 창세기 3장, 민수기 21장, 요한복음 3장은 공통점이 있습니다. 모두 뱀 이야기입니다. 뱀은 최초의 인간이 죄를 짓도록 유혹한 원흉입니다. 이후 그 뱀은 다양한 형태로 나타나 인간들이 하나님을 등지도록 만들었습니다. 그 뱀은 반드시 심판받아야 했으며, "옛 뱀 곧 마귀라고도 하는 사탄"은 장차 "불과 유황 못에 던져질" 것입니다(계 12:9; 20:10).

> 백성이 모세에게 이르러 말하되 우리가 여호와와 당신을 향하여 원망함으로
> 범죄하였사오니 여호와께 기도하여 이 뱀들을 우리에게서 떠나게 하소서
> (민 21:7)

바로 그 때 놀라운 일이 일어났습니다. 지금까지 열 번이나 원망과 불평을 쏟아 놓았던 이스라엘이 처음으로 진심 어린 회개를 했습니다. 하나님과 지도자 모세를 향해 원망한 죄를 구체적으로 언급하며 잘못을 뉘우쳤습니다. 더 나아가 문제의 해결을 위해 하나님만을 의지했습니다. 낮아질 대로 낮아진 그들은 하나님의 긍휼만을 의지할 수밖에 없었습니다. 하나님은 이러한 백성을 외면하지 않으셨습니다. 심판을 위한 심판은 최후의 심판밖에 없듯이, 하나님께서는 이스라엘의 회개를 받으시고 관계 회복의 길을 열어 주셨습니다.

> 모세가 백성을 위하여 기도하매 여호와께서 모세에게 이르시되 불뱀을
> 만들어 장대 위에 매달아라 물린 자마다 그것을 보면 살리라 모세가 놋뱀을

만들어 장대 위에 다니 뱀에게 물린 자가 놋뱀을 쳐다본즉 모두 살더라

(민 21:7~9)

그 방법이 무엇이었습니까? 놋뱀이었습니다. 사실 하나님께서는 불뱀을 만들어 장대 위에 달라고 하셨는데, 모세는 놋뱀을 만들어 달았습니다. 모세가 불순종한 것일까요? 그랬다면 치유가 일어나지 않았을 겁니다. 그럼 왜 놋뱀이었을까요? 놋은 심판을 의미했습니다. 그렇기 때문에 번제단과 물두멍을 놋으로 만들었습니다(출 27:2~4; 38:8). 모세는 하나님께서 말씀하신 의미를 금방 알아차렸습니다. 불뱀은 심판의 도구였지만 놋뱀은 심판받은 뱀이 되었습니다. 불뱀은 독이 있었지만 놋뱀은 독이 없는 뱀입니다.

십자가

놋뱀은 예수님의 십자가에 대한 놀라운 예표였습니다. 놋뱀이 장대 위에 달린 것처럼 예수님도 십자가에 달리셨습니다. 놋뱀에 독이 없었던 것처럼 예수님도 죄가 없으셨습니다. 놋뱀이 심판받은 뱀이었던 것처럼 예수님께서도 죄가 없으셨지만 인류의 모든 죄를 온몸으로 담당하셨습니다. 독이 없는 놋뱀이 불뱀에 물려 독이 퍼진 사람들을 살렸던 것처럼, 죄가 없으신 예수님께서 죄로 인해 죽음의 병에 걸린 인간들을 온전히 구원해 내신 겁니다! 왜 그렇게 하셨습니까?

내가 땅에서 들리면 모든 사람을 내게로 이끌겠노라 (요 12:32)

온 세상을 향한 사랑 때문이었습니다. 그러나 그 사랑은 십자가 죽음이라는 대가를 요구했습니다. 하나님의 공의를 만족시키기 위해서! 이제 그 혜택은 한 민족에게만 국한되지 않았습니다. 온 세상을 다 아우르게 되었

습니다. 그렇다면 어떻게 세상 모든 사람이 그 혜택을 누릴 수 있을까요? 장대에 높이 달린 놋뱀을 "쳐다본 자마다" 모두 살았듯이, 십자가에 달리신 예수님을 "믿는 자마다" 영생을 누릴 수 있습니다(민 21:9; 요 3:15). 놋뱀을 쳐다본 자는 생명과 함께 하나님과의 관계가 회복되었습니다. 십자가에 달리신 예수님을 믿는 자도 마찬가지입니다.

> 하나님이 세상을 이처럼 사랑하사 독생자를 주셨으니 이는 그를 믿는 자마다
>
> 멸망하지 않고 영생을 얻게 하려 하심이라 (요 3:16)

성경 중의 성경, 요한복음 3장 16절은 이처럼 복음전도 현장에서 주어졌습니다. 종교인으로 살아오면서 종교 생활에는 '익숙'했지만, 신앙의 '성숙'은 없었던 니고데모의 구원과 회복을 위해 이 말씀이 주어진 것입니다. 잃어버린 한 영혼, 거듭나지 못한 교인이었던 니고데모를 향한 예수님의 뜨거운 사랑이 이 위대한 말씀을 생겨나게 했습니다. 예수님께서는 니고데모에게 거듭남의 진리와 방법을 설명하셨을 뿐만 아니라, 자신이 십자가에서 희생당하심으로 니고데모가 거듭날 수 있는 "새로운 살길"을 직접 열어 놓으셨습니다(히 10:20).

십자가는 기독교의 핵심입니다!

십자가는 하나님의 능력이고 지혜입니다!

십자가는 신앙생활의 처음과 끝입니다!

십자가 없는 기독교는 더 이상 기독교가 아닙니다!

십자가 없는 신앙은 종교에 불과합니다!

십자가 없는 교회는 사교적 모임일 뿐입니다!

두 번째 터닝 포인트와 교회

뷰포인트
사도행전 2장

우리는 에피소드 4에서 성경을 세 시기 즉, 보편 역사(창 1~11장), 특수 역사(창 12장~행 1장), 보편 역사(행 2장~계 22장)로 나눌 수 있음을 보았습니다. 또한 한 시기에서 다른 시기로 넘어가는 두 지점, 창세기 12장과 사도행전 2장은 '터닝 포인트'라고 이름 붙였습니다. 첫 번째 터닝 포인트는 보편 역사에서 특수 역사로 전환되는 시점에서 온 세상의 구원을 위해 아브라함이 부름 받은 사건입니다. 두 번째 터닝 포인트는 특수 역사에서 보편 역사로 전환되는 시점으로 십자가의 구속 사역이 온 세상에 적용되도록 오순절 날 성령께서 강림하신 사건이며, 그 결과 교회가 탄생했습니다.

성령의 시대

구약은 성부 하나님의 시대였습니다. 이 말은 당시 성자 예수님과 성령 하나님이 전혀 역사하지 않으셨다는 것이 아니라, 성부께서 주로 역사하셨다는 점을 강조합니다. 사복음서에서는 성자 예수님의 사역이 주를 이룹니다. 그 사역의 핵심은 십자가와 부활이었습니다. 이제 성자의 시대가 마감되고 성령의 시대로 전환되는데, 사도행전 2장 1~4절이 그 출발점입니다. 성부 하나님께서 말씀으로 천지를 창조하신 일, 성자 예수님께서 십자가에서 죽으시고 부활하신 일, 성령 하나님께서 마가의 다락방에 강림하신 일을 기독교의 3대 사건이라고도 합니다.

성령의 시대는 '교회의 시대'라고 할 수 있습니다. 왜냐하면 성령님이 강림하시면서 교회가 탄생했기 때문입니다. 따라서 삼위 하나님의 사역은 교회와 연관해서 설명할 수 있습니다. 성부 하나님은 교회를 계획하셨습니다(엡 1:3~4). 성자 예수님은 그 계획을 실천하시기 위해 교회가 이루어지도록 십자가에서 죽으시고 부활하셨습니다. 성령 하나님은 사람들이 성자의 구속 사역을 깨달아 구원받고 교회를 구성하도록 임재하셨습니다. 삼위 하나님께서 창세전부터 계획하신 유일한 기관이 바로 교회입니다.

성령의 시대는 '이방인의 시대'이기도 합니다. 창세기 12장부터 사도행전 1장까지는 특수 역사로, 하나님께서 온 세상의 구원을 위해 유대인들을 집중적으로 사용하신 시기입니다. 특별히 아브라함의 자손 예수 그리스도께서 온 세상의 죄를 대신하시기 위해 십자가에서 죽으셨고, 그것을 증명하시기 위해 부활하셨습니다. 이제 성령께서는 예수님의 구속 사역을 온 세상에 적용하심으로 누구든지 믿음으로 의롭게 되어 하나님과 관계를 맺을 수 있게 하셨습니다. 그 결과 교회는 유대인과 이방인이 십자가 안에서 하나가 된 "한 새 사람"(one new man)입니다(엡 2:15).

성령의 시대는 또한 '은혜의 시대'이기도 합니다. 이스라엘은 하나님의 언약 백성이었습니다. 그러나 그들이 그 언약에 신실하지 못했을 때 하나님은 그들을 심판하셨습니다. 심판보다 더 무서운 것은 그들이 더 이상 하나님의 백성이 아니라는 것이었습니다(호 1:10; 벧전 2:10). 그렇다면 이제 누가 하나님의 백성입니까? "너희가 다 믿음으로 말미암아 그리스도 예수 안에서 하나님의 아들이 되었으니"(갈 3:26) 죄를 용서받고 그리스도를 믿음으로 거듭난 사람은 은혜로 하나님의 백성이 됩니다. 이것은 유대인이나 이방인이나 전혀 차별이 없습니다.

오순절 날

이 모든 일은 성령의 강림으로 가능해졌습니다. 성경은 그날을 "오순절 날"이라고 합니다. 오순절(五旬節)은 다섯 번의 열흘이란 뜻으로, 예수님께서 부활하신 후 50일째 되는 날입니다. 부활하신 주님께서는 승천하시기 전에 40일 동안 지상에 계시며, 제자들에게 확실한 여러 증거로 살아계심을 보이셨고 하나님 나라의 일을 말씀하셨습니다(행 1:3). 승천하신 후에는 약 120명의 사람들이 아버지께서 약속하신 것을 기다리며 열흘간 전심으로 기도했습니다.

> 마음을 같이하여 오로지 기도에 힘쓰더라 모인 무리의 수가 약 백이십 명이나 되더라 (행 1:14~15)

마침내 하나님께서는 그들의 부르짖음에 응답하셨습니다. 그 기도가 응답된 데에는 몇 가지 이유가 있습니다. 먼저 하나님의 뜻대로 구했기 때문입니다(요일 5:14~15). 예수님께서는 일찍이 제자들에게 "내 아버지께서 약속하신 것을 너희에게 보내리니"라고 말씀하시며, 예루살렘을 떠나지 말고 성령의 강림을 기다리라고 하셨습니다(눅 24:48; 행 1:4~5). 둘째, 장차 제자들이 예수님의 부활을 증언해야 했기 때문입니다. 그런데 그 증언은 성령의 역사가 없이는 불가능했습니다(요 15:26~27; 행 1:8).

셋째, 예언이 성취되어야 했기 때문입니다. 출애굽기 23장 16절에서 이스라엘은 맥추절을 지키라는 명령을 받았습니다. 맥추절은 이스라엘이 시내산에서 율법을 받은 날이었습니다. 이날은 홍해를 건넌지 약 50일째 되는 날이었습니다. 레위기 23장 15~16절에서는 안식일 이튿날, 곧 곡물의 첫 이삭 한 단을 가져온 날부터 50일째 되는 날에 소제를 드렸습니다. 여기에서 "첫 이삭 한 단"은 부활의 "첫 열매"가 되신 예수님을 의미합니다(고전 15:20, 23). 성령의 강림은 새 언약의 성취이기도 했습니다(렘 31:31~34; 겔 36~37장).

세 가지 현상

이처럼 오순절의 성령 강림은 기도 응답의 결과이며 증인된 사역의 준비이자 예언의 성취였습니다. 오순절 날 성령께서 임하셨을 때, 세 가지 현상을 동반했습니다. 먼저 "하늘로부터 급하고 강한 바람 같은 소리"가 온 집에 가득했습니다. 흥미로운 것은 히브리어로 성령을 '루아흐'라고 하는데, 이 단어는 '바람'과 '생기'라는 뜻도 있다는 점입니다. 에스겔 37장 9절과 14절에서 성령을 "생기"라고 한 데서 이를 잘 알 수 있습니다. 생기가 마른 뼈들에 들어갔을 때 하나님의 군대가 된 것처럼, 바람 같은 성령께서 약 120명을 충만케 하시고 3,000명을 거듭나게 하셨습니다.

두 번째 현상은 "불의 혀처럼 갈라지는 것"이었습니다. 바람은 능력(power)을 강조했다면, 불은 정결(purification)을 의미했습니다.[37] 함께 모여 기도한 약 120명의 사람들은 거듭났더라도 여전히 죄의 성품을 지니고 있었습니다. 그러나 오순절 날 성령께서는 그들의 속사람을 온전히 태워버리셨습니다.[38] 성령으로 내면이 정결케 된 것입니다. 내적인 거룩함은 사랑이라는 외적인 열정(passion)으로 이어졌습니다. 그래서 마지막 현상은, 그들이 "다른 언어들로 말하기 시작"한 것이었습니다. 이것은 복음 전파(proclamation)를 의미했습니다.

교회의 탄생

성령으로 충만케 된 약 120명은 성령께서 말하게 하심을 따라 다른 언어들로 말하기 시작했습니다. 마침 북이스라엘과 남유다 왕국이 패망하면서 전 세계에 흩어졌던 유대인들이 오순절을 지키기 위해 예루살렘에 와 있었습니다. 오순절 날 성령의 강림 때, 이들은 각자 자기 고향의 언어로 말함을 듣고 신기해하며 모여들었습니다. 그중 어떤 사람들은 대낮부터 술에 취했다며 조롱하기도 했습니다. 베드로는 이들을 향해 요엘 2장 28~32절을 인용하여 그 현상을 설명했고 이어 복음을 전했습니다.

그 결과 수많은 사람이 듣고 마음에 찔렸습니다. 이것은 성령의 역사였습니다(요 16:8~11). 성령의 책망을 받은 사람들은 "형제들아 우리가 어찌할꼬?"라며 반응했습니다. 이에 베드로는 성령의 선물을 받으려면 회개하고 예수 그리스도를 믿어 세례를 받고 죄 사함을 받으라고 그들에게 권했습니다(행 2:37~38). 그 결과 3,000명의 사람들이 주님께 돌아왔습니다. 유대인들이 오순절에 처음 익은 열매를 하나님께 드렸던 것처럼, 그리스도인들은 구원받은 영혼을 첫 열매로 하나님께 드린 것입니다(민 28:26).

이렇게 해서 탄생한 것이 바로 예루살렘 교회였습니다. 이 교회는 이후 모든 교회의 모델이 되었습니다. 어떤 면에서 그랬을까요? 이 교회가 특별히 네 가지에 최선을 다했기 때문입니다. "그들이 사도의 가르침을 받아 서로 교제하고 떡을 떼며 오로지 기도하기를 힘쓰니라"(행 2:42). 먼저, 그들은 사도들의 가르침을 받았습니다. 마치 출애굽한 이스라엘 백성이 구원받은 후 시내산에서 율법을 받아 탈교육과 재교육의 과정을 거치며 훈련을 받은 것과 같습니다. 하나님의 뜻이 담겨있는 성경 말씀이 신앙생활의 기준이 되었습니다.

다음으로, 그들은 서로 교제하였습니다. 이 교제는 신약 시대의 중요한 특징이 되었습니다. 사실 구약 시대에도 교제가 있었지만 그것은 여러 번에서 세한된 나눔이었습니다. 우선 유대인들끼리의 교제였고, 신분이 구분된 종적인 교제였습니다. 반면 교회는 유대인과 이방인이 함께 하는 교제였습니다. 또한 신분이 철폐된 "서로"의 횡적인 교제였습니다. 그리스도를 통해 하나님을 아버지로 모신 형제와 자매가 되었기 때문입니다. 교회는 생명까지 아낌없이 내어 주신 예수님 안에서 교제의 참 모델을 보았습니다.

그다음으로, 그들은 떡을 떼었습니다. 성찬식에 참여했다는 뜻이죠. 성찬식은 예수님께서 먼저 모델을 제시하셨습니다. 십자가에 달리시기 전날 밤 제자들과 떡과 포도주를 나누시며 마지막 만찬을 가지셨습니다(요

13장). 성찬식을 통해 우리는 예수님의 몸과 피를 의미하는 떡과 잔에 함께 참여함으로써 하나 된 공동체를 이루게 됩니다. 더 나아가 우리는 주님의 몸과 피를 기념할 뿐 아니라, "주의 죽으심을 오실 때까지 전해야" 합니다(고전 11:23~26). 다시 말해, 주님께서 다시 오실 때까지 산 소망을 붙들고 그 소망의 주인공이신 예수님을 전해야 하는 것입니다.

마지막으로, 그들은 기도에 힘썼습니다. 기도는 '나의 원함'을 얻기 위한 구걸이 아닙니다. 하나님의 뜻을 따라 구할 때 그분께서 '나의 필요'를 채워 주십니다. 그러므로 기도에 앞서 하나님의 뜻을 알아야 합니다(요 15:7). 그런 면에서 그들은 먼저 사도들의 가르침을 받았습니다. 그 가르침은 서로 교제하며 떡을 떼는 가운데 함께 공유되었습니다. 이제 위로부터 받은 말씀과 옆으로 나누어진 말씀을 중심으로 아래로부터 우리는 그에 대한 반응으로 하나님께 기도를 올립니다. 이 네 가지는 자연스럽게 기독교 신앙의 핵심인 십자가를 형상화합니다.

교회의 거부할 수 없는 매력: 닮음과 다름

교회는 이스라엘의 정체성과 사명을 그대로 물려받았습니다. 세상으로부터 택함을 받아 거룩한 백성이 되어 왕 같은 제사장이 되는 일입니다(벧전 2:9~10). 이제 온 세상의 구원은 교회를 통해 이루어질 것입니다. 이 구원은 신앙 공동체라는 실제적이고 가시적인 사회 구조를 통해 전개되어 왔습니다. 첫 번째는 출애굽한 이스라엘인 "광야 교회"였습니다. 두 번째로 예수님과 열두 제자의 공동체였습니다. 마지막은 오순절 날 성령의 강림을 통해 형성된 교회였습니다.

이 공동체들은 하나님의 성품을 구현함으로써 세상이 하나님을 신뢰할 수 있게 해야 했습니다. 광야교회는 출애굽 과정에서 행동하시고 시내산에서 율법을 통해 말씀하신 하나님의 성품을 닮아 세상에 다름을 보여주어야 했지만 실패하고 말았습니다. 열두 제자의 공동체도 예수님께서 행하시고 가르치신 것을 통해 드러난 그 분의 성품을 닮아 세상에 다름을 보여 주어야 했습니다. 초대 교회 역시 사도들의 훈련을 받고 그분의 성품을 닮 아 세상에 다름을 보여주어야 했습니다.

이렇듯 하나님의 성품을 닮아서 다름을 보여준다는 것은 '하나님의 통치'의 실제를 세상 사람들에게 보여 주고 말해 준다는 뜻입니다. 예루 살렘 교회는 가르침, 교제, 성찬, 기도를 통해 하나님께서 그들을 통치하 고 계시다는 것, 즉 하나님의 나라가 임했다는 사실을 보여 주었습니다(행 2:43~47). 세상 사람들에게 교회는 하나님의 나라를 엿볼 수 있는 창문 역 할을 한 것입니다. 그 교회는 하나님 나라의 권능이 실제적으로 임했다는 것을 '기사와 표적'을 통해 보여 주었습니다. 또한 하나님 나라의 경제관은 서로 물건을 통용하고 재산을 팔아 각 사람의 필요를 따라 나누어 주는 모 습으로 드러났습니다. 더 나아가 그들은 마음을 같이하여 자주 모이며 감 사와 찬양이 풍성했습니다.

그 결과가 무엇이었습니까? "주께서 구원 받는 사람을 날마다 더하게 하시니라"(47절). 교회의 머리 되신 주님께서 성령을 통해 예루살렘 교회와 함께 하셨고 풍성한 전도의 열매를 허락하셨습니다. 이처럼 교회가 복음을 설명하고 해석하는 공동체가 되었을 때 세상은 복음을 신뢰하고 확신하며, 그 거부할 수 없는 매력에 이끌려 왔습니다.[39] 하나님의 나라가 성령의 임 재와 역사로 말미암아 교회 안에 현존해 계심을 세상이 보았던 것입니다. 이스라엘이 기대했던 세상으로부터의 칭송이 교회에서 이루어졌습니다.

너희는 지켜 행하라 이것이 여러 민족 앞에서 너희의 지혜요 너희의 지식이라

그들이 이 모든 규례를 듣고 이르기를 '이 큰 나라 사람은 과연 지혜와 지식이

있는 백성이로다' 하리라 (신 4:6)

예수께서 성령의 능력으로 갈릴리에 돌아가시니 그 소문이 사방에 퍼졌고

친히 그 여러 회당에서 가르치시매 뭇 사람에게 칭송을 받으시더라

(눅 4:14~15)

하나님을 찬미하며 또 온 백성에게 칭송을 받으니 주께서 구원 받는 사람을

날마다 더하게 하시니라 (행 2:47)

사도들의 가르침을 받으며 과거의 생활 방식과 사고방식을 청산하고, 동시에 하나님의 거룩한 성품이라는 새로운 삶의 방식이 그들 안에 자리 잡기 시작했습니다. 내적인 거룩이 외적인 사랑으로 표현된 것입니다. 존 웨슬리는 이것을 '거룩한 사랑'(holy love)이라고 말했습니다. 이러한 삶은 성령에 의해 삼위 하나님의 관계가 사람들에게 온전히 알려지고 드러났음을 말해줍니다(요 15:9; 17:24, 26). 결국 복음전도란 하나님의 사랑이 거듭난 그리스도인들의 모임인 교회에, 더 나아가 세상 사람들에게 확대·재생산 되는 것입니다.

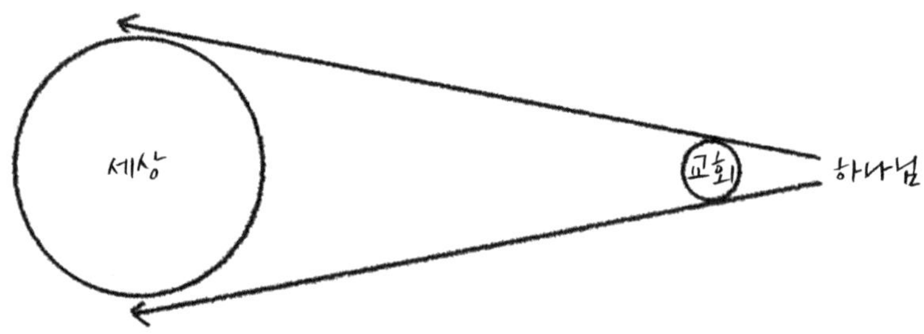

질문을 받는 복음전도

우리는 여기에서 초대 교회의 복음전도가 보여 주는 중요한 특징을 발견할 수 있습니다. 한 마디로 '질문을 던지는 복음전도'가 아니라 '질문을 받는 복음전도'입니다. 사실 구원은 인류가 던지는 근본적인 문제에 대한 성경

의 해답입니다. 사도행전에 나타난 신앙 공동체의 모습은 이 사실을 잘 보여줍니다. 사도행전 2장에서 베드로가 복음을 전한 것도 "이 어찌 된 일이냐"라는 질문에 대한 답이었습니다. 이어 3장에서 베드로가 전한 복음 역시 성전 미문에서 구걸하던 사람이 치유되었을 때 사람들이 놀라워하며 품은 의문에 대한 답이었습니다.

공회 앞에 선 베드로가 4장에서 전한 복음도 그들이 "너희가 무슨 권세와 누구의 이름으로 이 일을 행하였느냐"라고 물은 것을 "이 사람이 어떻게 구원을 받았느냐고 오늘 우리에게 질문한다면?"으로 바꾸어 그에 대한 답으로 전한 것이었습니다. 7장에서 스데반이 생명을 걸고 전한 복음도 "이것이 사실이냐"라는 질문에 대한 답이었습니다. 빌립이 에디오피아 여왕의 내시에게 복음을 전한 8장도 질문에 대한 답변이었습니다(8:31~35). 또한 10장에서 베드로가 고넬료와 그 가정에 복음을 전한 것도 질문에 대한 응답이었습니다.

이런 흐름은 16장에서 빌립보 간수와 그 가족이 구원받는 장면에서 더 극적으로 드러납니다. 바울과 실라는 귀신 들린 여자를 온전케 해준 대가로 고발당해 감옥에 갇혔습니다. 마게도냐 환상을 보고 건너왔음에도 감옥에 갇혔으니, 두 사람은 얼마든지 인간적으로 낙담하며 하나님을 원망할 수 있었습니다. 그러니 그들은 오히려 기도하며 하나님을 찬송했습니다. 그때 갑자기 큰 지진이 일어나 죄수들이 도망할 수 있는 상황이 되었고, 간수는 칼을 빼어 자결하려고 했습니다. 하지만 바울과 실라는 급히 그를 불러 우리가 다 여기 있다며 안심시켰습니다. 그 순간 간수의 반응은 무엇이었습니까?

간수가 등불을 달라고 하며 뛰어 들어가 무서워 떨며 바울과 실라 앞에 엎드리고 그들을 데리고 나가 이르되 선생들이여 내가 어떻게 하여야 구원을 받으리이까 하거늘 이르되 주 예수를 믿으라 그리하면 너와 네 집이 구원을

받으리라 하고 주의 말씀을 그 사람과 그 집에 있는 모든 사람에게 전하더라 그
밤 그 시각에 간수가 그들을 데려다가 그 맞은 자리를 씻어 주고 자기와 그 온
가족이 다 세례를 받은 후 그들을 데리고 자기 집에 올라가서 음식을 차려 주고
그와 온 집안이 하나님을 믿으므로 크게 기뻐하더라 (행 16:29~34)

바울과 실라가 감옥에서 보여 준 행동은 너무나 놀라웠습니다. 그들에게는 상황과 환경을 초월하여 누리는 내적인 기쁨과 평안이 있었습니다. 지진이 난 것을 기도 응답으로 여기며 얼마든지 도망칠 수 있었지만, 그들은 갑자기 불어 닥친 위기 속에서 자살하려고 하는 간수에게 마음이 끌렸습니다. 그들은 그의 자살을 막았을 뿐 아니라 주님만이 주실 수 있는 위로와 평안을 전했습니다. 그 모든 광경을 지켜보던 간수는 바울과 실라의 마음속에 있는 소망이 자신의 것과 다름을 보았습니다. 내면에서 일어난 이상한 끌림은 결국 위대한 질문으로 이어졌던 것입니다. 뉴비긴은 이러한 상황을 다음과 같이 설명했습니다.

더구나 놀라운 사실은 사도행전에 묘사된 거의 모든 복음 선포는 교회 바깥에 있는 사람들에 의해서 제기되 질문들에 대한 응답이었다는 것이다. …모든 경우는 설명을 요구하는 현존하는 어떤 것, 어떤 새로운 실제가 있고, 그것이 질문을 촉발시키고 복음 전파는 그에 대한 대답이다.[40]

흔히 질문을 던지는 복음전도는 복음을 전하는 전도자의 입장에서 시작합니다. 예를 들어, "오늘 밤 죽으면 천국에 갈 확신이 있습니까?"와 같은 질문이 그렇습니다. 그러나 현대인들은 죽음에 대한 관심이 그리 크지 않습니다. 미래보다는 "지금 여기"에 더 초점을 맞추고 살아가니까요. 이것이 포스트모던 시대를 살아가는 사람들의 전형입니다. 그러나 질문을 받는 복음전도는 그들의 절실한 필요로부터 시작합니다. 다시 말해 그들의

현재 관심사에서 출발해야 한다는 뜻입니다. 그들이 우리에게 질문해 올 때, 그 질문은 자신에게 필요하다고 느꼈기 때문에 촉발된 것입니다.

따라서 복음전도는 '현재 그들이 있는 그곳에서부터' 시작해야 합니다. 거기서부터 우리는 그들이 제기한 질문이 예수 그리스도와 어떤 상관이 있는지, 또 성경이 말하는 구원과 어떻게 연관되는지를 인식하도록 이끌어 줄 수 있어야 합니다. 그렇게 할 때, 우리는 그들을 올바른 방향으로 인도할 수 있습니다. 이러한 면에서 복음전도는 자연스럽게 변증의 필요성을 내포합니다. 그들이 제기하는 문제들에 대해 성경의 하나님께서 해답을 주실 수 있다는 것이 복음전도의 접촉점임을 잊지 말아야 하겠습니다.

복음전도의 통전성 회복: 보여 주고 들려주라!

오늘날 복음전도의 여러 형태를 살펴보면, 많은 경우 '복음'(福音)이 '소음'(騷音)으로 전락하고, 잡다한 세속 가치관과 마케팅 전략으로 인해 '뽁음'으로 변질되어 가고 있습니다. 그 과정에서 복음전도는 단순히 교회성장을 위해 하나의 수단으로 전락한 느낌을 줍니다. 이처럼 세속화에 포로가 되고 박제된 교회의 복음전도를 '성경적 복음전도'로 해방시키고자 한다면, 우리는 사도행전에서 묘사하고 있는 복음전도에 귀를 기울일 필요가 있습니다. 그것은 거룩하신 하나님의 성품을 닮아 삶의 현장에서 살아냄(to live out)으로 말미암아, 그 '다름'(distinctiveness)을 관찰하고 매력을 느낀 사람들로부터 질문을 이끌어 내는 복음전도입니다.

현대는 신용 사회로 접어들어 정직과 도덕성이 강조되고 있고, 기업들조차 '윤리 경영'을 표방하고 있습니다. 부패지수, 청렴지수, 투명성과 같이 윤리와 도덕적 가치를 나타내는 용어도 이제 익숙한 표현이 되었습니다. 기업의 경우 신뢰할 만한 사람이 책임자일 때, 그 회사가 만들어 내는 제품은 소비자에게 신뢰감을 줍니다. 기업들이 이미지를 제고하고 윤리와 도덕성을 마케팅 전략으로 삼는 이때, 어떤 면에서 '복음'을 세일즈하고 있는 오늘날의 교회가 '거룩한 삶'을 회복하는 일은 무엇보다 중요합니다.

사실 유럽에서 기독교가 국가 종교로 추앙받던 시절, 예수 그리스도의 복음이 유일하고 궁극적인 진리라는 사실을 말로 선포하고 행위로 입증해야 할 필요성을 그다지 강하게 느끼지 못했습니다. 기독교에 견줄 만한 종교 경쟁자가 없었기 때문이죠. 이러한 분위기가 지속되면서 교회는 공적 진리로서의 기능이 약화되었고, 사회에 대한 영향력도 감소했습니다. 그 결과 복음은 내세를 위한 보험 정도로 전락했고, '복음의 사유화'(privatization of the Gospel) 현상이 심화되었습니다.

마치 독과점 상황에서는 공정한 경쟁을 펼치지 못하기 때문에 상품의 질이 저하되고 가격이 오르며, 결국 상품의 경쟁력이 떨어지는 것과 비슷한 논리죠. 더욱이 상대주의적이고 다원주의적인 세속 사회로 접어들면서 기독교는 공적 진리임을 스스로 입증해야 할 처지가 되었습니다. 마트의 진열대에 놓인 수많은 상품들처럼 기독교 역시 종교 구매자들로부터 선택받기 위해 동일한 조건에서 경쟁을 치러야 하는 것이죠. 즉 모든 진리가 상대적이고 부분적이라는 견해가 팽배한 사회 속에서 기독교가 하나의 '상품'처럼 그 우수성을 입증해야 한다는 말입니다.

하지만 실종된 기독교적 윤리로 인해 진리가 입증되지 못할 때, 복음은 그저 공허한 메아리에 불과합니다. 그 결과 사람들은 이러한 기독교의 '일방적이고 무례한 복음전도'에 마음을 열기보다 오히려 더 마음의 빗장을 더 단단히 걸어 잠그게 됩니다. 바로 이때, 성경적 라이프스타일을 체현해 낸, 곧 성결한 삶이 전제된 복음전도를 우리는 반드시 회복해야만 합니다. 이러한 복음전도야말로 신·구약성경이 공통적으로 보여 주는 복음전도의 모델이요, 오늘날의 복음전도가 구현해야 할 '바로 그 모습'입니다.

이것은 '로잔언약'이 밝힌 '동참'(presence)의 전도와 '선포'(proclamation)의 전도가 통합된 온전한 복음전도이기도 합니다. 이렇게 복음전도의 통전성이 회복될 때, 성결은 복음의 공동체가 세상을 향해 뻗어 나가는 하나님의 전략이 될 수 있습니다. 그렇게 될 때 교회성장을 위한 이벤트성 행사에 머물고 실용적 차원을 벗어나지 못하고 있는 오늘날의 복음전도를 향해 경종을 울릴 수 있을 것입니다. 더 나아가 성경적 복음전도의 참 모습인 성결한 삶을 토대로 한 '제자도의 복음전도'(discipleship evangelism)를 회복할 수 있을 것입니다.

예수 그리스도를 닮아가는 제자도의 과정이 배제되고 무시된 복음전도는 엄밀한 의미에서 성경이 말하는 복음전도가 아닙니다. 시간과 공간이라는 삶의 정황을 떠난 복음의 외침은 허공에서만 맴돌 뿐 사람들의 마음속으로 전혀 파고들지 못하기 때문입니다. 기독교적 윤리(성결한 삶)가 실종된 오늘날의 복음전도는 세상을 변화시키는 동력을 잃어버린 모습입니다. 시대와 상황이 어려울수록 기본과 본질로 돌아가야 하듯이, 복음을 '보여주고 들려주는' 온전성(wholeness)이 그 어느 때보다 필요한 시점입니다.

주님의 뜻을 이루소서

온전히 나를 주장하사

주님과 함께 동행함을

만민이 알게 하옵소서

(찬송가 425장)

복음전도와 제자 삼는 사역

사실 성령으로 충만케 되기 전의 제자들은 두려움에 사로잡혀 있었고, 한 사람에게도 복음을 전하지 못했습니다. 그러나 성령 충만을 경험한 그들은 담대하게 복음을 전하기 시작했습니다(행 4:19; 요 18:17). 성령으로 충만해지자 그들이 가장 먼저 한 일은 복음전도였던 것입니다. 이것이 의미 있는 이유는 성령의 시대로 진입하면서 선포된 최초의 설교가 복음전도였기 때문입니다. 말라기 선지자 이후 영적 암흑기를 깨트린 세례 요한의 메시지 역시 복음전도였던 것처럼 말입니다. 그러므로 성령 충만의 목적은 복음전도와 매우 밀접한 관계가 있습니다. [41]

베드로의 복음전도를 통해 구원받은 3,000명은 세례를 받은 후 곧바로 "사도들의 가르침을 받아 서로 교제하고 떡을 떼며 오로지 기도에 힘썼습니다"(행 2:42). 중요한 점은 그들이 사도의 가르침 속에서 강한 영적 훈련을 받았다는 것입니다. [42] 사도들은 확실히 스승이신 예수님의 사역을 물려받았습니다. 예수님은 지상명령에 따라 세례를 베푸실 뿐 아니라, 말씀을 가르치며 순종하는 제자들로 세워 가셨습니다. 예수님께서 이 땅에 오신 것은 세상을 복음화하시기 위함이었고, 그 복음이 온 세상에 전해지는 방법으로 제자 삼는 사역을 하셨듯이 말입니다.

> 그러므로 너희는 가서 모든 민족을 **제자를 삼아** 아버지와 아들과 성령의 이름으로 세례를 베풀고 내가 너희에게 분부한 모든 것을 가르쳐 지키게 하라
>
> (마 28:19~20)

예루살렘 교회만이 지상명령의 성취로서 복음전도와 제자 삼는 사역에 힘쓴 것은 아니었습니다. 안디옥 교회도 마찬가지였습니다. 사도행전은 베드로(Peter)가 중심이 된 예루살렘 교회의 사역(1~12장)과 바울(Paul)을 중심으로 한 안디옥 교회의 사역(13~28장)이 주를 이룹니다. 따라서 두 교회의 모습은 초대 교회를 대표하며, 이후 모든 교회의 모델이 됩니다. 안디옥 교회는 스데반의 일로 인해 핍박이 일어나자 흩어진 그리스도인들이 안디옥에 이르러 유대인들과 헬라인들에게 복음을 전하며 세워진 교회였습니다(행 11:19~21).

이때 예루살렘 교회가 어떠한 조치를 취했는지를 주목해야 합니다. 지도자들은 안디옥에서 단지 회심자를 얻는 데 만족하지 않았습니다. 예수님께서 주신 지상명령의 핵심은 제자를 삼는 것이었기 때문입니다. 그래

서 사도들로부터 직접 훈련을 받고 제자 삼는 사역에 경험이 많은 바나바를 안디옥에 파송했습니다. 사도행전 11장 24절에서 그를 "착한 사람이요 성령과 믿음이 충만한 사람"으로 소개한 것을 보면, 바나바는 훈련을 통해 성경적인 삶의 방식이 몸에 밴 경건하고 거룩한 사람이었음을 알 수 있습니다.

주님을 깊이 닮은 그의 모습은 자연스럽게 많은 사람들에게 영적인 관심과 매력을 불러 일으켰고, 결국 "큰 무리가 주님께 더해"졌습니다(24절). 바나바는 사역의 규모가 커지면서 팀으로 동역할 필요를 느꼈고, 함께 제자 삼는 사역을 할 적격자로 사울을 지목했습니다. 물론 안디옥 교회가 생겨나게 한 "흩어진 자들"이라는 복음전도자들이 바나바 곁에 얼마든지 있었지만요(19절). 그러나 그들은 제자 삼는 사역을 감당할 만큼 충분히 준비된 사람들은 아니었던 것 같습니다. 그래서 그 사역을 위해 노련한 사울을 직접 찾아가 데려왔습니다.

> 만나매 안디옥에 데리고 와서 둘이 교회에 일 년간 모여 있어 큰 무리를 가르쳤고 제자들이 안디옥에서 비로소 **그리스도인**이라 일컬음을 받게 되었더라 (행 11:26)

이로써 우리는 예루살렘 교회와 안디옥 교회 모두 제자들이 주님께서 주신 지상명령에 얼마나 충실히 순종했는지를 보게 됩니다. 그들은 신실하게 복음을 전했고, 주님께 돌아온 자들이 영적으로 견고한 제자가 되도록 훈련했습니다. 초대 교회가 이룩한 모든 사역의 열매는 바로 복음전도와 제자 삼는 사역이라는 두 날개 위에 세워진 것입니다. 복음을 전하면서 재생산이 이루어졌고, 제자 삼는 사역을 통해 복음을 전할 사람들이 배가되었습니다. A.D. 380년이 되었을 때, 로마 제국이 기독교를 공인한 것은 어찌 보면 당연한 결과였습니다.

잊혀진 기술

그러나 로마 제국에서 기독교가 공인된 후, 복음전도와 제자 삼는 사역은 '잊혀진 기술'이 되었습니다. 콘스탄틴은 교회를 재정적으로 뒷받침했고, 성직자들에게 특권을 주었으며, 고관직에 그리스도인들을 앉혔을 뿐 아니라 대박해 기간 동안 몰수된 재산들을 되돌려 주었습니다. 교회 건물들은 새로 건축되었고 화려해졌습니다. 일요일은 주의 날로 지정되어 그날은 노예에게 자유를 주는 것을 제외하고는 어떠한 상거래도 허용되지 않았습니다. 군인들도 교회에 갈 수 있었습니다. 이제 개인의 신앙을 자유롭게 선포하는 것이 가능해졌습니다.

그러나 이 모든 상황에는 교묘한 유혹이 도사리고 있었습니다.[43] 저 유명한 터툴리안의 말대로, 박해 기간 동안 "진실로 순교자의 피는 교회의 씨앗"이었습니다. 하지만 콘스탄틴 황제의 개혁으로 인해 교회는 안락함에 빠지고 말았습니다. 다시 말해 콘스탄틴 황제 이전의 그리스도인들은 기독교 신앙 때문에 박해받았지만, 이제는 그리스도인이 되지 않는 것 때문에 사람들이 핍박을 받는 아이러니한 상황이 전개된 것입니다. 이는 자연스럽게 명목상의 기독교가 출현되는 길을 터주었습니다.

그리스도인이 된다는 것은 더 이상 그리스도에 대한 개인적 신앙에 기초한 선택 사항이 아니었습니다. 회심은 환심을 사거나 직업이나 승진 또는 연금 등을 얻고자 하는 잘못된 동기로 인해 일어나기 시작했습니다.[44] 비록 정치적인 상황이 대규모의 회심을 이끌어 내기도 했지만, 거기에는 치러야 할 대가도 있었습니다. 그리스도인들이 점점 안락해져감에 따라 복음을 전하고자는 하는 신실함과 긴박성은 무뎌져 갔습니다.[45] 이전의 '박해받았던 교회'는 이제 명목상의 신앙이라는 내부의 적과 싸워야 했습니다.

중대한 누락(Great Omission)에서
지상명령(Great Commission)의 회복

여러분, 웃사 이야기를 아실 겁니다. 통일 왕국을 이룬 다윗은 하나님의 집에 법궤를 모셔 오기로 계획했습니다. 다윗은 그 일을 웃사와 아히오 두 사람에게 맡겼죠. 웃사는 법궤를 "새 수레에 싣고" 옮겼습니다. 한참 가다가 갑자기 소가 뛰는 바람에 법궤가 수레가 흔들려 법궤가 떨어질 뻔했고, 그 순간 웃사가 다급한 마음에 손으로 붙잡았습니다. 그는 그 자리에서 즉사했습니다. 무엇이 문제였을까요? 어깨에 메는 것보다는 수레로 옮기는 것이 더 편하고 쉬웠을 것입니다. 훨씬 더 폼나게 보였을 거구요.

다윗은 이후에 무엇이 하나님을 진노하게 했는지 그 원인을 알아냈습니다. 그리고 다음번에는 레위 사람들에게 법궤를 어깨에 메어 옮기도록 명령했습니다. 역대상 15장에 보면 "어깨에 메다"라는 표현이 무려 열두 번이나 등장합니다. 하나님은 법궤를 이동시킬 때 레위 자손 가운데 고핫 자손이 어깨에 메어 운반하도록 지시하셨습니다. 그러나 어찌 된 일인지 웃사는 어깨에 메지 않고 "새 수레에 실어" 옮겼던 것입니다. 하나님의 의도와 방법을 따르지 않았을 때 그 결과는 비참했습니다!

웃사의 이야기처럼 오늘날 교회는 나름대로 좋은 수레를 이용하려고 혈안입니다. 하나님이 제시하신 분명한 방법과 모델이 있음에도 편의에 맞게 조정하고 재단하려 합니다. 요즘 교회들이 멋진 프로그램, 화려한 강당, 레스토랑과 같은 식당, 문화 공간 등 소비자 지향적인 기독교(Consumer Christianity)로 전락하는 것 같아 안타깝습니다. 얼마나 좋은 콘텐츠를 제공해서 성도들의 삶을 좀 더 업그레이드 시켜줄 수 있느냐에 혈안이 되어 있는 것으로 보입니다. 본질을 놓치고 비본질적인 것에만 관심을 갖습니다.

물론 교회가 주변 사회의 필요에 귀 기울이고 그들과 공감하려고 애쓰는 노력은 귀합니다. 또 당연히 그렇게 해야 합니다. 하지만 많은 경우 교회는 세속 문화에 의해 훈련될 뿐, 예수님에 의해 훈련되지는 않는 것처럼 보입니다. 열심과 헌신은 중요합니다. 그러나 더 중요한 것은 올바른 방향입니다. 복음전도와 제자 삼는 사역, 이것이 바로 주님의 재림을 앞두고 세상의 복음화를 위해 한시적으로 존재하는 교회에게 맡겨진 중심 사역입니다. 복음전도와 제자 삼는 사역만이 세계복음화를 이룰 수 있는 가장 효과적인 전략이자 방법입니다.

도슨 트로트맨

구체적으로 세계복음화를 이루기 위한 복음전도와 제자 삼는 사역이 무엇을 의미하는지 잘 보여 주는 이야기가 있습니다. 네비게이토의 창시자 도슨 트로트맨(Dawson Trotman)은 레스 스펜서라는 미 해군 병사에게 영적 성장의 원리를 가르쳤습니다. 많은 시간을 함께하며 기도하고 성경을 공부하고 말씀을 암송했습니다. 동료 해군 한 명이 스펜서의 변화된 삶을 보면서 그 비밀을 알고 싶어 했습니다. 도슨 트로트맨에 대해 소개했더니 자기도 그에게 데려가 도와 달라고 요청했습니다.

"도슨, 당신이 나에게 가르쳐 준 것을 이 친구에게도 가르쳐주세요!"라고 스펜서는 말했습니다. 그때 도슨은 이렇게 반응했습니다. "당신이 그를 도우시오!"(You teach him!) 이것이 네비게이토 사역의 시작이었습니다. 스펜서는 도슨이 자기에게 했던 그대로 그 해군을 가르쳤습니다. 얼마 지나지 않아 스펜서와 그 동료는 다른 사람들에게 복음을 전했습니다. 결국 그들이 타고 있던 미국 전함 웨스트버지니아 호에 있던 125명의 해군이 영적으로 성장하며 적극적으로 전도하게 되었습니다.

또 **네**가 많은 증인 앞에서 내게 들은 바를 **충성된 사람들**에게 부탁하라 그들이

또 다른 사람들을 가르칠 수 있으리라 (딤후 2:2)

나에게 다른 방법은 없네 (I have no other plan!)

예수님께서 십자가에 죽으시고, 부활하신 후 승천하셨을 때, 천국에서는 대대적인 환영 행사가 열렸습니다. 천사 중 대표격인 가브리엘이 예수님을 맞았습니다. 가브리엘은 예수님의 못 자국 난 손과 발, 창 자국 난 허리를 보며 마음이 아파 고개를 돌렸습니다.

가브리엘: "주님! 세상에 계시는 동안 엄청난 고통을 당하셨군요!"

예수님: "그렇다네"

천사: "그럼 세상에 있는 모든 사람들이 당신의 삶과 당신의 용서에 대해 듣고 알았나요?"

예수님: "아니... 아직. 팔레스틴에 있는 소수의 사람들만이 나의 죽음과 부활을 알고 있지"

천사: "그렇다면 어떻게 모든 사람들이 당신의 놀라운 삶과 희생적 죽음 그리고 부활의 승리를 알 수 있나요?"

예수님: "난 베드로와 야고보, 요한을 비롯한 소수의 사람들에게 그것을 다른 사람들에게 알리라고 말해 두었네. 다른 사람들이 듣고 믿을 때, 그들이 또 다른 사람들에게 전하고 믿게끔 말야. 그래서 온 세상 사람들이 그것을 알도록 하려는 것이지"

천사: "(여전히 이해할 수 없다는 듯) 주님, 세상에 있는 사람들이 어떤 사람들인지 잘 아시잖아요. 만일 베드로, 야고보, 요한이 그 일을 도중에 그만둔다면요? 설령 그 세대의 사람들에게 잘 전했더라도 다음 세대의 사람들이 실패한다면요? 18세기나 21세기에 사는 사람들이 당신의 사명을 성취하는 데 실패한다면 어떡하죠? 혹시 다른 대안이라도 있으신가요?"

예수님: "(질문을 듣고 좀 있다가) 나에게 다른 방법은 없네. 그들을 의지하는 수밖에!"

그렇습니다! 복음전도와 제자 삼는 사역 외에는 지상명령을 성취할 수 있는 다른 방법이 없습니다. 교회는 성령의 임재와 능력 안에서 이 두 가지를 반드시 회복해야 합니다!

최종회

이제『구원역사의 드라마』대단원의 막을 내려야 할 시간이 다가왔습니다. 지금까지의 내용을 간략하게 요약해 봅시다. 우리는 복음적인 안목을 가지고 성경 전체를 뷰포인트를 따라 긴 호흡으로 살펴보았습니다. 가능하면 성경 전체를 관통하는 큰 그림(big picture)을 보고자 노력했습니다. 이러한 기획 의도를 잘 담아내기 위해서 드라마 형식을 빌렸습니다. 먼저는 우리가 그 드라마를 끝까지 잘 시청해야 하겠지만, 거기서 멈추지 않고 우리의 지성을 지나 마음으로 내려오게 하고, 손과 발을 움직여 전인적인 삶으로 구현해 내야 합니다.

그 날! 구원역사의 흐름에서 커다란 물줄기가 바뀐 결정적인 하루입니다. 하나님의 형상과 모양대로 지음 받은 인간은 창조의 면류관이었습니다. 하나님은 그 인간과 함께 친밀하고 밀접하며 깊이 교제 나누기를 원하셨습니다. 더 나아가 그들이 생육하고 번성하여 온 세상을 충만하게 채워 나가길 간절히 소원하셨습니다. 즉, 하나님은 당신의 임재와 통치로 가득한 에덴 성소가 전 지구적으로 확장되기를 원하셨습니다. [46]

안타깝게도 하나님의 아름다운 의도와 목적은 악한 자의 개입과 첫 인간의 타락으로 말미암아 수포로 돌아갔습니다. 그러나 깨어지고 망가진 세상을 하나님은 결코 포기하시지 않고 온 세상을 회복하고자 하는 열심을 품으셨습니다. 그렇기에 그 날! 하나님은 인간을 구원하고 회복시키기 위해 먼저 찾아가셨습니다. 신약성경의 버전으로 보면 누가복음 15장이 떠오릅니다. 먼 나라로 가서 허랑방탕하여 창녀들과 그 재산을 낭비한 둘째 아들이 돌아오기를 학수고대하며 기다리던 아버지가 아들을 먼저 보고 달려갔습니다! 안 그러면 아들이 죽으니까요!

따라서 하나님 아버지의 마음을 깊이 헤아리신 참된 아들, 예수님은 온 세상을 구원하시기 위해 이 땅에 오셨습니다. 처음에는 이것이 원복음(창 3:15)과 가죽옷 사건을 통해 예언되었습니다. 다음에는 가인과 아벨 사건을 통해 한 마리의 양이 한 사람을 대신해서, 유월절 어린 양 사건을 통해

한 마리의 양이 한 가족을 대신해서, 대속죄일 사건을 통해 한 마리의 염소가 한 민족을 대신해서, 마지막에는 십자가와 부활을 통해 하나님의 어린 양이신 예수님이 온 세상을 대신하셨습니다. 우리의 이해 수준을 고려한 이 얼마나 놀라운 러브 스토리인가요?

최초의 계획에서 하나님이 다스리시는 나라는 아담과 하와의 생물학적인 출생만으로도 가능했습니다. 그러나 그들의 타락 이후, 회복된 계획에서는 하나님의 나라가 확장되는 방법은 영적인 출생과 제자 삼는 사역으로 바뀌었습니다. 다시 말해, 하나님은 물과 성령으로 거듭난 사람들이 예수 그리스도를 닮아 온 세상으로 퍼져 나가기를 원하셨습니다. 이것은 성령의 임재와 능력으로만 가능했습니다. 이것을 위해 예수님은 이 땅에 오셔서 대부분의 시간을 제자들과 함께하시며 그들에게 하나님 나라를 말과 행위로 보여주셨습니다.

이처럼 회복된 계획을 위해 하나님은 한 사람, 아브라함을 갈대아 우르에서 불러내셨습니다. 창세기 12장은 성경 전체에서 두 번의 터닝 포인트 중 한 곳이 될 정도로 매우 중요한 부분입니다. 그 이유는 창세기 1~11장까지의 배경과 구원 역사의 관점에서 바라본 세 시기, 바벨탑 사건과의 연관성, 그리고 저주의 시대에서 복의 시대로의 전환 때문이었습니다. 하나님은 아브라함을 불러내셔서 신정 국가인 이스라엘을 이루어 내시고, 그 가운데 온 인류의 메시아이신 예수 그리스도를 보내시기로 작정하셨습니다.

아브라함은 장차 구원의 방법인 '믿음으로 말미암는 의'를 보여주는 성경적 모델이 되어야 했습니다. 구원 얻는 믿음이란, 자기 의를 포기하고 하나님의 의를 얻기 위해 하나님만 전적으로 신뢰하는 것입니다. 이 과정에서 하나님은 무자(無子)한 아브라함에게 "큰 민족을 이루어 주겠다"고 약속하셨습니다. 이 약속이 성취되는 과정에서 아브라함은 롯 → 엘리에셀 → 이스마엘 → 이삭으로 이어지는 혹독한 상속자 테스트를 경험합니다. 그러나 창세기 22장은 아브라함이 멋지게 합격하는 모습을 보여줍니다. 그 결과 믿음의 조상이라는 호칭을 얻게 됩니다.

　이제부터 성경의 긴 이야기는 하나님께서 아브라함에게 주신 "큰 민족을 이루어 주겠다"는 언약을 따라, 국가의 3요소인 국민, 국토, 국권(주권)을 주제로 펼쳐져 나갑니다. 중요한 사실은 하나님이 아브라함, 이삭, 야곱에게만 땅과 자손에 대한 약속을 이어가셨다는 사실입니다. 요셉은 그 약속이 성취되어가는 과정에서 연결고리 역할을 잘 감당했지요. 국민의 형성은 애굽에서 이루어졌습니다. 즉, 이스라엘은 당시 슈퍼 파워인 애굽을 자궁으로 삼아 탄생합니다. 모세가 하나님의 섭리로 살아남은 것과 같이 이스라엘도 마찬가지입니다.

　한 나라를 이룰 만큼의 숫자로 불어난 이스라엘은 애굽에서 빠져나와야 했습니다. 그 과정에서 쓰임 받은 위대한 지도자가 바로 건국의 아버지 모세입니다. 왕궁에서 보낸 40년과 미디안 광야에서의 40년을 거치며 낮아질 대로 낮아진 모세에게 어느 날 하나님께서 찾아오셨습니다. 말과 행위로 부르실 때 그는 다섯 번에 걸쳐 거부하지만, 결국 하나님께 굴복하고 애굽으로 돌아와 바로와 전면전을 펼칩니다. "나는 여호와를 알지 못하노라"라고 코웃음 치던 바로에게 하나님은 열 가지 재앙을 통해 애굽을 초토화시키시고, 당신이 누구신지 똑똑히 알리셨습니다.

　이스라엘이 애굽을 탈출하는 과정에서 경험한 유월절 어린 양 사건과 홍해 도하 사건은 신약성경에서 예수님의 십자가 죽음과 부활의 미리보기와도 같았습니다. 하나님은 이스라엘을 홍해 길로 인도하셔서 시내산으로 이끄시고 약 1년에 걸쳐 율법을 수여하십니다. 이것은 국가로 치면 국권에 해당합니다. 시내산 이전까지 주로 하나님의 행동을 본 이스라엘은, 시내산에서 하나님의 말씀을 집중적으로 배우면서 하나님의 성품을 닮아가는 거룩한 백성이 되고 세상을 향해 제사장 나라가 되어야 했습니다. 이것이 이스라엘에게 주어진 지상명령이었습니다.

　세상을 상징하는 애굽에서 탈출한 이스라엘은 역시 세상을 상징하는 가나안 땅으로 들어가 그들이 경험한 하나님의 사랑과 능력을 보여주고 들려주어야 했습니다. 그것은 말로만이 아니라 거룩한 삶을 통해서 가능했습니다. 따라서 이스라엘은 시내산에서 약 1년간 머무르며 애굽에서의 삶의 방식을 탈교육하고, 하나님의 말씀에 따른 재교육을 받아야 했습니다. 즉 하나님의 성품을 닮아 세상에 다름·구별·분리의 삶을 보여주며 대안 공동체이자 대조 사회가 되어야 했던 것입니다. 그럴 때 열방은 이스라엘의 삶에 매력을 느끼고 관심과 질문을 갖습니다.

그러나 약속된 땅에 들어간 이스라엘은 다름의 삶을 보이기보다는, 열방의 문화에 동화되어 그들의 삶의 방식을 따르고 말았습니다. 한마디로, 하나님을 닮기보다는 세상을 닮아버렸습니다. 그 대표적인 예가 바로 사무엘상 8장에서 시작된 왕정 제도였습니다! 왕 되신 하나님을 버리고 인간 왕을 세운 사건의 결말은 너무나 참혹했습니다. 간혹 의로운 왕들이 등장하기도 했지만, 대부분 하나님께 불의했습니다. 불순종한 첫 인간이 에덴동산에서 추방당한 것처럼, 이스라엘 역시 동방에서 온 앗수르와 바벨론으로 쫓겨났습니다.

그 와중에 다윗이라는 걸출한 왕이 등장하면서, 장차 그의 후손으로 오실 예수 그리스도와 그분이 통치하실 영원한 나라가 예언된 것은 쓰레기 더미 위에 핀 장미꽃과도 같았습니다. 특별히 예레미야 34장과 에스겔 36~37장에 나타난 새 언약에 대한 예언은 새로운 시대를 예고하는 혁명적인 사건이었습니다. 옛 언약(시내산) 시대에는 외적으로 율법을 지켜서 내적으로 깨끗해지려는 것이었지만, 새 언약(십자가) 시대에는 성령을 통해 새로운 정신과 부드러운 마음이 주어져 외적인 순종이 가능해지는 것입니다. 우리는 여기에서 사도행전 2장의 오순절 성령 강림을 엿보게 됩니다.

오랜 기간의 영적 암흑기를 지나 세례 요한이 혜성처럼 등장합니다. 왕이 출현하기 전에 보좌진이 길을 예비하듯이, 세례 요한은 왕 되신 예수 그리스도의 길을 준비합니다. 아브라함과 다윗의 후손으로 오신 예수님은 장차 하나님 나라의 왕이 되실 분이기에, 신약성경은 족보로부터 시작합니다. 믿음, 소망, 사랑이 기독교를 대표하는 용어이듯이, 성경을 세 인물로 요약한 족보는 아브라함을 믿음의 사람으로, 다윗을 소망의 사람으로, 예수 그리스도를 사랑의 화신(化身)으로 소개합니다.

예수 그리스도는 세례 요한에게 세례를 받으심으로 죄인들과 동일시하시며 공생애로 뛰어드셨습니다. 40일 동안 금식하시며 기도하신 예수님은 첫 아담과 출애굽한 이스라엘이 실패했던 자리를 성공으로 역전시키셨습니다. 세례 요한의 바통을 이어받은 예수님은 일성으로 복음을 전하시고, 그 복음이 온 세상에 전해지는 방법으로 제자 삼는 사역을 시작하십니다. "자기와 함께 있게 하시기" 위해 열두 제자를 부르시고 함께 동고동락하시면서, 그들이 자신의 말과 행동을 통해 하나님의 성품을 닮을 수 있도록 도우십니다. 닮음과 다름을 위한 예수님의 모범이었습니다.

예수님의 첫 번째 개인전도 대상은 요한복음 3장의 니고데모였습니다. 그는 명목상 교인을 대표하는 사람이었습니다. 이것은 오늘날 교회 안에 수많은 명목상 교인이 양산되고 있다는 경고이기도 합니다. 복음이 가장 먼저 필요한 사람은 다름 아닌 명목상 교인입니다. 니고데모와의 대화가 중요한 또 하나의 이유는, 저 유명한 요한복음 3장 16절이 여기에서 탄생했다는 사실입니다. 아담과 하와가 타락하기 전에는 생물학적 출생으로도 하나님의 나라를 이룰 수 있었지만, 타락 이후에는 영적인 출생으로만 가능하다는 점 역시 우리는 이 대화에서 결코 놓쳐서는 안 됩니다.

예수님의 십자가 구속 사역은 사도행전 2장의 오순절 성령 강림 사건의 예비 단계였습니다. 이곳은 성경에 두 차례 등장하는 대전환점 중에서 두 번째입니다. 이때부터 성령님은 주도적인 역할을 맡으시는데, 교회를 일구셔서 교회와 함께 그 사명을 이루어 가십니다. 교회는 출애굽한 이스라엘 백성들의 지상명령(출 19:4~6)을 그대로 이어받는데, 그것이 바로 베드로전서 2장 9절입니다. 교회는 하나님의 세계복음화 전략인 성결(거룩)

한 백성이 되어, 열방과 하나님 사이에서 왕 같은 제사장의 역할을 수행해야 합니다.

이것은 구약 시대나 신약 시대나 하나님의 전략이 똑같음을 보여줍니다. 즉 하나님의 거룩한 성품을 닮아 세상에 다름을 보여주면서 대조 사회와 대안 공동체를 제시할 때, 열방은 매력을 느끼고 관심을 가지며 질문을 던져옵니다(벧전 3:15). 그 질문에 대한 대답이 바로 복음전도이고, 이러한 질문을 불러일으키는 삶이 바로 예수 그리스도를 닮은 제자의 삶입니다. 이것이 바로 오늘날 교회에 주어진 사명입니다. 복음을 듣고 복음을 전하는 교회! 제자가 되고 제자를 삼는 교회!

예수 그리스도를 머리로 삼은 그의 몸 된 교회는 반드시 지상명령을 성취하고야 말 것입니다. 그 증거가 바로 요한계시록입니다. 각 나라와 족속과 백성과 방언에서 아무도 셀 수 없는 큰 무리가 나와 흰옷을 입고 손에 종려 가지를 들고 보좌 앞과 어린 양 앞에 서서 큰 소리로 이렇게 외칠 날을 믿음으로 전망해보십시오! "구원하심이 보좌에 앉으신 우리 하나님과 어린 양에게 있도다"(계 7:9) 얼마나 감격스럽고 영광스러운가요! 나와 당신뿐 아니라 우리의 복음전도와 제자 삼는 사역을 통해 구원받은 사람들도 그 영광스러운 자리에 함께할 것입니다.

파이널이 아닌 파송

구원역사의 드라마는 아직 끝나지 않았습니다! 왜냐하면 이제 나와 당신이 무대에 오를 차례이기 때문입니다. 지금까지 우리는 5막 1장까지 자세히 살펴보았고, 6막 결론부도 알게 되었습니다. 그렇다면 소실된 5막 2장은 바로 나와 여러분의 몫입니다. 엔딩 크레딧이 올라갈 때가 진짜 이야기의 시작입니다. 열린 결말의 사도행전처럼 말이죠! 하나님 나라는 계속 확장되어야 합니다. 교회는 결코 관객으로 남아서는 안 됩니다! 주인공이 되어 예수님을 따라 다름을 보여주고, 우리 속에 있는 소망에 관한 이유를 묻

는 자들에게 복음을 들려줍시다!! 성령의 임재와 능력안에서 사도행전 29
장을 써 내려 갑시다!!!

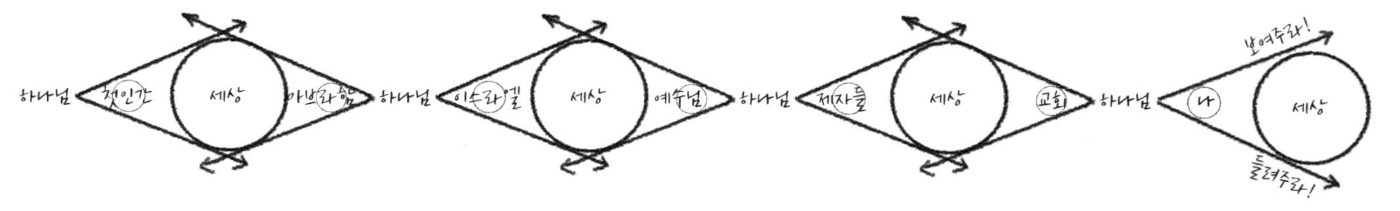

하나님
첫인간
세상
아브라함
하나님
이스라엘
세상
예수님
하나님
제자들
세상
교회
하나님
나
세상
보여주라!
들려주라!

주

1. 톰 라이트가 연극의 5막 구조를 성경 이야기로 가져와 설명한 부분에서 아이디어를 얻었다. N.T.라이트, 『신약성서와 하나님의 백성』 (고양: 크리스챤다이제스트, 2003), 238~244.

2. 이러한 복음의 정의는 다음의 구절들에서 구체적으로 제시되어 있다. 눅 24:46, 고전 15:3~4, 롬 1:3~4; 4:24~25; 10:9~10. 누가복음에서 예수님이 제시한 복음을 바울사도가 정리한 것이다.

3. Gleason L. Archer, *Encyclopedia of Bible Difficulties* (Grand Rapids, MI: Zondervan Publishing House, 1982), 76.

4. G. K. Beale, *The Temple and the Church's Mission: A biblical theology of the dwelling place of God* (Downers Grove, IL: InterVarsity Press, 2004), 83.

5. Michael J. Wilkins, *Following the Master: Discipleship in the Steps of Jesus* (Grand Rapids, MI: ZondervanPublishingHouse, 1992), 299.

6. Gehard von Rad, *Genesis: A Commentary*. 2nd ed. (London: SCM Press, 1963), 152.

7. Arthur F. Glasser, *Announcing the Kingdom: The Story of God's Mission in the Bible* (Grand Rapids, MI: Baker Academic, 2008), 29-30.

8. 창조와 연관해서 하나님이 다루시는 곳은 '온 인류'이고, 아담을 대리자로 삼아 '온 인류'를 다스리며, 노아 때 홍수로 '온 인류'의 죄를 다루셨을 뿐만 아니라, 홍수 심판 후에는 노아의 세 자녀로 하여금 '온 인류'로 퍼져 나가게 하셨다.

9. 모든 것을 아시고 완전히 지혜로우신 하나님께서는 유한한 인간이 하나님의 뜻에 반하는 결정을 할 것을 미리 아시고 그에 맞는 계획을 세우셨다. Robert E. Coleman, *The*

Heart of the Gospel: The Theology beyond the Master Plan of Evangelism (Grand Rapids, MI: BakerBooks, 2011), 18-9.

10. Richard Bauckham, *The Bible and Mission: Christian Mission in a Postmodern World* (Carlisle, U.K.: Paternoster, 2003), 27.

11. 창세기 1-11장까지의 세계가 중심이 된 역사는 아브라함을 통해 이스라엘의 역사로 좁혀졌다. 그러나 남쪽 유다 나라가 바벨론에게 망하면서 이스라엘 중심의 역사는 느부갓네살 왕에 의해 세계중심의 역사로 전환되었다. 이런 면에서 아브라함과 느부갓네살 왕은 성경에서 전개되는 역사 흐름에 있어서 중요한 두 인물이었다.

12. Craig G. Bartholomew & Michael W. Goheen, *The Drama of Scripture: Finding Our Place in the Biblical Story* (Grand Rapids, MI: Baker Academic, 2004), 53

13. Christopher J. H. Wright, *The Mission of God: Unlocking the Bible's Grand Narrative* (Downers Grove, IL: InterVarsity Press, 2006), 199.

14. 출애굽기 2장 11절에서 "자기 형제"라는 표현이 두 번 사용되었고, 13절에서는 "동포"라고 한 점을 주목해보라.

15. 좀 더 자세한 내용을 보려면 다음을 참고하라: 홍성철, 『현대인을 위한 복음전도의 성경적 모델: 예수님의 개인전도 방법』 (서울: 도서출판 세복, 2002), 263-9.

16. 이 구조는 Oswalt의 입장을 반영한 것이다. John N. Oswalt, *Exodus: The Way Out* (Anderson, IN: Francis Asbury Press, 2013).

17. Allen P. Ross & John N. Oswalt, *Cornerstone Biblical Commentary: Genesis, Exodus* (Carol Stream, IL: Tyndale House Publishers, 2008), 271.

18. Oswalt, *Exodus*, 16-17.

19. 이를 위해서 다음의 저서를 참고하라. 홍성철, 『주님의 지상명령: 성경적 의미와 적용』 (서울: 도서출판 세복, 2004), 153-189.

20. "우리 조상들에게 맹세하신 땅을 우리에게 주어 들어가게 하시려고 우리를 거기서

인도하여 내시고" (신 6:23)

21. Christopher J. H. Wright, *The Mission of God*, 372.

22. Ibid., 368.

23. Stephen Neill, *Christian Faith and Other Faiths* (Downers Grove, IL: Inter-Varsity Press, 1984), 124.

24. 핸더슨은 웨슬리의 다양한 소그룹을 개념 정립, 적용, 사랑의 격려, 훈련, 회복으로 분석했다. 신도회는 인지 모드 (cognitive mode), 속회는 행동 모드 (behavioral mode), 조모임은 정서 모드 (affective mode), 선택자회는 훈련 모드 (training mode), 회개회는 재활 모드 (rehabilitative mode). D. Michael Henderson, *A Model for Making Disciples: John Wesley's Class Meeting* (Nappanee, IN: Francis Asbury Press, 83-126.

25. 룻기 1장에서 12번이나 반복되는 동사는 "돌아오다"이다. 이 동사는 히브리어로 '슈브'(שׁוּב)로서 구약성경 전체에서 1146번이나 쓰였으며, 신약성경의 '회개'와 같은 의미이다. 좀 더 자세한 내용을 위해 다음을 보라. William Barclay, *Turning to God* (Grand Rapids, MI: Baker Book House, 1972), 24. 홍성철, "회심의 조감도," 『회심』, 홍성철 편집 (서울: 도서출판 세복, 1996), 15-42.

26. John Sungchul Hong, *Born of the Spirit* (Lexington, KY: Emeth Press, 2013), 119.

27. John N. Oswalt, *Called To Be Holy: A Biblical Perspective* (Anderson, IN: Francis Asbury Press, 1999), 85.

28. 홍성철, 『하나님의 사람들: 마태복음 1장 1절 강해설교』 (서울: 도서출판 세복, 2005), 13.

29. Ibid., 214.

30. 마태복음 1장 23절과 28장 20절도 임마누엘로 시작되고 마무리된다.

31. 바나바가 밭을 판값을 "사도들의 발 앞에 두었다" 고 했는데 (행 4:37), 이 말은 관용어로서 사도들에게 밀착해서 제자로서 훈련받았다는 의미이다.

32. 다음의 책 5장을 보라: Robert E. Coleman, *The Master Plan of Evagnelism* (Grand Rapids, MI: Revell, 1993).

33. 명목상의 교인을 위한 복음전도에 대하여 필자의 영어 논문을 참고하라: "A Study on Nominal Christians," 『신학과선교』, 2011, vol.38:207-233. 이 논문은 2013년 9월 서울신학대학교 전도전략연구소 제4회 정기세미나에서 국어로 번역하여 발표하였다.

34. Rupert E. Davies, *The Works of John Wesley, Bicentennial ed.,* vol. 9, *The Methodists Societies: History, Nature, and Design* (Nashville: Abingdon Press, 1989), 222-3.

35. 웨슬리는 "두 번째 설명된 감리회원의 원리들"에서 기독교를 세 가지로 요약했다: 회개와 믿음과 성결. 이것을 조금 더 구체적으로 설명하면서 회개는 기독교의 현관(porch), 믿음은 기독교의 출입구(door), 성결을 기독교 자체에 비유하였다. John Wesley, *The Works of John Wesley.* vol. 8, *Thomas Jackson, ed.* (Grand Rapids: Baker, 2002), 472.

36. Sidney B. Hoeing, *The Great Sanhedrin* (Philadelphia, PA: The Dropsie College, 1953), 55. 홍성철, 『성령으로 난 사람』 (서울: 도서출판 세복, 2009), 49에서 재인용.

37. 누가는 '성령의 세례'를 '능력'과 연관해서 말했다: "볼지어다 내가 내 아버지께서 약속하신 것을 너희에게 보내리니 너희는 위로부터 능력으로 입혀질 때까지 이 성에 머물라 하시니라" (눅 24:39). 세례 요한은 그런 특별한 경험을 '불'의 역사에 비유했다: "나는 너희로 회개하게 하기 위하여 물로 세례를 베풀거니와 내 뒤에 오시는 이는 나보다 능력이 많으시니 나는 그의 신을 들기도 감당하지 못하겠노라 그는 성령과 불로 너희에게 세례를 베푸실 것이요" (마 3:11). 이처럼 '능력'과 '불'은 각각 성령 세례를 강조한다.

38. 홍성철, 『성령의 시대로!』 (서울: 도서출판 세복, 2013), 25.

39. 좀 더 자세한 내용을 위해 다음을 참고하라: Lesslie Newbigin, *The Gospel in*

a Pluralist Society (Grand Rapids, MI: William B. Eerdmans Publishing Company, 1994), 222-33.

40. Ibid., 116-7.

41. 성결과 복음전도와의 관계를 보려면 다음을 참고하라: 최재성, "존 웨슬리의 설교에 내포된 복음전도에 관한 연구," 박사학위 논문, 서울신학대학교 대학원, 2008.

42. Allan Coppedge, *The Biblical Principles of Discipleship* (Grand Rapids, MI: Francis Asbury Press, 1989), 135-9.

43. Robert G. Tuttle Jr., *The Story of Evangelism: A History of the Witness to the Gospel* (Nashville, TN: Abingdon Press, 2006), 121.

44. Richard Fletcher, *The BarBarian Conversion: From Paganism to Christianity* (New York: Henry Holt Company, 1997), 38.

45. Tuttle, *The Story of Evangelism*, 123.

46. 그레고리 비일은 성전을 주제로 삼아 성경신학적으로 선교를 제시하면서, 하늘성소→에덴성소→족장들의 제단→성막→성전→예수 그리스도→교회→새 하늘과 새 땅을 통해 하나님의 임재의 영역이 점점 확장되어간다고 주장한다. G. K. Beale, *The Temple and the Church's mission: A biblical theology of the dwelling place of God* (Downers Grove, IL: Inter VarsityPress, 2004).